入門

証券・企業金融論

秋森　弘・南　ホチョル［著］

創成社

はしがき

多くの大学の経済学部，商学部，経営学部では，金融論，証券論，企業金融論などの名称を冠する授業の中で，証券や企業金融に関連する解説が行われています。これらは一般にファイナンス論ともよばれます。金融のしくみ，金融政策，企業行動，証券投資などについて考察する際，ファイナンス論が基本かつ不可欠の知識にもなっています。

本書は，筆者たちが勤務する大学にて「証券論」「証券経済論」「企業金融論」といった授業などで随時改訂しながら長年使用してきた講義資料を，このたび教科書として新たに体系的にまとめたものになります。高度な数学的訓練を受けていない文系学生を対象としているため，厳密な証明は省き直感的な理解を得られるように配慮しつつも内容についての理解が不十分にならないよう，例題や数値例を多用することで理解が深まるよう工夫もしました。

また，証券や企業金融に関連する知識（ファイナンス論）は，経済学，会計学，統計学などを基礎とした科目であるため，本来であればこれらの領域の基礎を学んだ後のほうが効率的に学べるでしょう。しかしながら，初めから金融分野に興味関心を持って学部を選択して入学する学生も多いことから，必要とされる基礎知識も適宜解説しながら予備知識なしでファイナンス論の初歩を学べるように工夫しています。ただし，より効率的に理解したい場合には，基礎を学び終えてから本書に挑戦することも良策です。

本書がファイナンスについて初めて学ぶ読者の興味を喚起し，より本格的な学習へ進んでいくための橋渡しとなれれば幸いです。また，ファイナンス論は，証券アナリスト，ファイナンシャル・プランナー，証券外務員，その他経済系資格試験で出題される分野にもなっていますが，これらの試験合格を目指す方にとっても，本書は入門書としてお役に立つことができるものと思います。

本書の構成は以下のようになります。前半（第１章から第５章）では，証券論，証券分析に関わる部分を主に解説します。後半（第6章，第7章）では，前半で学んだ知識を基礎として企業金融に関わる部分を解説します。証券論は，現実に存在する証券や証券市場を分析対象とする学問ですから，まず証券と証券市場についての制度の概要を第１章で紹介します。次に，第２章では代表的かつ基本的な証券である債券の理論について紹介します。第３章ではもう一方の代表的かつ基本的な証券である株式の理論について紹介します。

続く第４章では，債券，株式といった区別はせず，安全資産，危険資産といった別の視点から証券をとらえ，複数の証券に投資した際の資産ポートフォリオのリスクや収益について考察します。その際，最低限の基礎知識として必要とされる統計学の基礎の基礎についても併せて解説します。

第５章では，株式や債券などを基本として作られた金融派生商品（金融デリバティブ）とよばれる金融商品のうち，代表例であるオプションと先物の基礎理論について解説します。これらは本格的に学ぶと難解な分野ですが，金融実務においては金融派生商品を使った金融商品が多数存在し，それらの仕組みやリスクを理解するうえで不可欠な基礎知識でもあります。

本書後半部分の第６章では，前半部分で学んだ知識を前提としつつ，企業金融論（コーポレート・ファイナンス）の基礎理論について解説します。具体的には，企業の投資決定，資金調達，投資成果の配分について学びます。

本書最終章の第７章では，前章で学んだ知識を基礎として，資本構成や投資成果の配分に関わる現実的な話題（応用理論），および証券市場による企業行動の規律付けとして近年頻繁に取り上げられるようになったESG投資について簡潔に解説します。

最後に，本書執筆の機会と様々なサポートを与えてくださった，創成社　塚田尚寛氏，西田徹氏の両名にこの場を借りてお礼申し上げます。

2021年8月

筆者を代表して

秋森　弘

目　次

第1章　証券市場

有価証券とは権利や財産価値を表示するもので，譲渡によってその有価証券が表す権利や価値を移転することができる。この章では，債券と株式についてまずみていくが，どちらも**資本証券**とよばれる分類に属する有価証券であり，これらは資本提供者の権利に対する請求権を表すものとして設計されている。

また，金融商品には，債券・株式だけでなく，それらを基礎として作られた様々なものが存在する。この章では，証券市場を構成する債券市場，株式市場の概要をみた後，投資信託，直接金融の代表的担い手である証券会社の業務についても概要を紹介する。

1．間接金融と直接金融

資金調達の方法として，大きく分けて間接金融と直接金融といった2つの形態が存在する。日本の企業の外部資金調達先としては，間接金融による銀行からの借り入れが大きいが，大企業では証券市場を利用した直接金融による資金調達も増えている。以下の図表1－1は間接金融と直接金融における資金（お金）の流れを示したものである。

間接金融

企業など資金を必要とする赤字主体（資金不足主体，最終的借り手）と，個人など余剰資金を持つ黒字主体（資金余剰主体，最終的貸し手）との間の資金の流れに，銀行を代表とする金融仲介機関が介在する資金調達方法のことをいう。

赤字主体および黒字主体からみた直接の取引相手は金融仲介機関で，資金の流れにおいて赤字主体と黒字主体とが間接的につながっているため，間接金融

図表１－１　間接金融と直接金融

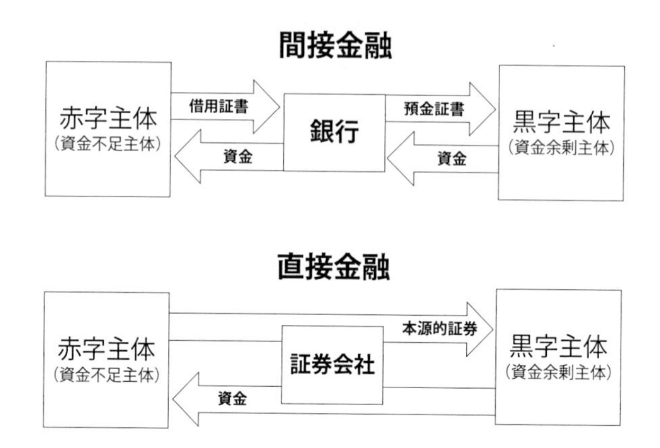

とよばれる。図表１－１にあるように黒字主体は資金を銀行に預け預金証書を受け取る。一方で赤字主体は銀行から資金を借り借用証書を渡す。また，間接金融における金融仲介機関は，調達資金（預金等）と供給資金（貸出等）の性質（リスク，期間，流動性，資金規模）を変更することで収益を得る。

直接金融

赤字主体が，黒字主体から直接資金を調達する方法のことをいう。

両者をつなぐ金融仲介機関の代表として証券会社がある。黒字主体と赤字主体が直接，取引相手を探すことが容易であれば，仲介機関は必要ないが，現実には相手を探すコストが大きい。そこで，資金取引の相手を探すコストを節約する存在が仲介機関であり，その手段が情報収集と伝達である。

直接金融における仲介機関は，黒字主体と赤字主体との間の資金の流れに関する情報の収集と伝達を行う。例えば「誰が資金を調達したいと思っているのか」，「誰が証券投資したいと思っているのか」，「誰が証券を転売したいと思っているのか」といった情報のことである。これらの情報収集と伝達によって直接金融が形成され，仲介機関は情報の対価として手数料を受け取る。この手数料が直接金融における仲介機関の収益となる。直接金融では，図表１－１にあるように黒字主体から赤字主体へ資金が渡され，それに対し本源的証券（ここ

図表１－２　企業の資金調達方法の分類

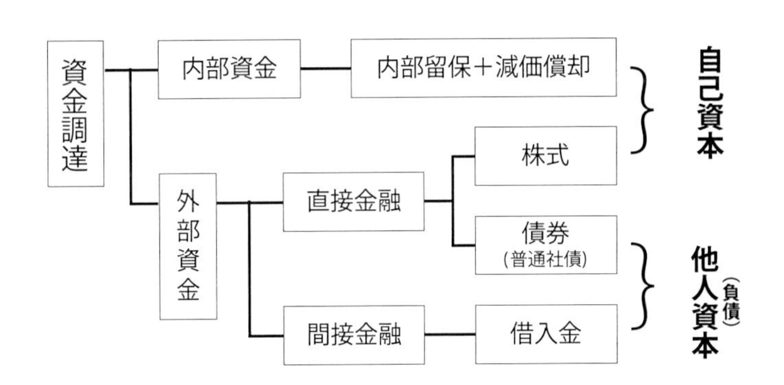

では株式，債券）が渡される。

資金調達方法の違いから，資金を**自己資本**と**他人資本**に分けることができる。自己資本には内部留保や株式発行によって調達した資金が含まれるのに対して，他人資本には社債の発行や間接金融から調達した借入金が相当する。

発行市場と流通市場

証券市場はその機能からみて，発行市場と流通市場に分けられる。直接金融で，黒字主体から赤字主体（企業や国，公共団体など）が資金を調達する際，その見返りに株式や債券といった証券が発行される。このような形で，赤字主体が資金調達を行う証券市場を，**発行市場**，または**プライマリー・マーケット**とよぶ。

他方，資金を提供した黒字主体（＝投資家）は，資金を回収しようと考えた場合，証券を他の投資家に転売するための市場も必要となる。このような，証券の転売が行われる証券市場を**流通市場**，または**セカンダリー・マーケット**とよぶ。

ただし，**発行市場**，**流通市場**といった名称は証券市場が担う機能についてのよび名にすぎず，２つの市場が別々に存在するわけではない。また，**取引所**とよばれる物理的な空間を持った市場だけでなく，直接金融が行われる場の概念の総称を，証券市場とよんでいる。例えば，証券市場の１つとして**店頭市場**があるが，これは取引所のような物理的な空間を持っておらず，電話回線や情報端末を使った市場参加者間の証券取引の仕組み全体を市場とよんでいる。

発行市場と流通市場はその取引方法などが大きく異なっているが，互いに密接にかかわっているところもある。例えば次のような関係がある。流通市場が未発達な場合には，証券を換金することが難しい場合がある。この場合，一般の投資家は証券を買いそれを売ることが難しいと判断し，発行市場も縮小してしまう可能性がある。また，流通市場で決められる証券価格は，その証券に対する投資家の需要を反映しているので，発行市場における資金調達コストも流通市場の動向をもとに決定される。

2．債券市場

2－1．債券とは

債券は銀行などからの借り入れとほぼ同様の経済的性質を持つが，借り入れは法律上の有価証券ではないのに対し，債券は有価証券に分類される。

債券は，利息の支払いや元金の返済をはじめとする各種の条件が，資金調達時の契約で定められる。したがって，債券の１つである社債の元利払いでは，資金調達後の企業業績の変動にかかわりなく，企業は契約であらかじめ定められた条件に基づく金額を支払う義務を負う。

債券は，株式との対比でみると，返済の義務があり，負債として扱われる。

図表１－３　債券と株式

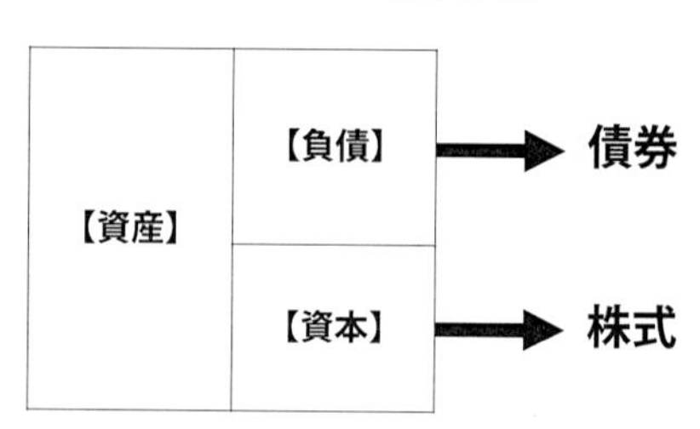

（1）債券の種類

債券は，発行機関，満期までの期間，利息の支払い，元金返済方法，元利払いの優先順位，募集方法，担保の有無その他の条件などによって様々な種類に分類される。

発行者によって分類する場合，国が発行する国債，地方公共団体が発行する地方債，政府関係機関が発行する政府関係機関債，特定の金融機関が発行する金融債，民間事業会社が発行する社債などがある。券面の形態によって分類すると，発行から償還までの間，あらかじめ定められた期日に利息が支払われる利付債，利息がないかわりに額面から利息相当分を割り引いた価格で発行される割引債に分けられる。募集方法によって分類すると，不特定かつ多数の一般投資家を対象として発行される公募債，少数特定の投資家を対象として発行される非公募債（私募債）に分けられる。担保の有無によって分類すると，担保付き社債，無担保社債に分けられる。

図表１－４　公社債の種類

<table>
<tr><td rowspan="4">国債</td><td>超長期国債</td><td>満期：15年・20年・30年・40年</td></tr>
<tr><td>長期国債</td><td>満期：10年</td></tr>
<tr><td>中期国債</td><td>満期：2年・5年・個人向国債は3年もあり</td></tr>
<tr><td>国庫短期証券（T-Bill）</td><td></td></tr>
<tr><td>地方債</td><td>市場公募債
ミニ公募債
非公募債</td><td></td></tr>
<tr><td>特殊債</td><td>政府保証債
非政府保証債</td><td></td></tr>
<tr><td>金融債</td><td>利付金融債
割引金融債</td><td></td></tr>
<tr><td>社債</td><td>普通債
新株予約権付社債
資産担保型社債</td><td></td></tr>
<tr><td rowspan="2">外国債</td><td>居住者海外発行</td><td>例：ユーロ円債</td></tr>
<tr><td>非居住者国内発行</td><td>例：円建て外債（サムライ債）
外貨建て外債（ショーグン債）</td></tr>
</table>

発行機関

発行機関によって元利金の支払いの確実性が異なるため，投資家にとって発行機関の信用力は重要なポイントである。

企業が発行する債券を**社債**，国が発行するものを**国債**，地方政府が発行するものを**地方債**とよぶ。さらに国債と地方債を合わせて**公債**，公債と社債を合わせて**公社債**ともよぶ。

満期までの期間

元金が全て返済される（満期）までの期間の長さは，債券価格に影響を与える。この期間が長いほど，債券価格は金利の影響を強く受け，また発行機関の経営破綻の不確実性も高まる。

満期までの期間の長さによって，**短期債**（1年以内），**中期債**（1～5年），**長期債**（6～10年），**超長期債**（10年超）といったよび方をされるが，時間の経過とともに満期までの期間が短くなっていくので，例えば当初長期債として発行された債券であっても，時間が経過していけばいずれ短期債とよばれるようになる。満期の定めがない例外的な債券として，**永久債**とよばれるものもある。

利息の支払い

額面（元金返済時の金額の単位，通常100円）に，債券発行時にあらかじめ定められたクーポン（利息）・レートを掛けたものが利息となる。クーポン・レートは年当たりで表示される。

クーポン・レートが特定の率に固定されているものを**固定利付債**，レートが変動するものを**変動利付債**とよぶ。後者の変動クーポン・レートは，債券発行時にあらかじめ指定された他の市中金利を基準とし，この動きに連動する。

他方，満期までの間，利息が全く支払われない**割引債**とよばれるものもある。利息が支払われない代わりに，償還時の額面より発行時の債券価格が低く設定され，投資家にとっては償還差益（額面と発行時の価格との差額）が利息収入に相当する。

元金の返済方法

満期時に一括して元本が償還される**満期一括償還方式**が一般的だが，契約に基づいて満期以前に一定比率ずつ元金が償還される**定時償還条項付き**や，満期以前に発行機関が任意に元本を償還できる（つまり繰上げ返済できる）**期限前償還条項付き**といったものもある。

元利払いの優先順位

発行機関が倒産などで解散，保有資産の清算を行った場合，資金提供者に対する元利金の支払い順位が重要な問題となる。株主に対してよりも，債券保有者に対する支払い順位のほうが高い（支払いが優先する）が，債券保有者間でもさらに支払い順位が定められている。

この支払い順位に基づき，債券は**普通債**と**劣後債**に分類され，普通債保有者への支払いが終わった後，なお残余財産が残っている場合にのみ劣後債保有者へ元利金が支払われる。したがって，発行機関の保有資産清算後の資金が不足すれば，元利金支払い順位が低い（劣後する）資金提供者ほど，元利金の支払いを受けられなくなる可能性が高い。

担保設定の有無

企業が債券を発行する際には，担保を付与するかそうでないかが契約で決められ，担保付の社債と無担保の社債とがある。さらに担保付社債には，**一般担保付社債**と**物上担保付社債**とがある。一般担保付社債とは，発行会社の全財産について，他の債権者に優先して弁済を受けられる権利がついた社債で，物上担保付社債とは，社債の発行会社が保有する土地，工場，機械設備，船舶などの特定の物的財産が担保として付けられている社債である。

財務上の特約の有無

無担保の債券は元利金の支払いについて，担保が付与されている債券より実質的に劣後する（支払順位が低い）。無担保の普通債が発行された後で担保付の普通債が発行されたとすると，無担保債を保有している投資家にとって，普通債に投資したはずが，結果的に劣後債に投資したことと同じになってしまう。したがって，支払い順位について優先的な債券を，発行機関が事後的に無秩序に発行できるとすると，投資家サイドからみれば，自分の投資した債券がいつ劣後化するかわからないというリスクを負うことになる。また，社債を発行している企業が，株主に対して配当を無制限に行えるとすると，その企業の財務内容が悪化し，債券投資家が元利金を受け取れなくなるリスクが増大する。

このような，発行機関による事後的な行動によって，投資家に想定外のリスクを負わせてしまうことを未然に防ぐ工夫の１つとして，財務上の特約があり，純資産維持，株式に対する配当制限，他の負債に対する担保提供制限などが債券発行時の契約に盛り込まれることがある。

保　証

政府関係機関が発行する債券に対して政府が保証を付与するなど，発行機関以外の機関が元利金の支払い保証を付与する場合もある。**保証債**の信用力は，発行機関ではなく，保証する機関の信用力に依存する。

(2) 債券と株式の違い

債券と株式とでは，それらによって調達した資金が自己資本となるか負債となるかの違いに起因して，利益配分や残余財産の支払い優先順位が異なる。企業が解散した場合，財産の分配を受けられないリスクは株式のほうが大きい。また，平時においても，利益配分として，債券保有者が得るクーポン（利息）収入は発行時の契約であらかじめ決められているのに対し，株主が得る配当は事後的な業績に基づいて決められるため，株式のほうが収入の変動リスクが大きい。

こうした資金の受け取りに関するリスクの相違は，債券・株式の価格決定や投資収益率にも反映される。つまり，投資したときに予想される収益率が仮に同じであれば，投資家はよりリスクの小さい債券を好み，株式は敬遠されるだろう。その結果，現在の株式の価格が債券よりも安くなる。将来の価格に変化がないとき，現在の価格が安くなれば，今後の値上がり余地が大きくなるため，結果的に，株式のほうが投資時点で予想される投資収益率が大きくなる。いい換えれば，リスクの大きい株式のほうが，リスクの小さい債券より，予想される投資収益率が大きくなる。

（3）債券市場の特色

現在日本で取引されている債券の銘柄数は非常に多い（株式の数千銘柄に対し，債券は数万銘柄）。ただし発行量の大部分は国債である。また特徴として，取引所よりも，店頭市場での売買が圧倒的に多い。さらに，売買される債券の大部分は国債である。そして，債券市場に参加している投資家の主役は個人投資家ではなく機関投資家である。

２−２．債券発行市場

（1）保有状況

2020 年末の投資家別保有状況をみると，発行残高は国債が圧倒的に大きく，かつ 2013 年以来の大規模な量的金融緩和で中央銀行の保有比率が国庫短期証券も含めると 7 割程度と突出して高くなっているほか，銀行，保険といった金融機関の保有比率も高い。他方，株式では保有比率が相対的に高い家計（株式では“個人”，p.17 図表１－８）の保有比率が債券では低いことが特徴的である。

（2）債券発行にかかわる機関

債券の発行市場は，資金を調達する発行者，資金を運用する投資家，発行した債券を引き受ける引受機関（銀行，証券会社），社債管理者，格付機関で構成される。

引受機関（アンダーライター）

アンダーライターとは，債券の発行にあたって，投資家へ募集や売り出しなどを行うことを目的に，発行体から債券の全部または一部を引き受ける機関，または債券を売り出した結果，残った債券の全部を取得する契約を行う機関のことである。株式と同様，証券会社がアンダーライターとなるほか，公共債の

図表1－5　債券の投資家別保有状況（2020年末，債券別の保有構成比）

	中央銀行	銀行等	保険	年金計	証券投資信託	公的金融機関	非金融法人企業	家計	海外	発行残高（兆円）
国庫短期証券	23.3%	25.6%	1.1%	0.0%	0.2%	0.0%	0.0%	0.0%	49.6%	177
国債・財投債	48.3%	12.4%	20.9%	6.6%	1.0%	0.0%	0.6%	1.3%	7.2%	1,043
地方債	0.0%	58.5%	19.8%	8.3%	3.3%	0.2%	0.5%	0.2%	1.5%	78
政府関係機関債	0.0%	40.2%	20.7%	11.0%	2.4%	0.0%	5.9%	2.0%	4.5%	78
金融債	0.0%	36.1%	2.1%	19.2%	2.2%	0.8%	13.7%	0.0%	0.0%	6
事業債	6.9%	42.6%	17.5%	6.4%	4.2%	1.0%	6.3%	7.1%	2.5%	94
居住者発行外債	0.0%	11.0%	7.2%	0.5%	6.0%	0.0%	0.0%	0.0%	75.3%	47
ＣＰ	20.0%	29.7%	5.0%	0.1%	13.8%	0.0%	14.0%	0.0%	0.0%	22
信託受益権	0.0%	13.1%	0.9%	0.2%	21.3%	0.5%	30.2%	20.6%	0.0%	22
債権流動化関連商品	0.0%	29.1%	9.2%	1.2%	1.6%	0.0%	42.1%	0.0%	2.6%	23

（注）全ての投資家ではないため内訳合計は100%にならない。
（出所）日本銀行「資金循環統計」

場合は銀行もアンダーライターとなることができる。アンダーライターは，債券発行体の信用力や投資家の需要を調査したうえで，発行額，クーポン・レート（利率），発行価格などを決定する。

公共債の引受け

公共債は公募発行の場合，**公募入札**の方式で発行される。アンダーライターが発行条件を決めるのではなく，直接募集の形で入札参加者に希望する発行条件や取得希望額を入札させ，その入札状況に基づいて発行条件および発行額を決定する方式が公募入札である。

公募入札（競争入札）の場合，**競争価格コンベンショナル方式**と**イールド・ダッチ方式**がある。前者はクーポン・レートを事前に決めて価格を入札させる方式であり，後者はクーポン・レートを事前に決めずに利回りを入札させる方式である。後者では，利回りの低いものから順次，落札となる。

社債管理者

公共債と異なり，社債にはデフォルトのリスクがある。そのデフォルトに際して，社債権者を代表して権利の保全（例えば，社債権者集会の開催）を取り仕切るのが社債管理者である。投資家保護の観点から，会社法によって，設置が原則として義務付けられている。銀行，信託会社などが社債管理者となれる。

また，社債管理者の機能として，次のような諸点が挙げられる。

①　発行企業の財務状況をモニターするモニタリング機能

②　債権回収等の債権者保護機能

③　元利金支払い事務の取扱い代表としての機能

④　債券の発行事務を代行する機能

格付機関

格付機関は，債券発行者の元本および利子の支払い遂行能力（信用度）を中立的な立場から評価する機関である。債券の信用度は格付記号で表される（例，AAA～Cなど)。投資家は格付けを投資判断材料としている。格付は債券による資金調達金利に影響を及ぼし，高格付であれば調達金利は低くなり，低格付であれば調達金利は高くなる。

そのため，債券に投資する場合，どのような格付けが格付機関により付与されているか注意しなければならない。一般的に，BBB（トリプルビー）以上は投資適格，BB（ダブルビー）以下は投機的であるとされる。

２－３．債券流通市場

債券流通市場での取引は店頭取引と取引所取引に分けられる。

店頭取引

既に発行され流通している債券の売買は，証券取引所または店頭市場で行われる。店頭市場では，証券会社と投資家，もしくは証券会社同士の相対取引によって売買され，同一銘柄の債券であっても，取引当事者ごとで決定される価格が異なる場合がある。そのため店頭取引の円滑化，投資家保護の観点から，売買価格の参考情報として，日本では日本証券業協会が店頭気配値を公表している。

取引のほとんどが証券取引所で行われる株式とは違い，債券は現物売買金額の 99% 以上が店頭市場で取引されている。欧米の債券市場も同様の状況にある。その理由として以下のような諸点が挙げられる。

まず，債券の銘柄数は非常に多い。債券は同一の発行体で複数の銘柄を発行できる。また，債券は様々な発行形態があり，各銘柄債券の発行金額も大きいものから小さいものまである。さらに国債などは最小取引金額が非常に大きい。そのため，ほとんどの債券が大量の資金と投資ノウハウを有した機関投資家向けとして発行されている。また，制約の多い取引所取引よりも，店頭取引のほうが機関投資家にとって自由度が高い。これらのことが，大部分の取引が店頭市場で行われる要因となっている。

取引所取引

取引所取引では，証券会社などを通して，取引所に取りついでその取引を成立させる。株式と異なり債券では，現物売買金額の全体のうち，証券取引所で取引される割合は 1 % 未満でしかない。しかし，取引所取引は，公正に形成された価格を広く一般に公示し，店頭取引に際して参考価格を与えるといった重要な機能を担っている。国債の一部が東京証券取引所に上場され，売買されている。

日本の債券流通市場の現状

店頭市場での種類別の売買額と，その市場全体での割合をみると，国債の売買が大部分を占めている。従来はそのうち利付長期国債が売買の中心となっていたが，近年は他の種類の国債のウエイトも上昇している。他方，国債以外の債券の取引は非常に少ない。

これまでの債券市場の推移をみると，1960 年まで未発達の状態であった。1970 年代にはいると，国債の大量発行が行われ，規制緩和によりその流動性が向上した。さらに 1980 年代になると，発行残高の急増と短期間の反復売買が盛んに行われ，売買高が増大した。その後一時的な売買高の減少はみられたが，現在でも国債の発行残高は高水準のままである。

図表１－６　2020 年度　店頭市場での債券種類別売買高　(単位：兆円)

2020年度合計（単位：兆円）

	国債					
		超長期	利付長期	利付中期	割引	国庫短期証券等
売買高	2,024.1	761.8	635.2	244.0	0.0	383.0
構成比	99.8%	37.6%	31.3%	12.0%	0.0%	18.9%

公募地方債	政府保証債	財投機関債等	金融債	社債	新株予約権付社債	合計
0.8	0.4	0.5	0.1	1.7	0.0	2,028.0
0.0%	0.0%	0.0%	0.0%	0.1%	0.0%	100.0%

（注）現先売買高を含む額面ベース（売付額＋買付額）
（出所）日本証券業協会「公社債店頭売買高」

国債先物市場

国債は残存年やクーポン・レートの違いにより多数の銘柄が存在するため，自然発生的に**指標銘柄**とよばれる銘柄に取引が集中することで，店頭取引であっても流動性が確保される。他方，国債の派生商品である国債先物は，市場（大阪取引所に上場されている）で標準物とよばれる規格化された銘柄を取引するため，特に長期国債先物では現物国債よりも取引量が圧倒的に多く流動性も高い。また，国債先物では，受け渡し決

図表１－７　長期国債先物と現物10年国債の取引推移

(単位：億円)

年度	長期国債		
	先物 一日平均取引高	現物10年債 一日平均売買高**	10年債 市中発行額***
2014	36,745	1,279	288,000
2015	34,658	1,518	288,000
2016	28,569	1,268	288,000
2017	35,978	1,080	276,000
2018	42,087	978	264,000
2019	39,640	1,122	252,000
2020*	12,680	495	252,000

*2020年度の長期国債先物，現物10年債のデータは2020年5月までのデータを利用
**出所：Quick10年年債（カレント債+カレント債−1）の売買高)
***出所：財務省（2019年度までは，補正後。2020年度は，当初予算ベース）

（注）日本取引所グループ作成，財務省資料より転載[1)]

1）https://www.mof.go.jp/about_mof/councils/gov_debt_management/proceedings/material/d20200622-3.pdf

済[2)]の場合，現物を使用することから，国債先物の取引が増えると現物国債の取引も増える要因となる。

3．株式市場

3－1．株式とは

株式（または株券）とは，企業（株式会社）が発行する出資証券のことである。株式を持つということは，その企業にお金を出資することであり，間接的にその企業の経営に参加することを意味する。企業が株式発行によって調達した資金は，企業の自己資本となり，返済の義務はない。

（1）株主の権利

株式は株主権を表す有価証券である。代表的な株主権として，利益配当請求権，残余財産分配請求権，議決権（経営参加権）などがある。

利益配当請求権

債券と違い，株式ではあらかじめ定められた利息の支払いや元金の返済などはない。企業にとって，配当可能な利益があれば，これが株主に支払われる可能性があるのみで，支払いは義務ではない。つまり企業からみれば，企業業績と経営方針に基づいて配当を支払うだけでよい。もちろん，十分な配当が支払われなければ株価が下落し，例えば株式発行による資金調達が困難となったり，買収に遭い経営陣の解任または企業の解散を求められるなど，企業にとって不利な状況が生じる。

また，一定限度以上の配当を支払うことは法律で禁じられている。例えば，

2）現時点で将来のある時点での国債の売買を約束する国債先物取引では，約束を履行する際に，現物の国債を先物取引相手に渡す（先物売り建ての場合），または受け取る（先物買い建ての場合）ことで取引を完了することを受け渡し決済とよぶ。他の決済方法として，差金決済もある。国債先物の概要については第5章参照。

赤字企業が配当を支払うと，企業の財務内容を悪化させ，元利金を支払えなくなるなど，債権者の利益を損なうおそれがあるからである。

残余財産分配請求権

企業が解散した場合，全ての借金を支払った後，財産が残っていればその残りが株主に支払われる。つまり，利益や企業解散時点での財産の分配の順位は，株式は社債より下位に位置づけられ（これを“**劣後する**”という），債券者へ支払った後に残余がある場合にのみ，株主は財産を請求する権利がある。

議決権（経営参加権）

株主は株主総会に出席，企業の経営の重要な方針についての決議等に参加し，経営の意思決定に関与することができる。法律の規定により，通常は１単元株につき１票の議決権が与えられるが，単元未満株等の株主には議決権は与えられない。

以上の株主権を根拠に株式の価格が決まるが，通常は，企業の解散や企業買収などを目的とした株式の売買は相対的に多くないので，利益配当請求権，つまり将来の配当受取総額を前提として株価が決定されることが多い。

（２）単元株制度

1982 年に施行された単位株制度によって，上場企業は額面の合計が５万円（１株当たり純資産は５万円以上）に相当する株式を１単位とすることが義務付けられた。また，株主としての議決権は１単位以上の株式を保有する株主にのみ認められた。

2001 年 10 月に施行された改正商法により単位株制度が廃止され，１売買単位を企業が自由に設定できる**単元株制度**が導入された。これにより，企業は定款で１単元の株数を自由に定めることができるようになったが，2018 年 10 月に，上場株式の最低売買単位は 100 株に統一された（100 株＝１単元）。

単元未満株式

旧商法では，1単元に満たない株式を単元未満株式と定め，1株に満たない株式は端株（はかぶ）として規定が設けられていた。しかし，会社法では端株制度は廃止，単元未満株式に統合された。また，単元未満株式の換金は原則として発行会社に対する買い取り請求で行われる。

（3）株式の種類

株主権に制限がない株式を，他の種類の株式との対比で**普通株**とよぶ。これに対し，配当の受け取りについて普通株より優先する**優先株**・劣後する**後配株**，議決権がない**無議決権株**など，株主の権利に様々な制限を加えたものや，他の種類の株式への転換条項が付与されたものなど，企業は様々な種類の株式を発行することができる。

現在日本で発行されている株式には次のような種類が存在する。普通株，優先株，劣後株（後配株），トラッキング・ストック（部門別・子会社業績連動型株式），新株予約権，新株予約権付社債などがある。ただし，株式といった場合は，通常，普通株のことを指している。

（4）額面株式と無額面株式

2001年まで，株式は額面株式と無額面株式に分類されていたが，2001年10月に施行された改正商法により，株式の発行は全て無額面株式に統一された。額面株式とは，1株の金額が定められた株券で，券面に金額が記載されていた。一方，無額面株式は1株の金額の定めがなく，株数が記載されているのみである。

3－2．株式発行市場

（1）株式保有構造の特色

戦後の取引所再開以来1970年代まで，個人投資家の持株比率が高かったが，1980年代から1990年代まで，銀行やグループ企業を中心とする**株式持合い**が増加し，銀行・法人の持株比率が上昇した。これが日本の特徴的な株式保有構造といわれてきた。

しかし，1990年代後半以降，株式持合いの解消が進んだ。株式の持合いが解消された要因として，いわゆるバブル経済の崩壊により悪化した収益を補う目的で持合いにより保有していた株式を売却されたことが挙げられる。また銀行の株式保有比率も低下している。

他方，銀行の保有割合も法人の保有割合も低下する中で，外国人投資家や，インターネット取引の増加による個人投資家の持株比率が上昇している。

株式持合い

企業買収を未然に防止したり，株式会社の最高意思決定機関である株主総会を円滑に運営したりすることを目的に，上場企業間で株式の持合いが行われた。同時に，株式持合いは企業同士の親密度を高め，それによって優先的な取

図表1－8　投資部門別株式保有比率（保有金額ベース）の推移

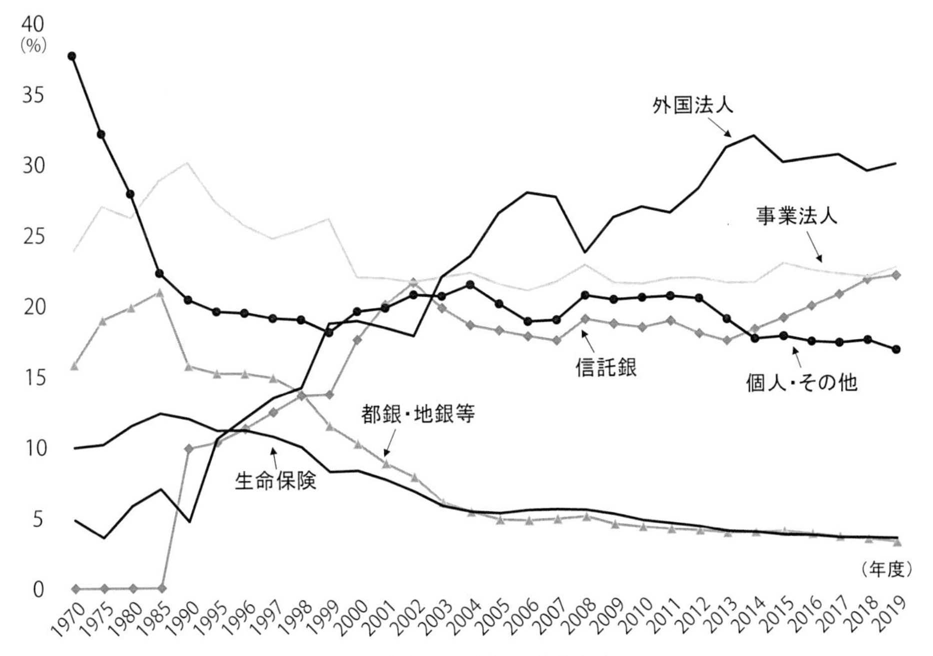

（注）1985年度以前の信託銀行は，都銀・地銀等に含まれる。
（出所）日本取引所グループ「株式分布状況調査」

引関係が成立するという副次的なメリットをもたらした。系列取引がその代表例である。

（2）新株の割当方法

新株の割当には次の方法がある。既存の株主に割り当てる**株主割当**，第三者に割り当てる**第三者割当**，広く一般から投資家を募る**公募**である。

株式の発行価格は，時価を基準に決定される時価発行が基本（公募ではこの方法がとられる）だが，時価よりも低い価格で発行する場合がある。かつての額面発行や，中間発行（額面と時価の中間の価格で発行）もこの例にあたる。株主割当および第三者割当でも，この方法がとられる。

新株の発行は発行済株式数を増加させるため，時価よりも低い価格で新株が発行されると，既存株式の株価が下落する。もし既存株主以外の者に，時価以下の価格で発行された新株が割り当てられると，既存株主は株価下落によって損失をこうむる。したがって，不特定多数の投資家を対象に発行する公募の場合，時価発行以外の新株発行は認められない。

株主割当で，時価以下で新株が発行される場合は，既存株の価格下落を新株の発行価格と時価との差額で相殺できるため，既存株主は損失をこうむらない。しかし，第三者割当で，時価以下で新株が発行される場合は，既存株主は損失をこうむるので，株主総会の特別決議を経て既存株主の承認を得る必要がある。

【数値例】

当初，発行済み株式 1 億株，株価 1,000 円。→株主資本の時価総額 1,000億円。時価発行で新株を 1 億株発行すると，株価は1,000円のまま（＝（1,000 億円 +1,000 億円）÷（1 億株＋ 1 億株））。

500 円で新株を 1 億株発行すると，株価は 750 円に下落（＝（1,000 億円 +500 億円）÷（1 億株＋ 1 億株））。これが株主割当で実施された場合，既存株式で 1 株当たり 250 円の損失が出るが，新株の購入による 250 円の利益（＝ 750 円－ 500 円）で相殺できる。

（３）株式の新規公開（IPO）

2021年8月末現在，日本には株式を上場する取引所として，日本取引所グループが運営する東京証券取引所（2013年7月16日に大阪証券取引所と統合）のほか，名古屋証券取引所，福岡証券取引所，札幌証券取引所がある。また，新興市場を含むその他の証券取引所として，東京証券取引所が開設するマザーズ，ジャスダック・スタンダード，ジャスダック・グロース（2021年8月末現在，新規上場停止中），Tokyo Pro Marketと，名古屋証券取引所のセントレックス，福岡証券取引所のQ－Board，札幌証券取引所のアンビシャスがある。既にこれらの取引所に上場している企業が追加的に新株を発行して資金調達するほか，未上場の企業が新たに株式を**新規公開**（Initial Public Offering，IPO）する場合もある。取引所に株式を上場するためには，各取引所が定めた**上場基準**を満たさなければならない。

上場基準としては，上場株式数，株式の分布状況（少数特定者持株数，株主数），設立後経過年数，株主資本の額，利益の額，財務諸表等の適正性がある。これらの基準の多くが，上場後に活発に売買されるかどうかの判断基準となっており，これらは市場での**流動性**に関わる基準であるといえる。もしその銘柄の流動性が乏しいと，投資家が希望する株数を自由に売買できなくなるほか，通常

図表１－９　各証券取引所の上場会社数

2021年5月末時点

各証券取引所の上場会社数

	第一部	第二部	計	その他
東京	2,192	475	2,667	1,103
名古屋	193	81	274	13
福岡	－	－	92	15
札幌	－	－	48	10

2021年5月末時点

東京証券取引所の上場会社数	
第一部	2,192
第二部	475
マザーズ	356
ジャスダック・スタンダード	665
ジャスダック・グロース	37
Tokyo Pro Market	45
合計	3,770

（注）その他は，東京証券取引所のマザーズ，ジャスダック・スタンダード，ジャスダック・グロース，Tokyo Pro Marketと，セントレックス（名古屋），Q-Board（福岡），アンビシャス（札幌）を含む。

（出所）各証券取引所より作成。

より大口の買い注文や売り注文が入っただけで株価が大きく変動し，市場で決まる株価が発行企業の実態を反映しないものになってしまう可能性もある。

（4）発行価格の決定

上場企業が新株を発行する場合は，発行時点での流通市場の株価を参照すれば良い。しかし，IPO の場合，流通市場での株価が存在しないため，**入札方式**（**競争入札制度**），**ブックビルディング方式**（**BB 方式**）といった，特別な方法で発行価格を決定する。

入札方式

入札方式（競争入札制度）とは，証券取引所が定める数量の株式を投資家が参加する入札に委ね，投資家の需給を反映させて公開価格を決定する方法である。

具体的にはまず，類似会社の株価から比準価格とよばれるものを決定する。そして，これの85%を入札下限価格とする。次に，この入札下限価格を参考に，上場株式数の 50%以上を入札し，入札価格の高いものから落札者を決定，落札価格の加重平均を**公募価格**とする。

投資家にとって，入札できる株数が小口で，満足のいく株数を取得できないため，流通市場で新規上場株式の異常な人気がしばしば起き，株式上場時の**初値**（流通市場で一番最初につく値段）が公募価格より高くなりすぎたとされる。この欠点を除去するため，1997 年にブックビルディング方式が導入された。

ブックビルディング方式

前述したように，一般の投資家による入札結果に基づいた公開価格は高くなりがちであることが指摘されており，上場後に円滑に取引が行われるようにと制度が変更された。現在では IPO を行う際，ブックビルディング方式が用いられている。

ブックビルディング方式は，株式の新規発行による公募や売出しにおいて，アンダーライター（おもに引受証券会社）が仮の発行条件を提示して投資家の需要を調べ，そのうえで公開価格を決定する方法であり，市場機能による適正な価格形成が期待されている。

具体的には次のような手順により行われる。

① 投資のプロである機関投資家から株価に関する意見を聴取する。

② ①を参考に上場時の公募価格に関する仮条件を決め，それを公表する。

③ その後，仮条件に対する投資家全体の反応を見極めたうえで，正式な公募価格を決定する。

しかし，IPO がブックビルディング方式に移行した後も，公募価格より初値が高くなる傾向は変わっていない。初値が公募価格より高くなるということは，公募に応じた投資家にとっては高く転売できるので有利であるが，他方，株式の発行企業にとっては本来の株価より低い価格で株式を発行したことになるので不利となる。

証券の発行に伴う一連の手続き（発行条件の決定，発行時の売れ残り証券の買い取り等）や公募価格の決定はアンダーライターが行う[3)]。

３－３．株式流通市場

（1）株式流通市場の機能

日本の株式流通市場は，戦後，個人投資家が主体となっていた。この要因は財閥解体によるところが大きい。その後，銀行や法人企業の持株比率が上昇し，個人投資家の持株比率は低下した。株式保有構造の特色で述べたように，現在では銀行や法人企業以外の投資家による持株比率が上昇している。さらに，投資部門別株式売買代金比率をみると，その傾向はさらに顕著となっており，近年では外国人のシェアが６割から７割に達している。

このような株式流通市場も，1998 年の証券ビッグバン（日本版金融ビッグバンの一環）により大きく変化した。しかし，証券取引所の役割や機能はその重要

3）株式発行では証券会社がアンダーライターの役割を担い，公共債の発行では証券会社のほか銀行もこの役割を担う。

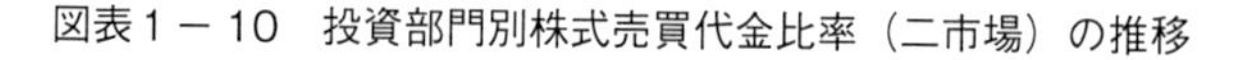

図表１－10　投資部門別株式売買代金比率（二市場）の推移

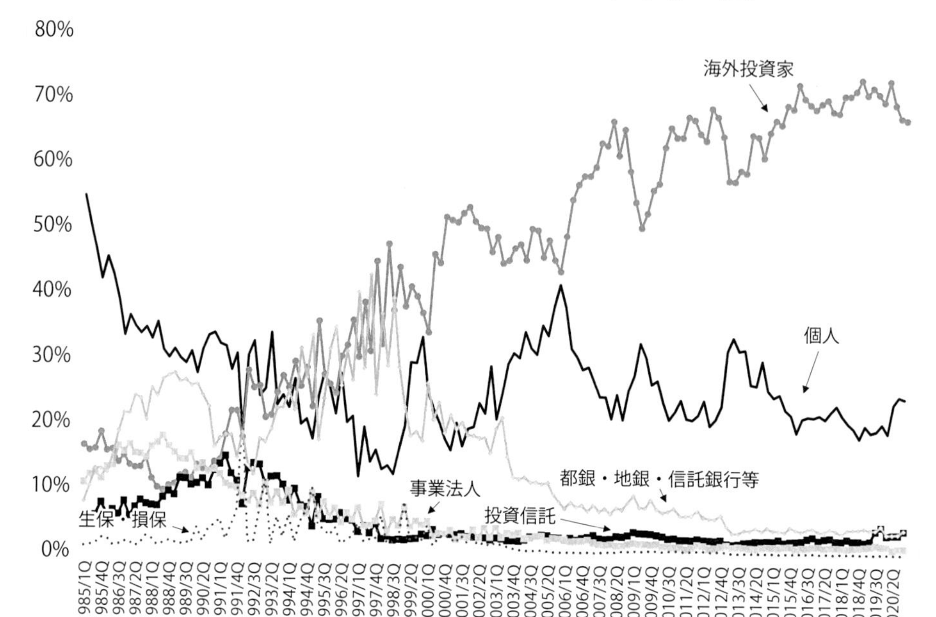

（注１）東京証券取引所と名古屋証券取引所。
（注２）四半期合計委託売買金額に占める売りと買いの合計比率。
（出所）日本取引所グループ「投資部門別売買状況」

性を保っている。また株式流通市場は取引所を中心に形成されている。

株式流通市場の基本的な機能は，次の４つである。

①　注文伝達

②　約定

③　受渡・決済

④　取引公表

これらのうち，①と③は証券会社，②は取引所，④は新聞などの情報ベンダーが担ってきたが，インターネットなどの普及により，それぞれの役割分担が変化してきている。

注文伝達

投資家は株式の売買を行おうとする場合，まずその注文を証券会社に出す。次に証券会社はその注文を証券取引所に伝達する。これを注文伝達機能とよんでいる。

約定機能

伝達機能により証券取引所に集約された売買注文を，時間・価格を優先として付け合わせを行い，約定を成立させる機能である。

決済機能

証券会社から約定が成立したことを伝達された個人投資家が，その価格に従って期日内に支払，株式の受け渡しを行うことができるようにする機能のことである。

そして，この株式の売買が実施されたことを取引所が一般投資家に対して公表する。これが公表機能である。このとき公表される情報には，約定価格や売買高などが含まれる。

（2）証券取引所での約定方式

指値注文と成行注文

投資家が証券会社を通して証券取引所に売買注文を出すとき，売買希望価格の提示方法として，指値注文または成行注文といった方法のどちらかを指定しなければならない。

指値注文とは，買い注文であれば買い指値，売り注文であれば売り指値のことをいう。買い指値は注文者が許容できる最高価格，売り指値は注文者が許容できる最低価格を意味する。簡単には，“○○円（以下）で買いたい，とか○○円（以上）で売りたい”という具体的な値段を指定する注文を指値という。自分が買い注文を出す場合，買値の上限を，売り注文を出す場合，売値の下限値を指定するので，指定した価格より高く買うことや，安く売ることはない。また，2006 年より逆指値注文が可能になった。これは特定の価格より株式価格が上昇すれば買い，特定の価格より株式価格が下落すれば売りが行われる注文である。成行注文とは売買価格を指定せずに，売買したい数量のみを指定する注文方法である。

証券取引所内での約定の方式として，オーダー・ドリブン（Order-Driven）型（またはオークション型ともよばれる），マーケット・メイキング（Market-Making）型，スペシャリスト（Specialist）型の３つがある。

オーダー・ドリブン型

日本の証券取引所の多くはオーダー・ドリブン型を採用してきた。取引が行われる時間（立会時間）は午前９時から11時30分，午後０時30分から午後３時までに分かれている（2021年８月末現在，日本取引所グループはワーキンググループを設置し，株式市場の機能強化の一環として立会時間の延伸を検討している）。午前の立会時間を前場，午後の立会時間を後場という。

オーダー・ドリブン型では，取引が開始される寄付き（よりつき），立会時間中のザラバ，取引終了時の引けで，それぞれ異なった価格決定方式を採用している。

寄付きおよび引けの価格決定方式は板寄せ方式とよばれ，取引開始時までに出された全ての注文が同時に出されたものとして，価格優先の原則に従って処理される。まず成行注文が優先され，売りと買いの数量が一致するところで注文が処理され，ここで処理されなかった成行注文は，次の段階で行われる指値注文と一緒に処理される。指値注文の処理では，指値よりも好条件で売買できる売りと買いの累計注文数が最大となる価格を約定価格とする。

こうして決定された価格は，取引開始時の板寄せでは始値（はじめね），取引終了時では引値（ひけね）となる。

立会時間中の注文は，ザラバ方式によって価格優先と時間優先の原則に従い，最も低い価格の売り注文と最も価格の高い買い注文が合致するときに売買が成立する。ここでも，成行注文は指値注文より優先する。

反対注文と対当させることで売買が成立するオーダー・ドリブン型では，何らかの理由で売りまたは買いに注文が殺到すると，価格が急激に変動する可能性がある。そのため，短時間内での約定価格の大幅な変動を防ぎ，その間に投

図表１－11　板寄せの例

<板情報>

累計（株）	売り注文（株）	指値／成行	買い注文（株）	累計（株）
	A　1,000	成行		
		1,080円	F　1,000	
9,000	B　2,000	1,070円	G　2,000	3,000
7,000	C　2,000	1,060円	H　2,000	5,000
5,000	D　1,000	1,050円	I　4,000	9,000
4,000	E　3,000	1,040円		

① 約定価格を1,040円と仮定すると，約定できる売り注文はAE（合計4,000株），一方買い注文はFGHI（合計9,000株）となり，売り注文の数量＜買い注文の数量。

② 次に約定価格を1,050円と仮定すると，この価格で約定できる売り注文はAED（合計5,000株），一方買い注文はFGHI（合計9,000株），売り注文の数量＜買い注文の数量となるので，買い注文のうち4,000株が約定できない。

③ 次に約定価格を1,060円と仮定すると，この価格で約定できる売り注文はAEDC（合計7,000株），一方買い注文はFGH（合計5,000株），売り注文の数量＞買い注文の数量となるので，売り注文のうち2,000株が約定できない。

④ 対当できる累計注文数は同じであるものの，約定価格を1,050円としたときより，1,060円としたときのほうが，指値が条件を満たしているにもかかわらず約定できない株数が少ない。

⑤ 約定価格1,060円，約定株数5,000株で決定。

【有効な注文の累計（株）】

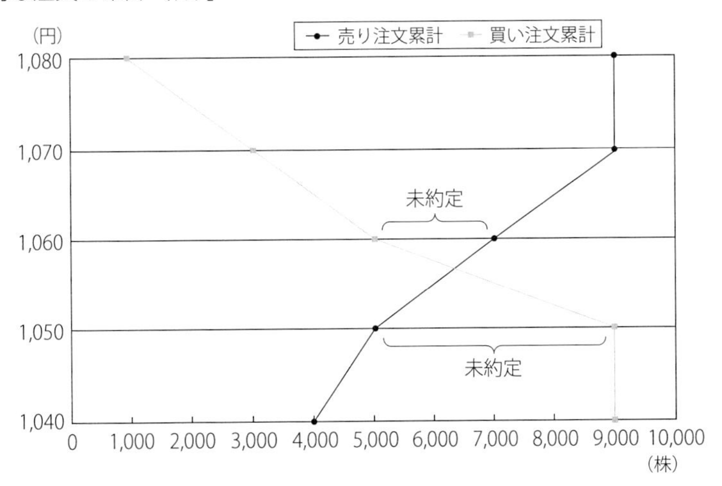

図表１－12　ザラバの例

<板情報>

売り注文（株）	指値/成行	買い注文（株）
A　2,000	1,050円	
B　2,000	1,040円	
C　1,000	1,040円	
	1,030円	D　1,000

① 価格が一致する指値注文，あるいは指値注文に付け合せる成行注文がないため，このままでは約定しない。
② ここに，「E：1,040円」の買い指値注文1,000株が入ると，BとCのうち時間優先の原則に従ってBの1,000株と，Eで取引が対当，約定価格は1,040円で決定される。Bのうち1,000株が残る。

（注）A, B, CおよびDは注文の入った時間順で並べられている。

資家に冷静さを取り戻させるための措置として，**更新値幅制限**（直前の約定価格と比べた一定時間内の値幅制限）や**制限値幅**（前日と比べた当日の値幅制限（**ストップ高，ストップ安**とよばれる））が設けられている。

マーケット・メイク型

アメリカのナスダック（NASDAQ）で採用されている。この方式では，マーケット・メイカーとよばれる仲介者（証券会社）が証券取引所内におり，マーケット・メイク銘柄として指定された銘柄について，各マーケット・メイカーが各自の売り気配（Ask，顧客にとっての買値）と買い気配（Bid，顧客にとっての売値）を常に提示する。また，マーケット・メイカーは，その気配値に対して売買注文があれば，最小単位は必ず応じなければならないことになっている。つまり，マーケット・メイカーが自己勘定で売買注文価格を提示し，投資家から注文を誘い，取引を成立させようというのがマーケット・メイク方式である。したがって投資家は，マーケット・メイカーとなっている証券会社と相対売買を行うことになる。

株式マーケット・メイク制度はわが国ではかつてJASDAQ市場で採用され

ていたが，2010年に大証ヘラクレス市場と統合する際に取引システムの一本化の必要から2008年３月に廃止された。他方，2018年７月からETF市場でマーケット・メイク制度が採用されている。公債でも国債市場特別参加者制度としてマーケット・メイク制度が2004年10月から採用され，ここではマーケット・メイカーをプライマリー・ディーラーとよんでいる。

スペシャリスト型

ニューヨーク証券取引所（NYSE）で採用されている。スペシャリストは，指値注文の受け付けを行い，同時にマーケット・メイカーとしての役割を果たす。スペシャリストはオーダー・ドリブン型で行われている一定の優先原則に従って注文をマッチングさせることを第一に，注文が売りか買いのどちらか一方に偏った場合は，マーケット・メイク型で行われているマーケット・メイカーとして自己勘定で売買に応じることが義務付けられている。これはオーダー・ドリブン型とマーケット・メイク型との折衷方式であるといえる。

（3）立会外取引

立会時間外に取引所のシステムを使って，投資家が証券会社と相対で行う取引。東京証券取引所の場合，8:20－17:30の時間帯で，一定株数以上の大口取引と複数の銘柄を同時に取引する**バスケット取引**について，立会時間内に成立した価格を基準に**クロス取引**（大口の一括同時取引）を処理している（単一銘柄取引でも同じ時間帯で立会外取引を行っている）。

立会外取引はトストネット（ToSTNeT）取引によって行われる。この取引はオークション取引が行われている時間以外の時間帯に，オークション取引で決定した終値から一定の範囲内の価格での取引を可能とするものである。

バスケット取引

投資家が複数の銘柄を１つの取引として証券会社に発注する方法で，売買注文した全ての銘柄の約定が一括して完了する利点がある。つまり，複数の銘柄を一度に売買する場合に使われる取引であり，バスケットとは複数の銘柄をバスケット（かご）にいれて，バスケットごとに売買することを意味している。

（4）取引所外取引

1998年12月，取引所会員業者（証券会社）による上場株式取引の取引所への集中義務が撤廃され，投資家と相対取引で，証券会社は取引所外で売買することが可能となった。これにより，市場間の競争が活発化し，株式取引が全体として効率的に行われると期待される。

同年同月，**私設取引システム**（Proprietary Trading System，PTS）制度が導入され，さらに2005年4月にPTSは取引所と同様に需給関係で株価が決まるオークション方式での取引が可能になった。

3－4．東京証券取引所の再編

東京証券取引所（以下，東証）は投資家の利便性を高め，企業の中長期的な改革を促進するために，2022年4月より現行の株式市場の市場区分（図表1－13の下段）からプライム，スタンダード，グロースの3市場に再編する。

2021年8月末現在，現行の東証の市場区分は，2013年に東証が大阪証券取引所と統合して以来の構成を継続している。東証第一部は流通性の高い企業（上場基準として時価総額250億円以上）が上場対象となり，東証第二部は実績のある中堅企業が上場し，マザーズとジャスダックは実績のある新興企業が上場する構成となっている。これに対して，市場の区分があいまいである点，東証

図表1－13　東京証券取引所の新市場区分

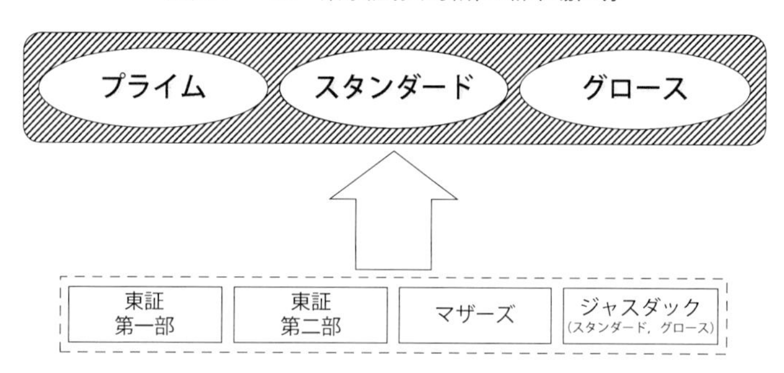

第一部に上場している企業数が東証全体の6割を占めている点，同じ市場内の企業の間で時価総額と業績にばらつきが大きい点などの問題論争が続いていた。

再編する東証の市場区分の中で，プライムは多くの機関投資家の投資対象となりうる規模の時価総額と流通性（流通株式時価総額100億円以上および流通株式比率35%以上など）を有し，持続的に成長可能な企業が対象となる。スタンダードは一定の規模（流通株式時価総額10億円）以上の中堅企業を対象とし，他方，グロースは高い成長可能性を持ち，それを実現可能な企業であり，相対的に高リスクの新興企業を含む予定である。市場の再編を通じて東証は上場企業の企業価値の向上とともに，市場全体の活性化を期待している。さらに，コーポレート・ガバナンス・コード（第7章参照）に関する基準と改善方向の規定を市場区分の基準に取り入れ，市場全体の効率性と企業による豊かな社会の実現に貢献できることを展望している。

市場区分の再編に伴い，現行のTOPIX（東証株価指数）についても見直しが行われる。現行のTOPIXの算出には，東証第一部市場に上場している全銘柄が含まれている。市場再編以降から，各市場別の株価指数とともに，流通株式の時価総額が一定額に達していない企業に対して新算出基準を適用し，場合によってはTOPIXの構成銘柄から除外する。東証はTOPIXの見直しを通じて，日本の株式市場の代表指数としてのTOPIXの機能向上を期待している。

4．投資信託

4－1．契約型と会社型

証券市場における基本的な金融商品は株式と債券であるが，これらを基礎とするその他様々な金融商品がある。投資信託もその例である。

投資信託では，運用会社が多数の投資家から集めた資金でファンド（基金）を作り，その運用成果を投資家に分配する。投資信託を制度面からみると**契約型**と**会社型**に分類される。

図表1－14　契約型投資信託の仕組み

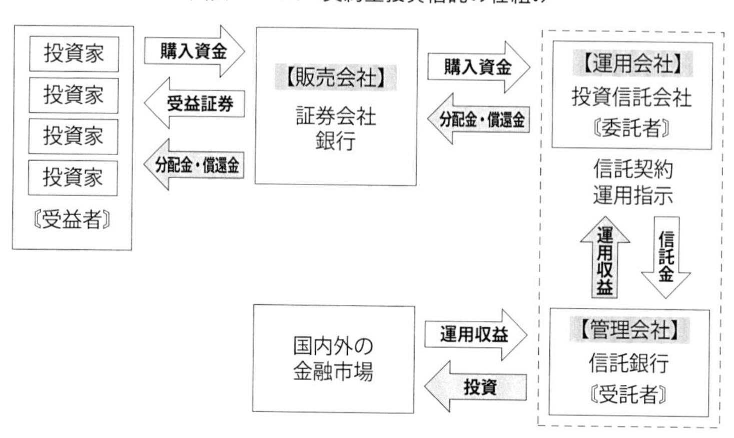

契約型投資信託

投資家と運用会社（アセット・マネジメント）との間に，投信販売を担う販売会社が介在し，運用会社のファンド・マネージャーの運用指示に基づいて管理会社が各種証券の売買・管理を行う。

会社型投資信託

運用会社が，投資会社（証券投資法人）を設立，資金を集め投資を行い，運用収益を配当の形で投資家へ分配する。投資家はその投資会社の株主（投資主）となって，運用によって得られた収益の分配を受け取るので，株式会社と同様の形態となる。

この形態では，①投資家が，投資主総会を通じてファンドの運営に参加できる，②ファンドを運営する側からすれば，投資主の同意を得られれば，運用対象や運用方針の変更などが弾力的に行える，などの特徴があるが，経済的機能は日本で従来から利用されている契約型投信と大差ない。

4－2．投資信託のメリット・デメリット

投資家自身が株式や債券に直接投資するのとは違い，投資信託では以下のようなメリット・デメリットがある。

＜メリット＞

①小口資金から購入可能。

②多数の投資家から集めた資金で，十分な分散投資が可能。

③投資家本人には知識や投資対象を検討する時間がなくても，プロの投資家（ファンド・マネージャー）に運用を任せることができる。

＜デメリット＞

①購入時に販売手数料，運用中に信託報酬，監査報酬，売却時に信託財産留保額といったコストがかかり，ファンドの運用収益がプラスであってもこれらのコスト以下の場合，投資家にとって実質的な運用利回りがマイナスとなる。

②他人に運用を任せているため，自分の希望にそぐわない運用をされることや，機動的な運用をできない場合がある。

４－３．投資信託の種類

投資信託は，運用対象，購入できる時期，収益の分配方法などによって，以下のように分類される。

（１）運用対象による分類

株式は一切組入れず，国債や社債など比較的安全性の高い公社債を中心に運用するタイプを**公社債投資信託**，公社債のほか株式を一定限度組入れて運用するタイプを**株式投資信託**とよぶ。

（２）購入時期や信託期間による分類

いつでも購入・換金ができ，信託期間（満期）が定められていないタイプを**追加型（オープン型）**とよぶ。MRF（Money Reserve Fund，マネー・リザーブ・ファンド）はこのタイプの公社債投資信託である。

他方，信託期間（満期）があらかじめ定められているものを**単位型（ユニット型）**とよぶ。購入は募集期間だけに限られ，追加購入はできない。単位型はさらに，商品性が同一のものを毎月募集する定時定型（ていじていけい）投信と，その時の経済情勢にあわせて随時募集されるスポット型投信とに分けられる。

（3）収益の分配方法による分類

信託期間中，運用収益を投資家に分配するものを**分配型**とよぶ。毎月分配，3カ月分配，半年分配など様々なタイプがある。投資家は収益が分配される都度，手元資金を得るが，反面，ファンドの運用による複利効果はなくなる。

満期になったり，投資家が解約したりするときに一括して支払われるまで，信託期間中は運用収益を分配せず，ファンドの中に留保するものを**無分配型**とよぶ。運用収益を再投資するため，複利効果を期待できる。

4－4．純資産残高と基準価額

投資信託を購入する際には，いくらで買えるか，運用実績はどうかといったことを知るために，以下の用語を理解しておく必要がある。

純資産残高

ファンドに組み入れられている資産の時価総額と，運用収益によって増えた（減った）金額の合計から諸経費を控除したもの。

基準価額

純資産残高を受益権総口数で割ったもので，一口当たりいくらでその投信を売買できるかを示す。

騰落率

基準価額の変化率。ファンドの運用成績を示す指標の1つといえるが，過去のある時点から別のある時点までの実績値に過ぎないため，騰落率が高いからといって，今後も高い実績が続くとまではいえない。

運用実績利回り

騰落率を年率表示したもの。例えば，２年間の騰落率が10%だったとすると年率では５%，半年間の騰落率が３%だったとすると年率では６%となる。なお，投資信託に限らず，金融商品では金利や収益率を１年当たりで表示する慣例になっている。

４－５．上場投資信託（Exchange Traded Funds，ETF）

上場投資信託は通常の投資信託と違い，その受益証券が取引所に上場され売買される（契約型，会社型の両タイプがある）。日本では，1995年5月29日に全国８証券取引所に日経300株価指数連動型上場投資信託（300投信）が日本国内で初めて上場され，現在，株式のほか，債券，REIT（リート），通貨，コモディティ（商品）の指数に連動する多種多様なETFが取引されている。

一般的な投資信託と異なり，販売手数料はかからないが，上場株式の売買と同様に株式購入の手数料がかかる。販売手数料がかからず，株式の売買手数料だけで済むことから，一般的な投資信託よりも売買コストが安い傾向にある（ただし一般的な投資信託でも，販売手数料が無料のものもある）。

信託報酬は，一般的に同じ指数に連動を目指すインデックス・ファンドと比較して安くなる傾向がある。上場株式と同様に市場で売買されるため，一般の投資信託のような基準価額ではなく，株式と同様の方法（指値や成行注文）で売買される。

５．証券会社

証券会社は，発行市場と流通市場において証券取引を仲介する役割を担っている。ここでは，直接金融の主要な担い手である証券会社の業務について簡単に紹介する。

５－１．証券会社の業務

証券発行市場，流通市場での仲介機関である証券会社は多様な業務を行っているが，日本では証券会社の本業として，アンダーライターとしての引受業務（アンダーライティング），販売業者としての売り出し業務（セリング），ブローカーとしての委託業務（ブローキング），ディーラーとしての自己売買業務（ディーリング），といった４つが挙げられる。これらは金融商品取引法により規定されたものである。

（１）アンダーライティング，セリング

発行市場に関連する。アンダーライティングとは，資金調達に関する証券業務のことである。アンダーライターは，株式や債券の発行において発行者に情報提供を行い，証券が発行されると資金供給者を探し出して販売する。

公募によって有価証券を発行する場合，資金調達をより確実なものにするため，アンダーライターは，残額引受，買取引受といった手段を講じる。

発行された証券の販売が不調に終わった場合，アンダーライター自身が一時的にその証券を保有する方法を**残額引受**，アンダーライターが発行もしくは売り出される証券の全部もしくは一部を最初に取得し，それを販売する方法を**買取引受**という。

アンダーライティングと類似しているものの，発行された証券を投資家に販売するのみで，売れ残りのリスクを負担しない業務として，セリングがある。セリングでは，売れ残っても証券会社は債券を引き受ける責任を持たない。

（２）ブローキング，ディーリング

流通市場に関連する。ブローキングとは，投資家からの売買注文を受け取り，取引相手を探す業務のことである。

ブローキング業務では，取引相手が見つからなければ，投資家の売買注文が成立しないだけである。他方，売買が成立したときには，ブローカーは委託手数料を受け取る。

ディーリングとは，投資家からの有価証券の売買注文に対して，証券会社が直接その取引相手となる業務のことである。そのために，（在庫としての品揃え管理のため）自己の勘定で有価証券を売買する。ディーリング業務として，証

券会社が相対取引の形態で取引の相手方となることで，債券店頭市場での取引や株式の取引所外取引が成立する。

証券会社が，自己の勘定で有価証券を保有すると，その価格変動の影響を受け，損失が発生しうる。これがディーリング業務のリスクとなる。

ブローキング業務ではブローカーが顧客から委託手数料を受け取るが，ディーリング業務ではそのような手数料は取らない。その代わり，ディーラーは投資家に対して売り気配値（ask）と買い気配値（bid）を提示し，その差（ask>bid）がディーリング業務の収益となる。

5－2．免許制と登録制

これまで，証券業は登録制と免許制をいったりきたりしていた。1948年，証券取引法により登録制を採用していたが，その後の証券不況により，1965年証券取引法改正により免許制に移行し1998年まで続くことになった。免許制は，大蔵省（当時）の免許を受けた株式会社だけが証券業を営むことができるとされるもので，証券業への自由な参入を妨げることとなる。そこで，新規参入を増やし国際的に競争力のある証券市場を目的に，1998年の制度改革により，登録制となった。ただし，専門性が高く，顧客からの高い信頼を必要とする業務（店頭デリバティブ業務，私設取引システム（PTS）など）については，登録制よりもハードルの高い認可制となっている。

5－3．証券会社の現状

1990年代，バブル崩壊後の長期にわたる証券市場の低迷により，証券会社の合併，統廃合が進んだ。

その間，売買委託手数料が徐々に引き下げられ，1999年10月には完全に自由化された。これにより，証券会社の収益構造は大きく変化し，特にインターネット取引での手数料が大幅に低下している。

また，証券会社は総合金融サービス業としての発展が期待されている。2003年，証券取引法の改正に基づき，金融機関以外の者にも証券取引の仲介を認める証券仲介業制度が2004年4月からはじまった。金融商品取引法では，市場デリバティブ取引の委託の媒介も行えるようになり，名称も証券仲介業から金融商品仲介業に改められた。証券会社に求められているサービスは多くなる。

近年では，インターネット取引の普及拡大とともに，手数料の無料化を含む破格的な取引手数料を前面に打ち出すいわゆるネット証券会社と従来の証券会社の間の競争が極めて激しくなっている。このような潮流の中で，証券会社の業務範疇は拡大しつつあると同時に，多様な役割が要求されている。例えば，証券会社のホールセール（法人向け業務）部門では，IPO や株式発行による増資から，海外 M&A のような企業のグローバル投資のサポートまでを行っている。また，リテール（個人取引）部門では，ファイナンシャル・プランナーとして，的確なアドバイスを提供することはもちろん，さらに，証券投資を通じて自主的な個人の資産運用を促そうとする政府の方針にのっとり，ニーサ（NISA，少額投資非課税制度），つみたてニーサ，イデコ（iDeCO，個人型確定拠出年金）など，税制優遇が受けられる個人投資制度を実質的に支えている。このように経済や社会全体における重要なインフラとして，証券会社の責任ある役割に対する期待は一層高まっている。

第2章　債券の理論

本章では，金融商品の理論価格を考える際の基礎になる将来キャッシュ・フローの現在価値についての考え方をまず紹介し，その応用として，ローン支払い額や，金融派生商品などでも利用される年金型投資商品（annuity）の考え方について学ぶ。

次いで，債券投資の投資収益率として各種利回り，債券投資に関わるデュレーション，イールド・カーブなどについて紹介する。

1．将来価値と現在価値

投資金額（または**元本**）に対する年当たりの**利息**（お金を貸した側が元本に追加して受け取るお金，**クーポン**ともいう）または**利子**（お金を借りる側が貸した側に元本に追加して支払うお金）の割合を**利率**とよび，例えば定期預金に100万円を元本として1年間預け入れ，利息が10万円得られる場合，利率が10％であるという。元本100万円に対して利率10％相当額の利息10万円がつくので，1年後の元利合計金額は110万円となる。このとき，利息はお金の受け取りであるが，支払う場合も含めてお金の出入りを**キャッシュ・フロー**とよび，受け取りを強調する場合はキャッシュ・インフロー，支払いを強調する場合はキャッシュ・アウトフローとよぶこともある。

元本100万円は現時点で預け入れたお金の価値であるのでこれを**現在価値**，1年後の元利合計110万円を**将来価値**とよぶ。

100万円（現在価値）×（1＋10％）→110万円（1年後の将来価値）

この定期預金は将来確実に元利金が支払われるという意味でリスクが全く無いとしよう。なお，**リスク**とは，将来キャッシュ・フローが変動し，現時点でその金額を正確に予測できないことをいう。投資家がリスクを全く取らない運用を考えるとすると，この定期預金に預け入れると1年後に110万円の元利合計が確実に得られるから，現時点での100万円と1年後の110万円は等価値といえる。

他方，リスクがあり将来のキャッシュ・フローが変動するが平均的には110万円得られる場合，リスクを取りたくない投資家にとってこの場合の110万円は現時点の100万円と等価ではない。平均的な将来キャッシュ・フロー110万円に**リスク・プレミアム**（リスク負担に対して投資家が要求する収益）を加えた金額が現時点の100万円と等価となる。将来キャッシュ・フローにリスクがある場合の事例については次章で紹介し，この章では将来キャッシュ・フローにリスクが無い場合についてのみ考えることにする。

現時点の100万円が利率10%で運用した1年後の110万円と等価であるということは，1年後の将来価値110万円を10%で**割り引く**と現在価値100万円が得られる。この割引計算で用いる利率10%を**割引率**とよぶ。

100万円（現在価値）← 110万円（1年後の将来価値）÷（1+10%）

このように，将来キャッシュ・フローを現在時点の価値に換算する方法を**割引現在価値法**とよぶ。金融資産を現時点で売買する場合，その金融資産から得られる将来キャッシュ・フローを現時点で購入することになるので，金融資産の**理論価格**は割引現在価値法によって求められる。その際，利率が将来キャッシュ・フローの割引現在価値を決定する要素となる。

なお，利率とは別に**利回り**（投資金額に対する収益率）や**金利**（お金を借りる側が借りたお金に追加して支払う金額の割合）といった用語もあるが，これらは区別せずに用いられることも多い。利回りは様々なものがあり，4節で後述する。

２．債券の理論価格

ここでは，デフォルト・リスクがないと一般に考えられ，償還時の将来キャッシュ・フローが確実な国債を例にとりあげる。

満期償還まで保有する場合，国債投資の収益はリスクが無い。無リスクで運用できる他の投資機会として例えば定期預金があれば，リスクを取らずに運用する投資家にとっては，国債で運用する場合にも定期預金利率と同等の投資収益率を望むだろう。このように，将来キャッシュ・フローの割引率には，同リスクかつ同期間の他の運用機会の投資収益率を割引率として用いる。

２－１．割引国債の場合

割引債ではクーポンが支払われないが，現在と償還時の価格差がクーポン収入に相当するように，現在の価格が額面（償還時の金額の単位，通常100円）より低くなる。

１年割引国債の場合

１年後に償還される１年割引国債の場合，１年後に100円のキャッシュ・フローが得られるから，同リスク・同期間の他の運用機会の投資収益率（以下，単に利回りとよぶ）が10％の場合，その割引現在価値は100 ÷（１＋利回り）であり

$$100 \div (1+10\%) = 90.91\text{（円）}$$

となり，この債券の現在の理論価格（現在価値）は90.91円となる。

２年割引国債の場合

２年後に償還される２年割引国債の場合，２年後に100円のキャッシュ・フローが得られるから，その割引現在価値は100 ÷（１＋利回り）^{2}であり，利回りが10％の場合，

$100 \div (1+10\%)^2 = 82.64$（円）

となる。

n年割引国債の場合

同様の考え方で，n年後に償還されるn年割引国債の理論価格は，利回りをrとすると，次のように求められる。

（２－１）　n年割引国債の理論価格 $= 100 \div (1+r)^n$

２－２．利付国債の場合

利付債も割引債と同様，額面は100円である。ただし割引債と違い，利付債は毎期クーポン収入が得られる。実際の利付国債は年２回クーポンが支払われるが，以下ではまず年１回クーポンが支払われる場合で考える。

１年利付国債の場合（年１回利払い）

１年後に額面100円とクーポン収入が得られる。例えば１回当たりのクーポンの支払額が５円の場合，１年後に $100+5=105$（円）のキャッシュ・フローが得られる。この割引現在価値がこの利付国債の現在の理論価格となる。つまり，利回りが10％の場合，

$105 \div (1+10\%) = 95.45$（円）

となる。

２年利付国債の場合（年１回利払い）

２年後に額面とクーポン収入が得られるほか，１年後にもクーポン収入が得られる。

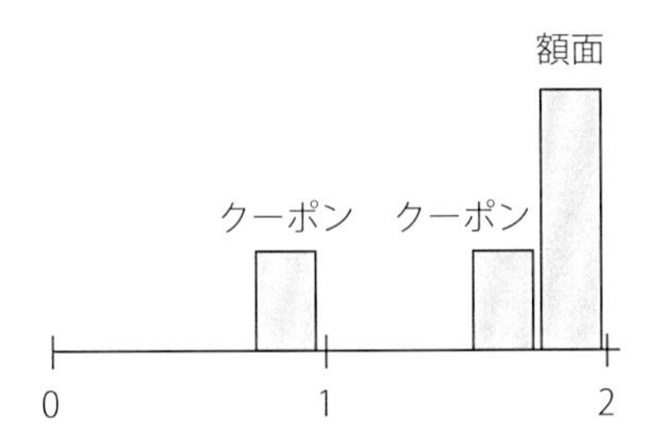

クーポン収入を５円とすると，２年利付国債は，額面が５円の１年割引債と，額面が「100 ＋ ５」円の２年割引債を合わせて保有することと同じになる。つまり，利回りが10％の場合，

$$5 \div (1 + 10\%) + 105 \div (1 + 10\%)^2 = 4.55 + 86.78 = 91.33 \text{（円）}$$

となる。

n年利付国債の場合（年１回利払い）

同様の考え方で，n年後に償還されるn年利付国債の理論価格は，利回りをr，１回当たりのクーポン額をＣ円とすると，

$$\text{（２－２）}\quad \text{n年利付国債の理論価格} = \frac{C}{1+r} + \frac{C}{(1+r)^2} + \cdots + \frac{100+C}{(1+r)^n}$$

となる。

例題２－１　金利が５％のとき，１回当たりのクーポン支払額が８円（年１回利払い）の３年利付国債の現在の理論価格はいくらか。

《解　説》　$\frac{8}{1.05} + \frac{8}{1.05^2} + \frac{108}{1.05^3} = 7.62 + 7.26 + 93.29 = 108.17$(円)

２－３．年２回利払いの利付国債

実務では，利付債のクーポンは半年ごとに年２回支払われる。クーポン・

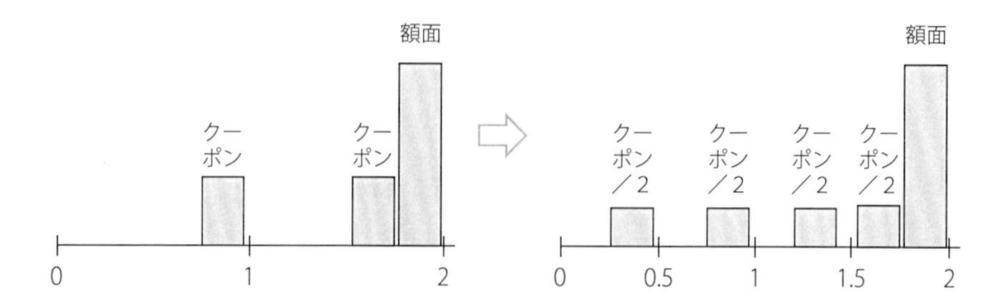

レート c% といった場合，額面が 100 円の c%，つまり年間で C 円のクーポンが支払われ，1 回当たりの支払額は C/ 2 円となる。

この場合，債券の残存年数を n 年とすると，半年を 1 期とみなし，満期までの残存期間 2 n，毎期のクーポンが C/ 2 円，額面 100 円の利付債券と考えればよい。ただし，1 期は半年なので，年率で表示される金利は半分にして考える必要がある。

したがって，年 2 回利払いの n 年利付国債の理論価格は，

（2 － 3）　n 年利付国債の理論価格（年2回利払い）

$$= \frac{C/2}{1+r/2} + \frac{C/2}{(1+r/2)^2} + \cdots + \frac{100+C/2}{(1+r/2)^{2n}}$$

となる。

> 例題２－２　金利が６％のとき，クーポン支払額が年間８円（年２回利払い）の２年利付国債の現在の理論価格はいくらか。

《解　説》

$$\frac{4}{1.03} + \frac{4}{1.03^2} + \frac{4}{1.03^3} + \frac{104}{1.03^4}$$

$$= 3.88 + 3.77 + 3.66 + 92.40 = 103.72(円)$$

２－４．永久債

満期があり額面が償還される債券だけでなく，満期がなくクーポンのみが永久に支払われる**永久債**とよばれる債券の理論価格を求めることもできる。毎期 C 円のクーポンが永久に支払われるので，その理論価格は，

（２－４）　$P = \frac{C}{1+r} + \frac{C}{(1+r)^2} + \frac{C}{(1+r)^3} + \cdots$

となるが，上式の両辺に（１+ｒ）を乗じると，

（２－５）　$(1+r)P = C + \frac{C}{1+r} + \frac{C}{(1+r)^2} + \cdots$

（２－５）式の左辺・右辺から（２－４）式の左辺・右辺をそれぞれ引くとrP=C となるので，

（２－６）　$P = \frac{C}{r}$

と書くこともできる。

３．年金型投資商品（annuity）

１年後からｔ年後まで毎年一定額Ｃのキャッシュ・フローがｔ回支払われ，ｔ＋１年後以降はキャッシュ・フローの支払いも償還もない金融商品があると考えよう。これを**年金型投資商品**（annuity），その現在価値を**年金現価**とよぶ。年金型投資商品の考え方は将来キャッシュ・フローを評価する様々な場面で応用される。ここでは簡単な例を使って紹介しておく。

年金型投資商品のキャッシュ・フローは，①１年後からＣのクーポンが永久に支払われる永久債のキャッシュ・フローから，②ｔ+１年後からＣのクーポンが永久に支払われる永久債のキャッシュ・フローを引いたものに等しい。①の債券の理論価格はC/r であり，②の債券の理論価格はｔ年後時点でC/r なので，利回りをｒとするとその現在価値は（１+ｒ）^{t}で割り引いた(C/ｒ）/（１+ｒ）^{t}となる。したがって，①の永久債の理論価格から②の永久債の理論価格を引いたものが年金現価となる。

（２－７）　$\frac{C}{r} - \frac{C}{r} \times \frac{1}{(1+r)^t} = C\left[\frac{1}{r} - \frac{1}{r(1+r)^t}\right]$

この式のうち

$$\left[\frac{1}{r}-\frac{1}{r(1+r)^t}\right]$$

の部分は，各期のキャッシュ・フローが1のときの年金現価であり，これを**年金現価率**とよぶ。

$$\frac{C}{r}-\frac{C}{r}\times\frac{1}{(1+r)^t}=C\left[\frac{1}{r}-\frac{1}{r(1+r)^t}\right]$$

例題2－3　支払総額2,500万円を，来年から毎年100万円ずつ25年間にわたって受け取るくじに当たった。このくじの現在価値はいくらか。ただし金利は５％であるとする。

《解　説》　（２－７）式より，

$$100\times\left[\frac{1}{0.05}-\frac{1}{0.05\times(1+0.05)^{25}}\right]=1{,}409$$

となる。したがって，毎年100万円ずつ25年にわたり合計2,500万円受け取ることと，現時点で1,409万円受け取ることの現在価値は同じである。

例題2－4　住宅ローンを現時点で3,000万円借り入れ，今後毎月均等額で20年間返済する。金利が年率12%のとき，毎月の支払額はいくらか。

《解　説》　1期間を1カ月と考えると，金利は年率で12%なので月率１%であり，返済期間20年は240カ月であるから，返済額の年金現価率は，

$$\frac{1}{0.01}-\frac{1}{0.01\times(1+0.01)^{240}}=90.82$$

となり，240カ月にわたって毎月１万円支払う場合，その支払額の現在価値が90.82万円である。つまり現時点で90.82万円借り入れると，今後240カ月にわたって毎月１万円返済することになる。これに対し，現時点での借入額は3,000万円であるから，3,000 ÷ 90.82 ＝ 33.03万円を今後240カ月にわたって返済すればよい。

例題２－５　住宅ローンを現時点で3,000万円借り入れ，そのうち2,000万円を毎月均等額で20年間返済し，残り1,000万円を年２回のボーナス時に均等額で20年間返済することにした。金利は年率2.4%として，毎月の返済額はいくらか。また，ボーナス時１回当たりの返済額はいくらか。

《解　説》　【月返済額】

金利2.4%（年率）なので月率2.4/12=0.2%。

2,000万円＝毎月の返済額× 240カ月の年金現価なので，毎月の返済額＝ 2,000万円÷ 240カ月の年金現価＝　2,000/［1/0.002 － 1/（0.002（1.002^{240}））］=2,000/190.46=10.5万円。

【ボーナス時返済額】

金利2.4%（年率）なので半年当たり2.4/2=1.2%。

1,000万円＝ボーナス時返済額× 40半年の年金現価なので，ボーナス時返済額＝ 1,000万円÷ 40半年の年金現価＝ 1,000/［1/0.012 － 1/（0.012（1.012^{40}））］=1,000/31.625=31.6万円。

４．債券の投資収益率（利回り）

金融資産の投資収益率は投資期間が異なると大小を単純に比較できないため，１年当たりの収益率で表示する慣例となっている。

投資収益率の基本的な考え方は次のようになる。投資額を投資収益率ｒ（年率）でｎ年間運用した結果，将来価値は

$$投資額 \times (1+r)^n = n年間のキャッシュフロー合計$$

となるので，１年当たりの投資収益率は，

$$r = \sqrt[n]{\frac{n\text{年間のキャッシュフロー合計}}{\text{投資額}}} - 1$$

と計算される。

4－1．債券の利回り

債券の利回りには様々な概念があり，クーポン収入を再投資する場合を**複利利回り**，再投資しない場合を**単利利回り**とよぶ。また，投資した債券を満期まで保有する場合を**最終利回り**（単利，複利），満期前に転売する場合を**所有期間利回り**（単利，複利）とよぶ。さらに，複利利回りのうち，クーポンの再投資収益率と初期投資額の投資収益率を区別する場合を**実効利回り**とよぶ。

複利利回り（最終利回り，所有期間利回り，実効利回り）

利付債にn年間投資すると，その間クーポン収入が得られる。これを運用が終わるn年後までの間，再投資すると，n年間のキャッシュ・フロー合計は，再投資されたクーポンのキャッシュ・フローと，n年後の債券の転売価格との合計となる。ただし，その債券を満期まで保有する場合，n年後の（利払い後の）債券価格は額面となる。また，現時点で債券を購入して投資するので，投資額は現在の債券価格そのものである。したがって，残存n年利付債に満期まで投資するなら，

$$\begin{aligned}
&\text{現在の債券価格} \times (1+\text{投資収益率})^{n} \\
&= 1\text{年後のクーポン収入} \times (1+\text{再投資収益率})^{n-1} \\
&+ 2\text{年後のクーポン収入} \times (1+\text{再投資収益率})^{n-2} \\
&+ \cdots \\
&+ n\text{年後のクーポン収入} + \text{額面}100\text{円}
\end{aligned}$$

となる。割引債の場合は投資期間中のクーポン収入がないので，上の式でクーポンの再投資部分がないものとして考えればよい。

数値例として，クーポンが5円（年1回利払い）の2年利付国債の現在の価格が80円だったとして，この債券に2年間投資した場合の利回りを考えてみ

る。初期投資の投資収益率とクーポンの再投資収益率が等しいと仮定し，これをｒとすると，

$$80\times(1+r)^2=5\times(1+r)+5+100$$

となる。１＋ｒ をｘと置くと次のように変形できる。

$$80x^2-5x-105=0$$

２次方程式の解の公式 $ax^2+bx+c=0\Rightarrow x=\dfrac{-b\pm\sqrt{b^2-4ac}}{2a}$ を使うと，

$$x=\frac{5\pm\sqrt{25+33600}}{160}=\frac{5\pm\sqrt{33625}}{160}=\frac{5+183.37}{160},\frac{5-183.37}{160}=1.177,-1.115$$

となり，ここではマイナスの値は意味をなさないので，1.177のみをｘの解として採用すると，ｘ＝１＋ｒ より，ｒ=0.177，つまり利回りは17.7％となる。この例では解の公式が使えたが，投資期間が２期より多くなるとこの公式は使えないのでパソコンや関数電卓を使って利回りを計算する[1)]。

以上を式で表現すると，年１回利払いの債券にｎ年間投資する場合，

$$（２－８）\quad P=\frac{C}{1+r}+\frac{C}{(1+r)^2}+\cdots+\frac{C+P_n}{(1+r)^n}$$

あるいは，

$$（２－９）\quad P(1+r)^n=C(1+r)^{n-1}+C(1+r)^{n-2}+\cdots+C+P_n$$

となる。満期まで債券を保有した場合，P_nは額面となり，このときのｒが**複利最終利回り**である。他方，満期までｎ年超の債券にｎ年投資した後に転売する場合，P_nは転売価格となり，このときのｒが**複利所有期間利回り**である。なお，Ｐは現在の債券価格，Ｃは年当たりのクーポン収入である。

１）複利最終利回りや複利所有期間利回りは，初期投資額と将来キャッシュ・フローの割引現在価値とを等しくさせる割引率のことでもあり，これを内部収益率（IRR）とよぶ。

最終利回りおよび所有期間利回りは，初期投資の投資収益率とクーポン再投資収益率を区別せず，投資期間を通じた年当たりの収益率である。しかし，再投資収益率があらかじめわかっている場合などでは初期投資の投資収益率とクーポン再投資収益率を区別することもある。この場合，i 年後のクーポン収入の n 年後までの再投資収益率（年率）を r_i（i＝1，2，…，n），初期投資 P の投資収益率（年率）を R と書くと，

$$(2-10)\quad P(1+R)^n = C(1+r_1)^{n-1} + C(1+r_2)^{n-2} + \cdots + C + P_n$$

となり，このときの R が**実効利回り**である。

割引債の利回り（最終利回り，所有期間利回り）

割引債の場合，投資期間中のクーポン収入がないので，（2－8）式の C がないと考えればよい。したがって，

$$P = \frac{P_n}{(1+r)^n}$$

から，

$$r = \sqrt[n]{\frac{P_n}{P}} - 1$$

となる。また，クーポンの再投資もないので実効利回りといった概念もない。

例題2－6

問1　クーポンが2円（年1回利払い）の残存2年利付国債の現在の価格が100円だったとして，この債券に2年間投資した場合の複利最終利回りはいくらか。

問2　クーポンが2円（年1回利払い）の残存4年利付国債の現在の価格が102円だった。この債券に投資し，2年後にクーポンを受け取った後，104円で転売したときの複利所有期間利回りはいくらか。

問3　クーポンが4円（年1回利払い）の残存2年利付国債の現在の価格が100円だった。2年後から満期までのクーポン再投資

収益率が年当たり 10％のとき，現在この債券に投資し満期まで保有すると，複利最終利回りと実効利回りはそれぞれいくらか。

《解　説》　問１　$100=\frac{2}{1+r}+\frac{102}{(1+r)^2}$ より，$100(1+r)^2-2(1+r)-102=0$ となり，解の公式を使うと，r = 2.0% となる。

※クーポン・レートと複利利回りが等しい場合，債券価格は常に額面に等しくなる。この性質を覚えておけば，計算するまでもなく答えを求めることができる。

問２　この債券を 102 円で買い，２年間保有した後，クーポンとして２円受け取った後，104 円で転売するので，

$102=\frac{2}{1+r}+\frac{106}{(1+r)^2}$ より，$102(1+r)^2-2(1+r)-106=0$ となり，解の公式を使うと，r = 2.9% となる。

問３　＜複利最終利回り＞

$100=\frac{4}{1+r}+\frac{104}{(1+r)^2}$ より，$100(1+r)^2-4(1+r)-104=0$ となり，解の公式を使うと，r = 4.0% となる。

※（１）と同様，額面と債券価格が等しくなっていることから，計算しなくてもクーポン・レートと最終利回りが等しいことがわかる。

＜実効利回り＞

１年後のクーポン収入４円を再投資収益率 10% で１年間運用することになるので，

$100(1+R)^2=4(1+0.1)+104=108.4$ より，

$R=\sqrt{\frac{108.4}{100}}-1=4.1\%$　となる。

単利利回り（最終利回り，所有期間利回り），直接利回り

投資期間中に入ったキャッシュ・フローを投資期間の終わりまで現金で保有すると運用機会を放棄することと同じになるので，ファイナンスではキャッシュ・フローの再投資を考慮した複利で考える慣例になっているが，企業会計上の理由などから実務ではキャッシュ・フローの再投資機会を考慮しない場合も

ある。このとき用いる利回りが**単利利回り**である。単利利回りは年当たりのクーポン収入と年当たりのキャピタル・ゲイン（またはロス）を合わせたもので，次のように定義される。

$$単利利回り = \frac{年当たりクーポン収入 + \dfrac{額面または転売価格 - 債券価格}{投資年数}}{債券価格}$$

ここで，右辺の分子には，満期まで保有する場合は額面を，満期前に転売する場合には転売価格を用いる。前者の場合は**単利最終利回り**，後者の場合は**単利所有期間利回り**となる。さらに，年当たりのクーポン収入だけに注目することもある。これを**直接利回り**（**直利**）とよび次のように定義される。

$$直接利回り = \frac{年当たりクーポン収入}{債券価格}$$

5．スポット・レートとフォワード・レート

割引債の最終利回りはスポット・レートともよばれる。フォワード・レートとは将来のある期を起点とする一定期間の利回りのことをいい，スポット・レートから導かれる。

以下のような，2通りの2期間の資産運用を考えてみる。

投資戦略①　残存2年の割引債に満期まで投資する。

投資戦略②　残存1年の割引債に1年投資し，その満期時点でその時点の1年割引債にさらに1年投資する。

現時点での1年割引債の最終利回りを${}_0R_1$，現時点での2年割引債の最終利回りを${}_0R_2$，1年後時点に存在する1年割引債の最終利回りを${}_1f_2$とすると，現在100円投資したときの2年後の償還額は，

投資戦略①　$100(1 + {}_0R_2)^2$

投資戦略②　$100(1 + {}_0R_1)(1 + {}_1f_2)$

となる。このとき，例えばもし投資戦略①のほうが②より償還額が大きければ，現在の２年債の価格が１年債の価格に対して相対的に上昇，${}_0R_2$が${}_0R_1$に対して相対的に低下する[2)]。逆に，投資戦略②のほうが①より償還額が大きければ，${}_0R_1$が${}_0R_2$に対して相対的に低下する。結果，２つの投資戦略の２年後の償還額は等しくなる。したがって，

$$(1+{}_0R_2)^2=(1+{}_0R_1)(1+{}_1f_2)$$

となり，これを解くと，

$${}_1f_2=\frac{(1+{}_0R_2)^2}{1+{}_0R_1}-1$$

となる。${}_1f_2$は，現在市場に存在していない１年後の１年割引債の最終利回りであるが，以上から，現在の１年割引債と２年割引債の価格差の中に織り込まれていることになる。このときの，${}_1f_2$がフォワード・レートである。以下のような図で考えると，より理解しやすい。

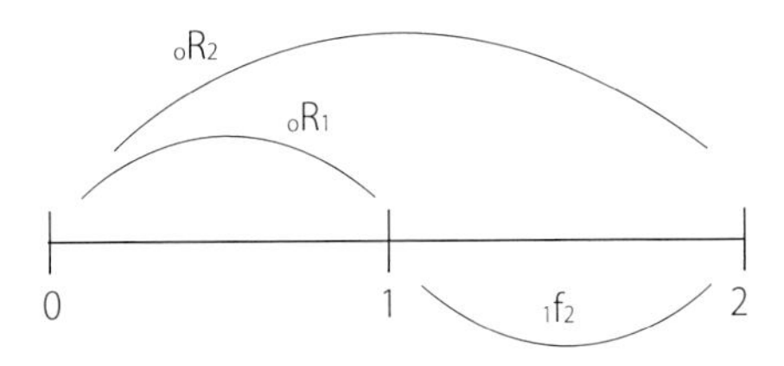

次に，以上の応用として，２年後時点の１年割引債の最終利回り（${}_2f_3$）を考えてみる。この場合，

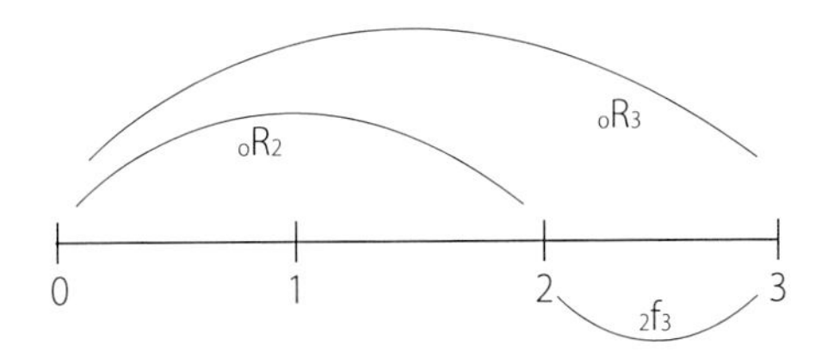

2）n 年割引債の最終利回りが $r=\sqrt[n]{\frac{P_n}{P}}-1$ であったことを想起すれば，額面が一定なので債券価格Ｐが上昇すると，最終利回り r が低下する。

$$(1+{}_0R_3)^3=(1+{}_0R_2)^2(1+{}_2f_3)$$

となるので，これを解くと，

$${}_2f_3=\frac{(1+{}_0R_3)^3}{(1+{}_0R_2)^2}-1$$

となる。以上の例のように，各期のスポット・レートがわかれば様々な期間のフォワード・レートを計算することができる。

スポット・レートとフォワード・レートの関係

運用期間を t 期間としたとき，スポット・レートとフォワード・レートの関係を次のように表すことができる。

$$(1+{}_0R_t)^t=(1+{}_0R_{t-1})^{t-1}(1+{}_{t-1}f_t)$$

短期のスポット・レートよりも長期のスポット・レートが高くなっており（スポット・イールド・カーブが順イールド，p.55 参照），例えば ${}_0R_{t-1}<{}_0R_t$ である場合，この式の右辺の ${}_0R_{t-1}$ に代えて ${}_0R_t$ を代入すると，

$$(1+{}_0R_t)^t<(1+{}_0R_t)^{t-1}(1+{}_{t-1}f_t)$$

となるので，これを変形すると，

$$\frac{(1+{}_0R_t)^t}{(1+{}_0R_t)^{t-1}}=(1+{}_0R_t)<(1+{}_{t-1}f_t)$$

より，${}_0R_t<{}_{t-1}f_t$ となる。したがって，短期のスポット・レートよりも長期のスポット・レートが高いとき（イールド・カーブが順イールド），t 期間のスポット・レートより t − 1 期先から 1 期間のフォワード・レートのほうが大きい。

同様の手順で考えると，イールド・カーブが逆イールドのときは ${}_0R_t>{}_{t-1}f_t$，フラットのときは ${}_0R_t={}_{t-1}f_t$ となる。

スポット・レートを用いた利付債の価格評価

ｎ年利付債を，各期のキャッシュ・フローを額面とするｎ種類の割引債のポートフォリオとみなせば，それぞれの割引債の割引現在価値（理論価格）の合計がｎ年利付債の理論価格になる。つまり，（２－２）式のｒに換えてスポット・レートを用いて，

$$（２－11）\quad n年利付国債の理論価格 = \frac{C}{1+{}_0R_1} + \frac{C}{(1+{}_0R_2)^2} + \cdots + \frac{100+C}{(1+{}_0R_n)^n}$$

と書くことができる。つまり，各残存年数の割引債の価格から各期のスポット・レートを求めることができるので，それらスポット・レートから，クーポンと残存年数および額面がわかれば利付債の価格を求めることができる。

また，（２－２）式と（２－11）式から

$$\begin{aligned} n年利付国債の理論価格 &= \frac{C}{1+r} + \frac{C}{(1+r)^2} + \frac{C}{(1+r)^3} + \cdots + \frac{C+100}{(1+r)^n} \\ &= \frac{C}{1+{}_0R_1} + \frac{C}{(1+{}_0R_2)^2} + \frac{C}{(1+{}_0R_3)^3} + \cdots + \frac{C+100}{(1+{}_0R_n)^n} \end{aligned}$$

と書くこともでき，残存年数ｎ，クーポン額Ｃ，各期のスポット・レート${}_0R_i$ ($i=1, 2, \ldots, n$) がわかれば，最終利回りｒを求めることもできる。

図表２－１　割引債を利用した利付債の価格評価

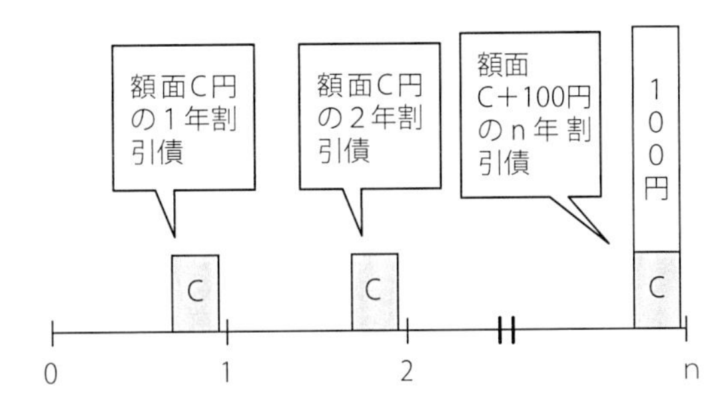

例題2－7

	残存期間（年）	クーポン・レート	最終利回り
国債W	1	2%	R
国債X	2	0%	1.5%
国債Y	1	0%	1.0%

問1　1年後から2年後にかけてのフォワード・レートはいくらか。

問2　国債Wの価格はいくらか。

問3　国債Xを購入し，1年後に1年物スポット・レートが0.5%になったときに売却した。この投資の所有期間利回りはいくらか。

《解　説》　問1　国債Xの最終利回り＝${}_0R_2$，国債Yの最終利回り＝${}_0R_1$，$(1+{}_0R_2)^2=(1+{}_0R_1)(1+{}_1f_2)$ より，

$$ {}_1f_2=\frac{(1+{}_0R_2)^2}{1+{}_0R_1}-1=\frac{1.015^2}{1.01}-1=2.0\% $$

問2　$P=\frac{C+P_n}{1+{}_0R_1}=\frac{2+100}{1.01}=100.99\text{（円）}$

問3

$$ \text{現在の国債Xの価格}=\frac{100}{1.015^2}=97.07 $$

$$ \text{1年後の国債Xの価格}=\frac{100}{1.005}=99.50 $$

$$ 97.07=\frac{99.50}{1+r}\ \text{より，}\ r=\frac{99.50}{97.07}-1=2.5\% $$

6．債券利回りの理論

6－1．期間構造理論

債券の利回りと残存期間との関係を利子率の期間構造とよぶ。縦軸に利回り，横軸に残存期間をとり，両者の関係を描いたものを**イールド・カーブ**（**利回り曲線**）とよぶ。短期で資金を調達し長期で資金を運用する金融機関などにとっては，長短金利の差（利ざや）が収益に影響を与えるため，どのようなイー

図表２－２　イールド・カーブ

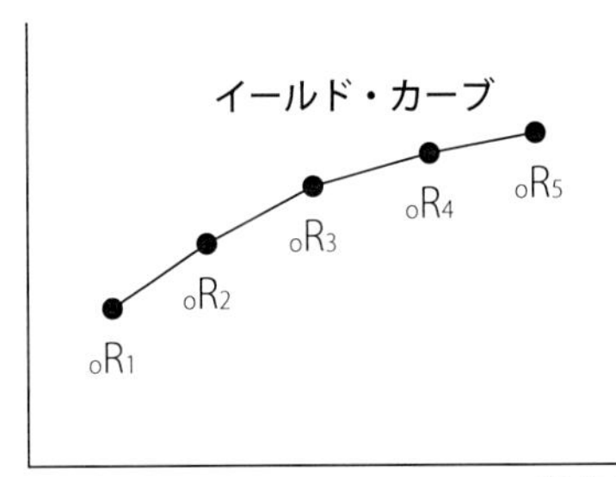

ルド・カーブに直面するかが大きな問題となる。また，残存期間の異なる複数の債券に投資する投資家にとっても，ポートフォリオを構築するうえで，直面するイールド・カーブの形状が重要な問題となる。

右上がりのイールド・カーブを**順イールド**，右下がりのイールド・カーブを**逆イールド**，なぜこのような形状となるかを説明する理論を**利子率の期間構造理論**とよぶ。代表的なものとして，**純粋期待仮説**，**流動プレミアム仮説**，**市場分断仮説**がある。

純粋期待仮説

現在のフォワード・レートは将来のスポット・レートの期待値（確率変数の平均値）であるという考え方で，

$$ {}_t f_{t+i} = E\left({}_t R_{t+i}\right) $$

と表現できる。ここで，${}_t f_{t+i}$ はｔ期からｔ+ｉ 期までのｉ期間のフォワード・レート，$E\left({}_t R_{t+i}\right)$ はｔ期からｔ+ｉ 期までのｉ期間のスポット・レート ${}_t R_{t+i}$ の現時点における期待値を表す。

純粋期待仮説に従えば ${}_1f_2$ を $E\left({}_1R_2\right)$ と書くことができるので，５節で紹介した２通りの投資戦略の裁定式，$(1+{}_0R_1)(1+{}_1f_2)=(1+{}_0R_2)^2$ は $(1+{}_0R_1)(1+E({}_1R_2))=(1+{}_0R_2)^2$ と書くこともできる。このとき，例えば，${}_0R_1<{}_0R_2$ といった具合に順イールドになっている場合，$E\left({}_1R_2\right)$ を ${}_0R_1$

に交換すると，$(1+{}_0R_1)(1+{}_0R_1)<(1+{}_0R_2)^2$となってしまうので，$(1+{}_0R_1)(1+E({}_1R_2))=(1+{}_0R_2)^2$が等号で成立するためには，${}_0R_1<E({}_1R_2)$でなければならない。つまり，順イールドになっているときは，現在の1年ものスポット・レートよりも，将来の1年ものスポット・レートの期待値のほうが大きくなっている。このように，純粋期待仮説の下では，将来の金利が上昇すると予想されるときにイールド・カーブが右上がりとなる。また，将来の金利が現在と変わらないと予想されるときにはイールド・カーブが水平（フラット），将来の金利が現在より低下すると予想されるときにはイールド・カーブが右下がりとなる。

しかし経験的には，当面金利が変化しない，あるいは低下すると予想されるときにも，右上がりのイールド・カーブが観察されることが多い。このような現象は純粋期待仮説では説明できない。

流動性プレミアム仮説（ターム・プレミアム仮説）

残存期間の長い債券は，短い債券よりも償還までの間の不確実性が大きいため，投資家は期間の長い債券ほど投資収益率に対してプレミアムを要求するという考え方。この場合，長短債券の価格差に含まれるフォワード・レートは，将来のスポット・レートに対する期待値だけでなくプレミアムが上乗せされたものとなり，

$${}_tf_{t+i}=E\left({}_tR_{t+i}\right)+{}_tL_{t+i}$$

図表２－３　流動性プレミアム

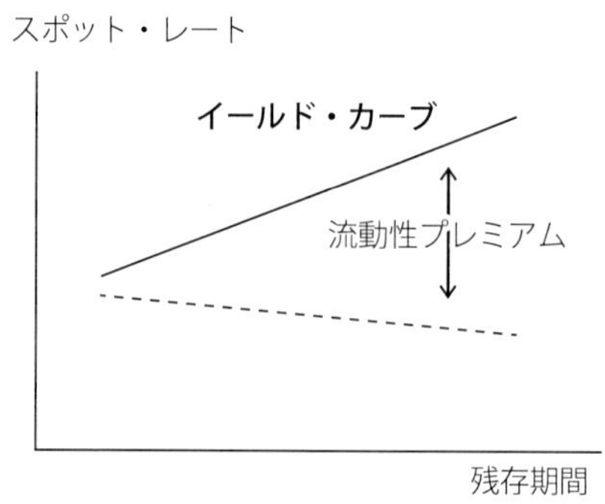

と書くことができる。ここで，${}_tL_{t+i}$ は将来の t 期から t+i 期までの流動性プレミアム（ターム・プレミアムともいう）を表し，t が遠い将来であるほど，プレミアムが大きくなる。

この場合，将来の金利が変化しない，あるいは低下が予想される場合であっても，残存期間が長い債券ほど流動性プレミアム（ターム・プレミアム）が大きくなるので，イールド・カーブが右上がりとなる場合があることを説明できる。

市場分断仮説

債券の残存期間ごとに市場参加者が異なっており，各市場の需給は他の残存期間の債券需給とは独立であるという考え方。そのため，イールド・カーブの形状は，各市場の需給を反映して決定される。

例題２－８

問１　３年物のスポット・レートが５%，３年後から１年間のフォワード・レートが 9.06%のとき，純粋期待仮説が成立しているときの４年物のスポット・レートはいくらか。

問２　設問１で流動性プレミアム仮説が成立し，３年後の流動性プレミアムが 0.5%のとき，４年物のスポット・レートはいくらか。

《解　説》　問１　$(1+{}_0R_4)^4=(1+{}_0R_3)^3(1+{}_3f_4)$ より，

$$ {}_0R_4=\sqrt[4]{(1+{}_0R_3)^3(1+{}_3f_4)}-1=\sqrt[4]{1.05^3\times1.0906}-1\approx6.00\% $$

問２　流動性プレミアムをＬとすると

$$(1+{}_0R_4)^4=(1+{}_0R_3)^3(1+{}_3f_4+{}_3L_4)$$

が成立する。したがって，

$$ {}_0R_4=\sqrt[4]{(1+{}_0R_3)^3(1+{}_3f_4+{}_3L_4)}-1 $$
$$ =\sqrt[4]{1.05^3\times(1.0906+0.005)}-1\approx6.12\% $$

6－2．イールド・カーブ

スポット・レートは割引債価格から得られるが，該当する期間の割引債が存在し価格を直接観察できるとは限らないため，実務では，観察が容易な**スワップ・レート**（当事者間で固定金利と変動金利を交換する金利スワップ契約の固定金利）を用いたイールド・カーブがよく用いられる。変動利付債ではクーポン・レートが市場金利と連動するため，債券価格が額面と常に等しくなる性質があり，これと等価で交換される固定利付債の価格もスワップ取引契約時点では額面と等しくなる。したがって，スワップ・レートはパー・イールド（債券価格と額面が等しくなる最終利回り）でもある。ただし，銀行間取引で適用されるスワップ・レートは取引相手の信用リスクが反映されているため，信用リスクがない国債のパー・イールドよりは若干高くなる。

スポット・レートを用いたイールド・カーブを**スポット・イールド・カーブ**，スワップ・レートを用いたものを**スワップ・カーブ**，パー・イールドを用いたものを**パー・イールド・カーブ**ということもある。

金利スワップ取引の概要

スワップ・レートについて言及したので，金利スワップ取引についても簡単に概要を紹介しておこう。

スワップ取引とは，同じ価値のキャッシュ・フローの交換取引である。金利スワップは同じ通貨建ての変動金利と固定金利を交換するもので，交換期間終了までの間に受け取る変動金利のキャッシュ・フローと固定金利のキャッシュ・フローが，スワップ契約時点で等価値となっている。

同額の借入を変動金利で借りた者（A）と固定金利で借りた者（B）が金利スワップを行うと，AがBに代わって資金の貸し手に固定金利で利払いを行い，BはAに代わって貸し手に変動金利で利払いを行う。こうした取引は，額面が同額の変動利付債と固定利付債の交換と考えてもよい。スワップ取引契約時点で両者の価値が同じであるとは，「固定利付債のキャッシュ・フローの現在価値＝変動利付債のキャッシュ・フローの現在価値」となっていることを意味する。

クーポン・レートが市場金利と同じ場合の債券価格

変動利付債ではクーポン・レートが市場金利と連動するため，債券価格が額面と常に等しくなると先述したが，固定利付債の場合もクーポン・レートが市場金利（同期間・同リスクの他の運用機会の投資収益率）と同じ場合，債券価格が額面と等しくなる。確認しておこう。

クーポン・レートが市場金利（最終利回り r）と等しい場合，クーポン額を rFV（FV は額面）と表すことができる。残存 n 年の年１回利払いの債券価格 P は（２－２）式より

$$P=\sum_{t=1}^{n}\frac{rFV}{(1+r)^{t}}+\frac{FV}{(1+r)^{n}}$$

と書ける。右辺第１項は初項 a，公比 k とした場合の有限等比級数の和 $\frac{a(1-k^{n})}{1-k}$ に相当するので，a を $\frac{rFV}{1+r}$，k を $\frac{1}{1+r}$ とすると[3)]，

$$P=\frac{\frac{rFV}{1+r}\left\{1-\left(\frac{1}{1+r}\right)^{n}\right\}}{1-\frac{1}{1+r}}+\frac{FV}{(1+r)^{n}}=\frac{rFV-\frac{rFV}{(1+r)^{n}}}{r}+\frac{FV}{(1+r)^{n}}$$

$$=FV-\frac{FV}{(1+r)^{n}}+\frac{FV}{(1+r)^{n}}=FV$$

例題２－９　利回りに関する次の記述の空欄に妥当な語句を埋めなさい。

●額面と債券価格が一致するときの最終利回りを（A.　　　　）・イールドとよび，（B.　　　　）・レートに等しい。

●スポットレート・カーブが右上がりのとき，フォワードレート・カーブはスポットレート・カーブより（C.　　　　）に位置する。

●スワップ・カーブは国債のパー・イールド・カーブより（D.　　　　）に位置する。

●純粋期待仮説が成立しているなら，スポットレート・カーブが右

3）無限と有限の違いはあるが，等比級数の和を求める際の考え方は，３章で DDM の公式（（３－１）式および（３－２）式）の導出過程でも利用する。

(E.　　　　)のとき，短期金利は今後（F.　　　　）すると予想される。

《解　説》　正解：A．パー　B．クーポン　C．上　D．上　E．上がり　F．上昇

アンダーパー債券，パー債券，オーバーパー債券

以上でみたように，クーポン・レートと最終利回りが等しい場合，債券価格は額面と等しくなる。額面と価格が等しい債券をパー債券，このときの最終利回りをパー・イールドとよぶ。

証明は容易なので結果だけ紹介すると，クーポン・レートより最終利回りが大きい場合，債券価格は額面より低くなり，これをアンダーパー債券，クーポン・レートより最終利回りが低い場合，債券価格は額面より高くなり，これをオーバーパー債券とよぶ。アンダーパー債券，オーバーパー債券とも，残存期間が長くなるほど価格と額面の差が大きくなる。

7．金利変動と債券価格

7－1．債券投資のリスク

債券投資において投資収益が変動するリスクとして，信用リスク，金利リスク，途中償還リスク，流動性リスクなどがある。それぞれの意味は以下の通り。

信用リスク（デフォルト・リスク）	発行体の財政難，経営不振などにより，クーポンを支払えなくなったり，予定通りに償還を行えなくなるリスク。
金利リスク	金利変動によって，債券価格が変動したり（価格変動リスク），クーポンの再投資収益が変動する（再投資リスク）リスク。
途中償還リスク	抽選償還や繰り上げ償還条項などによって，満期以前に途中償還されてしまうことにより収益が変動してしまうリスク。発行側にとって都合の良いときに償還（価格上昇時に額面で償還など）されるため，運用側にとっては予定した運用期間や利回りを確保できなくなる。
流動性リスク	債券の流動性が失われ，債券の売却が困難になるリスク。

以上のほか，外国通貨建て債券の場合は為替リスクもある。

7－2．デュレーション，コンベクシティ

デュレーション

（2－2）式で確認できるように，利回りと債券価格とは逆方向に動く。当該債券と同期間・同リスクの他の運用機会の利回りが上昇すれば，当該債券の魅力が低下し価格が低下することで当該債券の利回りも上昇する。つまり，利回りが変化すれば債券価格が変化するため，債券投資は金利リスクに常に直面する。また，利回りの水準やクーポン・レート，残存期間によって，利回りの変化幅が同じであっても債券の価格変動率が異なる。これを数値化して金利変動リスクを把握する概念が，デュレーションとコンベクシティである。

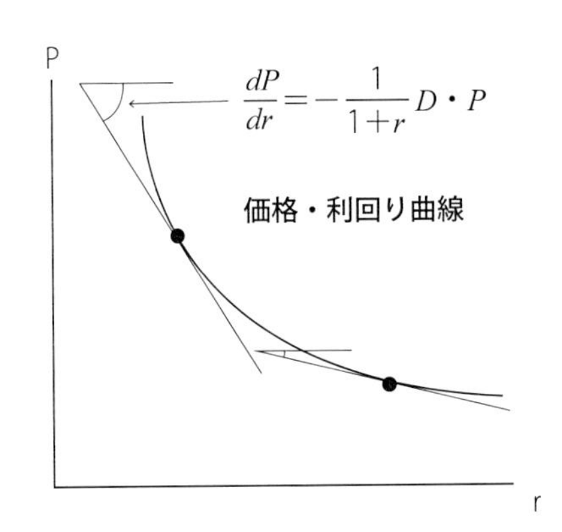

横軸に利回り，縦軸に債券価格をとると，（2－2）式から，右下がりかつ原点に対して凸状の形状をした価格・利回り曲線を描くことができる。この曲線上の任意の点での接線の傾きは，

$$\frac{dP}{dr}=-\frac{1}{1+r}\left\{\sum_{k=1}^{i}\frac{kC}{(1+r)^{k}}+\frac{iFV}{(1+r)^{i}}\right\}$$

である。ここで，

$$D \equiv \frac{\displaystyle\sum_{k=1}^{i} \frac{kC}{(1+r)^k} + \frac{iFV}{(1+r)^i}}{P}$$

とおき，Dを**マコーレのデュレーション**とよぶ。また，

$$D_{\text{mod}} \equiv \frac{1}{1+r} D$$

としたとき，D_{mod} を**修正デュレーション**とよぶ。これらを使って接線の傾きを表現すると，

$$(2-12) \quad \frac{dP}{dr} = -\frac{1}{1+r} D \cdot P = -D_{\text{mod}} \cdot P$$

となる。修正デュレーションにマイナスの符号をつけ債券価格Pをかけたものは，価格・利回り曲線の接線の傾きであるから，利回りrが変化したときの債券価格Pの動きを直線で近似していることになる。また，利回りの水準が異なると，価格・利回り曲線の接線の傾きおよび修正デュレーションの値が異なる。

利回りの変化幅をΔrとし，そのときの債券価格の変化幅をΔPとすると，

$$(2-13) \quad \Delta P = -\frac{1}{1+r} D \cdot P \cdot \Delta r = -D_{\text{mod}} \cdot P \cdot \Delta r$$

または，

$$(2-14) \quad \frac{\Delta P}{P} = -\frac{1}{1+r} D \cdot \Delta r = -D_{\text{mod}} \cdot \Delta r$$

と書くことができる。これらの式から，デュレーションの大きさが異なると，利回りの変化幅Δrが同じであっても，債券価格の変化幅および変化率が異なることがわかる。（2－13）式において，Δrを1%としたときのΔPを特に**金額デュレーション**（またはダラー・デュレーション）とよぶ。

（２－15）　金額デュレーション $=-\dfrac{1}{1+r}D\cdot P\cdot 1\%=-D_{\mathrm{mod}}\cdot P\cdot 1\%$

デュレーションの性質

デュレーションには，（２－14）式で既にみたように価格変動性を表すという性質と，**投資資金の平均回収期間**を表すという性質がある。例えば，２年利付債を考えてみる。現時点での投資資金Ｐ円に対して，年１回利払いとすると，現在価値で１年後に C/（１+r）円，２年後に（C+100）/（１+r）^{2}円という資金が回収される。数値例として，C= ５円，r= ５％とし，これらを投資資金Ｐ（クーポン・レートと利回りが等しいのでこの場合 100 円となる）で割ったものを加重ウエイトとして，資金が回収される時期の平均値を求めると，

$$D=\frac{C/(1+r)}{P}\times 1+\frac{(C+100)/(1+r)^2}{P}\times 2=\frac{5/1.05}{100}+\frac{105/1.05^2}{100}\times 2\approx 1.95$$

となる。つまり，100 円をこの債券に投じると，投資資金が回収される時期の平均が 1.95 年である。他方，２年割引債の場合，

$$D=\frac{100/(1+r)^2}{P}\times 2=\frac{100/(1+r)^2}{100/(1+r)^2}\times 2=2.0$$

となる。当然であるが，割引債は償還時にのみ投資資金が回収されるので，その平均回収期間は残存期間と同じ長さになる。

この例のように，償還前にクーポンとして投資資金の一部が早期回収される利付債のほうが，割引債より平均回収期間が短くなる。また，資金回収が早い時期から始まる債券のほうが，金利変化による割引現在価値の変動が小さくなるため，価格変動リスクが小さい。

デュレーションの長短を図で表現すると次のようになる。

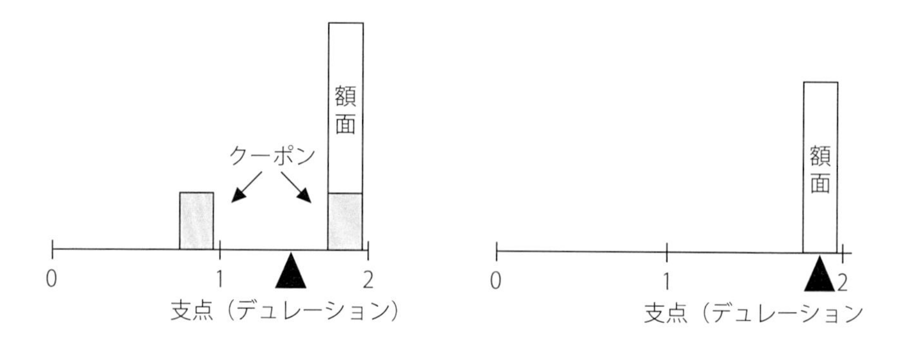

この図にあるように，デュレーションはクーポンと額面を支える支点に相当し，クーポンが大きくなるほど支点が左へ移動し（デュレーションが短くなる），債券の残存期間が長くなるほど支点が右へ移動する（デュレーションが長くなる）。

デュレーションの問題点

デュレーションを使った価格・利回り曲線の接線の傾きの式（2 − 12）は，利回りの微少変化に対する債券価格変化の直線的な近似である。そのため，利回りの変動が大きいほど，デュレーションによって計算される価格変化と実際の価格変化との誤差が大きくなる。

さらに，デュレーションの定義式は債券価格を表す（2 − 4）式と同様，期間を通じて利回りを一定としている。このことは，デュレーションではイールド・カーブがフラットであることを前提としていることになる。しかも利回り変化Δｒは，フラットなイールド・カーブが１回のみ並行移動することを想定している。しかし，現実には金利変化は何度でも起こりうるうえ，現実のイールド・カーブがフラットである保証はなく，長短金利が逆方向へ変化する場合や，長短金利と中期金利が逆方向へ変化する場合もあり，こうした状況にはデュレーションの概念では対応できない。

コンベクシティ

先にみた通り価格・利回り曲線は原点に対して凸状の曲線として描かれるが，デュレーションはこれを直線で近似しているため，大きな利回り変化に対して誤差が大きくなる欠点がある。このギャップを埋めるのが，**コンベクシティ**である。コンベクシティは凸状の形状をしている価格・利回り曲線の曲率を表す概念で，次のように定義される。

$$CV \equiv \frac{\sum_{k=1}^{i} \frac{k(k+1)C}{(1+r)^k} + \frac{i(i+1)FV}{(1+r)^i}}{P}$$

コンベクシティとデュレーションを用いて利回り変化による債券価格の変化を近似すると，

$$(2-16)\quad \Delta P \approx -D_{\text{mod}} \cdot P \cdot \Delta r + \frac{1}{2} \frac{CV}{(1+r)^2} \cdot P \cdot (\Delta r)^2$$

または，

$$(2-17)\quad \frac{\Delta P}{P} \approx -D_{\text{mod}} \Delta r + \frac{1}{2} \frac{CV}{(1+r)^2} \cdot (\Delta r)^2$$

となり，デュレーションのみを使った場合よりもより正確に近似できる。

数値例として，残存期間５年，クーポン・レート６％（年１回利払い），額面100円の債券において，最終利回りが５％から10％へ変化したとき，債券価格は104.4円から84.8円へ19.5円値下がりする。これをデュレーションのみを使った近似式（２－13）で計算すると22.2円の値下がりとなり，近似の誤差

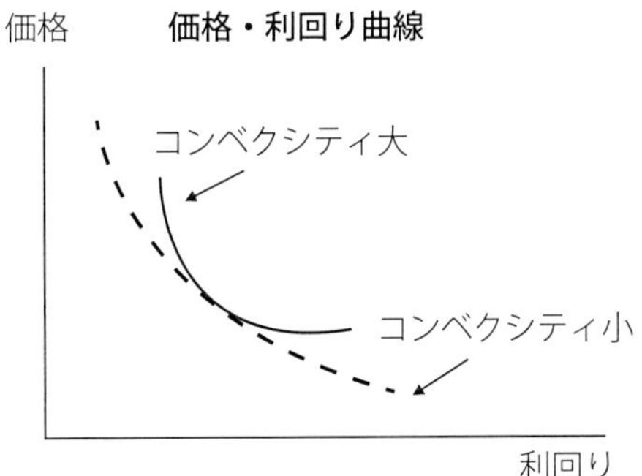

が生じる。他方，デュレーションとコンベクシティを使った近似式（2 − 16）を用いると，この利回り変化による債券価格の変化額は19.2円の値下がりとなり，近似の誤差がより小さくなる。

（2 − 16）式の右辺第2項の値は常にプラスかつコンベクシティが大きいほど値が大きくなるので，D_{mod}が一定なら，同じ金利変化幅に対しコンベクシティの大きな債券の方が，

①利回りが上がるときの価格低下の度合いが小さい。

②利回りが下がるときの価格上昇の度合いが大きい。

したがって，コンベクシティが大きい債券ほど，利回り変化による債券価格の変化が有利となる。

例題2 − 10

	残存（年）	クーポン（円，年1回利払い）	価格（円）
国債X	4	0	68.30
国債Y	2	10	100.00

問1　国債Xと国債Yのデータが表のように与えられているとき，2つの債券のデュレーションはいくらか。

問2　債券購入直後，金利が11%になったとすると，どちらの債券の価格変化が大きいか。

《解　説》　問1　国債X：割引債なので，デュレーションは残存期間に等しい。したがって，D=4（年）

国債Y：価格が額面100円と等しいことから，最終利回りはクーポン・レートと同じ10%であることがわかる。したがって，

$$D=\frac{\frac{10}{1.1}\times 1+\frac{110}{1.1^2}\times 2}{100}=1.91(\text{年})$$

問2　デュレーションの長い，国債Xの価格変化のほうが大きい。実際に計算してみると，ここでは金利が10%から11%に上昇しているので，

国債 X：$\frac{100}{1.11^4}=65.87$　$65.87-68.3=-2.43$　2.43円の価格下落。

国債 Y：$\frac{10}{1.11}+\frac{110}{1.11^2}=98.29$　$98.29-100=-1.71$　1.71円の価格下落。

したがって，デュレーションの長い国債 X のほうが金利変化による債券価格の変化が大きい。

７－３．債券ポートフォリオ

投資家が保有する金融資産の組み合わせを**ポートフォリオ**とよぶ。多数の債券からなる債券ポートフォリオの投資収益率（利回り），デュレーション，コンベクシティは，それぞれ，ポートフォリオに組み入れた各債券の構成比（組入れ比率）をウエイトとする加重平均として求めることができる。

長期債と短期債で構成する債券ポートフォリオを**ダンベル型**，中期債を中心に構成する債券ポートフォリオを**ブレット型**とよぶ。デュレーションが同じ債券ポートフォリオであっても，それを構成する各債券が異なれば，債券ポートフォリオの利回りやコンベクシティは異なる。

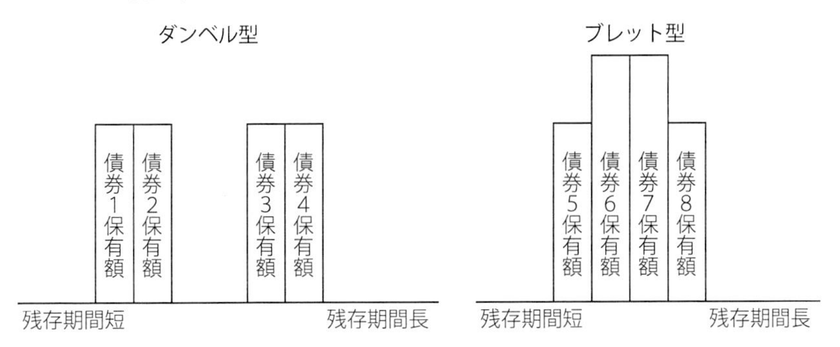

例題２－11　年１回利払いの以下の利付国債が取引されているとする。

銘柄	残存年数	クーポン・レート(%)	価格(円)	複利最終利回り(%)	修正デュレーション(年)	コンベクシティ
債券X	1年	0.50	100.01	0.30	1.00	1.99
債券Y	2年	0.70	99.72	1.02	1.80	29.00
債券Z	3年	1.40	99.39	1.52	2.10	99.75

問１　債券Ｘと債券Ｚを組み合わせて，債券Ｙと同じ修正デュレーションのポートフォリオＰを作ったとき，債券Ｘの組み入れ比率はいくらか。

問２　ポートフォリオＰの最終利回りはいくらか。

問３　ポートフォリオＰのコンベクシティはいくらか。

問４　投資後，全ての債券の利回りが同じ幅で変化する場合，債券Ｙに投資する場合と債券ポートフォリオＰに投資する場合とではどちらが有利か。

問５　投資後，全ての債券の利回りが変化しない場合，債券Ｙに投資する場合と債券ポートフォリオＰに投資する場合とではどちらが有利か。

《解　説》

問１　債券Ｘと債券Ｚからなるポートフォリオへの債券Ｘの組み入れ比率をｘとすると，債券Ｚのそれは（１－ｘ）であり，債券Ｙの修正デュレーションは4.900なので，1.00 × x+2.10 ×（１－ｘ）＝ 1.80より，ｘ＝27.3%

問２　0.30% × 0.273 + 1.23% ×（1－0.273）＝ 0.98%

問３　1.990 × 0.273 + 99.746 ×（1 － 0.273）＝ 73.059

以上から，

銘柄	複利最終利回り(%)	修正デュレーション（年）	コンベクシティ
債券Y（ブレット型）	1.02	1.800	29.004
ポートフォリオP（ダンベル型）	0.98	1.800	73.059

問４　利回りが変化した場合，コンベクシティが大きいポートフォリオＰのほうがリターンが高くなり有利である。

問５　利回りが変化しない場合，最終利回りが大きい債券Ｙに投資するほうがリターンが高くなり有利である。

第3章 株式の理論

債券とは違って，株式投資では投資期間中に得られるキャッシュ・フローを予測することが難しい。そのため，債券とは分析手法も異なってくる。この章では，債券との違いを念頭におきつつ，株式についての理論的な側面を紹介する。

1．株式の理論価格

1－1．配当割引モデル（Dividend Discount Model，DDM）

債券は債務不履行がない限り，あらかじめ決められた約束に従ってクーポンと額面が支払われ，投資家からみた場合，債券投資のリスクは株式に比べ小さい。他方，株式は元本の返済がないうえ，配当が企業業績に応じて変動するため，投資家からみた場合，株式投資のリスクは債券に比べ大きい。

債券の場合，将来のキャッシュ・フローを現在価値に換算する際，割引率として「1＋同リスク・同期間の他の運用機会の投資収益率」を用い，他の運用機会の投資収益率には，国債の場合，安全資産収益率[1)]（以下，これを金利とよぶことにする）を用いることができる。国債保有から得られるキャッシュ・フローにはクーポンと額面の受け取りについてリスクがないため，額面・利率・期間が同じであれば，どの時点をとっても，元利払いが保証された安全資産と国債の価値は等しいと考えることができるからである。つまり，国債は安全資産の代替投資対象と考えることができる。

1）安全資産は無リスク資産ともよばれ，文脈により，安全資産収益率は安全資産利子率，無リスク資産収益率，無リスク利子率，無リスク金利などともよばれる。

他方，株式投資から得られるキャッシュ・フローにはリスクがあるので，株式を安全資産の代替投資対象と考えることはできない。もし同じ投資収益率になるのであれば，投資家はリスクのある株式投資よりも，リスクのない預金や国債を選好する。投資家にとって，お金を預金や国債で運用しても，株式投資で運用しても，どちらでも良いと思えるためには，株式投資の期待投資収益率は預金や国債の期待投資収益率（＝金利）よりも高くなっていなければならない。つまり，投資家は，株式投資に対しては「金利＋割増し収益」を投資収益率として要求する。

この割増し収益のことを**リスク・プレミアム**とよび，「金利＋リスク・プレミアム」を株主の**要求収益率**（株主資本コストともいう）とよぶ。投資対象から得られるキャッシュ・フローのリスクが大きくなるほど，リスク・プレミアムが大きくなり，その結果，要求収益率も大きくなる。したがって，株式投資から得られる将来キャッシュ・フローを現在価値に換算する際には，将来キャッシュ・フローを「1＋金利」ではなく，「1＋株主資本コスト」で割り引く必要がある。

もう一つ，株式の現在の理論価格を考える際の注意点として，債券と違い，株式には満期の定めがない。株式の発行企業は，いつかは解散するかもしれないが現時点でいつ解散するか予想できない場合，その企業は永久に存続すると仮定する。つまり，株式の発行企業は，将来にわたって業績に応じて永久に配当を支払い続けると考える。

定額配当割引モデル

遠い将来の配当は現時点では正確には予想できないので，計算の工夫のための様々な仮定がおかれる。最も単純な仮定は，同額の配当が将来にわたって永久に支払われるというものである。

同額の配当が将来にわたって永久に支払われると仮定した場合，現時点の株式理論価格は，株式時価総額をP，毎期の配当をD，株主資本コストをkとすると，

$$P = \frac{D}{1+k} + \frac{D}{(1+k)^2} + \frac{D}{(1+k)^3} + \cdots \quad ①$$

となる[2)]。①式の両辺に$\frac{1}{1+k}$をかけると，

$$\frac{1}{1+k}P = \frac{D}{(1+k)^2} + \frac{D}{(1+k)^3} + \frac{D}{(1+k)^4} + \cdots \quad ②$$

②式の左辺・右辺から①式の左辺・右辺をそれぞれ引くと，

$$\left(1 - \frac{1}{1+k}\right)P = \frac{D}{1+k}$$

となり，式を整理すると，

$$（３－１）\quad P = \frac{D}{k}$$

となる。なおＤが配当総額の場合，Ｐは時価総額だが，Ｄが１株当たり配当の場合，Ｐは株価である（以下同様）。この式を**定額配当割引モデル**（定額DDM），あるいは**ゼロ成長 DDM** とよぶ。

定率成長配当割引モデル

配当が毎期定額という前提に換えて，配当が毎期定率ｇで成長する前提をおくと，１年後の配当をD_1とすれば，

$$P = \frac{D_1}{1+k} + \frac{D_1(1+g)}{(1+k)^2} + \frac{D_1(1+g)^2}{(1+k)^3} + \cdots \quad ③$$

となる。この式の両辺に$\frac{1+g}{1+k}$をかけると，

２）今期中に支払われる配当は，株価の計算では通常考慮しない。今期中の配当を含める場合，今期の配当分だけ株価が高くなり，これを配当権利落ち前の株価とよぶが，慣例として株価は権利落ち後で考える。債券の場合も同様で，今期中に支払われるクーポンは債券価格の計算では考慮しない。

$$\frac{1+g}{1+k}P=\frac{D_1(1+g)}{(1+k)^2}+\frac{D_1(1+g)^2}{(1+k)^3}+\frac{D_1(1+g)^3}{(1+k)^4}+\cdots \quad ④$$

となる。④式の左辺・右辺から③式の左辺・右辺をそれぞれ引くと，

$$\left(1-\frac{1+g}{1+k}\right)P=\frac{D_1}{1+k}$$

となり，式を整理すると，

（３－２）　$P=\dfrac{D_1}{k-g}$

となる[3)]。この式を**定率成長配当割引モデル**（定率成長 DDM）とよぶ。ただし，配当成長率 g は株主の要求収益率 k より小さくなければならない。もし g が k より大きい場合があるとしても，その状態は永続せず，企業が成熟するとともにいずれ配当成長率が低下，株主資本コストを下回っていくと考えるのが自然であろう。配当成長率が時間の経過とともに変化していくと仮定する理論モデルとして，次に紹介する多段階成長配当割引モデルがある。

例題３－１

問１　金利が１%，リスク・プレミアムが５%のとき，毎期平均的に60円の配当が支払われる企業の株価はいくらか。

問２　金利が１%，リスク・プレミアムが５%のとき，今期末の予想配当が60円，その後年率２%で配当が成長する企業の株価はいくらか。

《解　説》　問１　$\dfrac{60}{0.06}=1{,}000$(円)

問２　$\dfrac{60}{0.06-0.02}=1{,}500$(円)

３）$P=\dfrac{D_0(1+g)}{k-g}$ としてもよい。

二段階成長配当割引モデル

配当成長率が変化すると仮定するものを多段階成長 DDM とよぶが，この中で最も単純なものとして，配当成長率が１回のみ変化すると仮定する二段階成長 DDM がある。

配当が z 年後まで g で成長するが，z+１年後から永久に h で成長するとしよう。この場合，１年後から z 年後までの配当の割引現在価値合計と，z+１年以降の配当割引現在価値合計とに分けて考える。１年後の配当を D_1 とすると，それが g の率で成長していくので z 年後の配当は $D_1(1+g)^{z-1}$ となる。すると，配当成長率が変化した z+１年後の配当は $D_1(1+g)^{z-1}(1+h)$ であり，これが以後 h で成長し続けるので，z 年後時点での株価を P_z とすると，

$$P_z=\frac{D_1(1+g)^{z-1}(1+h)}{k-h}$$

となる。これを現在価値に割り引くと，

$$\frac{P_z}{(1+k)^z}=\frac{D_1(1+g)^{z-1}(1+h)}{(1+k)^z(k-h)}$$

となる。これに，１年後から z 年後までの配当の割引現在価値合計を加えると，

$$(3-3)\quad P=\frac{D_1}{1+k}+\frac{D_1(1+g)}{(1+k)^2}+\cdots+\frac{D_1(1+g)^{z-1}}{(1+k)^z}+\frac{D_1(1+g)^{z-1}(1+h)}{(1+k)^z(k-h)}$$

となる[4)]。このモデルは，定率成長 DDM と違い，k>g という前提は必要ないものの，k>h という前提が必要である。つまり，近い将来においては成長段階にある企業の配当成長率が株主資本コストを上回ることがあったとしても，遠い将来においては企業の成長が鈍化し，配当成長率が株主資本コストを下回ると仮定している。

4）$P=\frac{D_0(1+g)}{1+k}+\frac{D_0(1+g)^2}{(1+k)^2}+\cdots+\frac{D_0(1+g)^z}{(1+k)^z}+\frac{D_0(1+g)^z(1+h)}{(1+k)^z(k-h)}$ としてもよい。

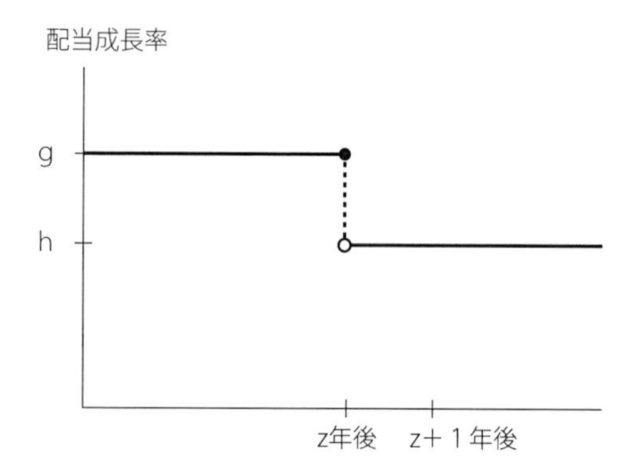

例題３－２　ある新興企業の今期末（１年後）の配当は10円と予想されている。配当は３年後まで年率５％で成長するがその後伸びが鈍化し，それ以降成長率が１％となりこれが永久に続くと予想されている。この企業の株式に対する株主の要求収益率が10%のとき，この企業の株価はいくらになるか。

《解　説》　１年後の配当が10円なので，２年後の配当は $10 \times 1.05=10.50$ 円である。同様に，３年後の配当は $10 \times 1.05^2=11.03$ 円，４年後の配当は $10 \times 1.05^2 \times 1.01=11.14$ 円となる。したがって，４年後時点での株価は，

$$\frac{11.14}{0.1-0.01}=123.78\text{（円）}$$

となる。以上から求める株価は，

$$\frac{10}{1.1}+\frac{10.5}{1.1^2}+\frac{11.03}{1.1^3}+\frac{123.78}{1.1^3}=119.05\text{（円）}$$ である。

１－２．その他の株式価格モデル

フリー・キャッシュ・フロー割引モデル

配当割引モデルでは将来キャッシュ・フローとして配当を考え，その割引現在価値合計を株価と考えたが，フリー・キャッシュ・フロー割引モデルでは，配当に代えて株主に対するフリー・キャッシュ・フローの現在価値合計を株価とする。

株主に対するフリー・キャッシュ・フロー（Free Cash Flow to Equity, FCFE）とは，株主が自由に使えるお金（配当支払い可能額）であり，企業が本業で稼いだお金から設備投資などの支出を差し引いたものをいう。以下のように定義される。

FCFE＝税引後当期純利益＋減価償却額－設備投資額－正味運転資本増加額＋負債増加額＝税引後当期純利益－純投資額＋負債増加額

ただし，

正味運転資本増加額＝現金・預金以外の流動資産の増加額－短期借入債務以外の流動負債の増加額，

負債増加額＝負債調達額－負債返済額

である。FCFEを株主に配当として支払うなら，（３－１）式，（３－２）式，（３－３）式の配当をフリー・キャッシュ・フローに置き換えことができる。

例題３－３

問１　A社は負債がなく，毎年５億円のFCFEを上げているとする。株主の要求収益率は５%，フリー・キャッシュ・フロー割引モデルを前提にすると現時点の株式時価総額はいくらか。

問２　A社が毎期FCFEのうち50%を配当し，残りの50%で設備投資を行い，毎期３%の率でFCFEが増加していくとすると，現時点の株式時価総額はいくらか。

《解　説》　問１　毎期定額のFCFEを上げるので，定額DDMと同様に考えることができる。(3－1) 式の配当をFCFEに代えると，５/0.05＝100（億円）となる。ここでは１株当たりではなく総額のFCFEであるから，100億円は株式時価総額である（発行済株式数がわかれば，100億円を発行済株式数で割ると株価が得られる）。

問２　FCFEのうち，50%を配当し，残り50%を設備投資に充てることでその後FCFEが３%の率で成長するなら，配当額も３%で成長する。FCFEの50%が配当されるから来期の配当額は2.5億円，したがって，株式時価総額は2.5/（0.05－0.03）

= 125（億円）となる。

クリーン・サープラス関係

企業と株主の間で行われる増資や配当などの資本取引を除き，損益計算書上の当期純利益と貸借対照表上の純資産の増減が一致しているとき，クリーン・サープラス関係が成立しているという。クリーン・サープラスとは，剰余金（サープラス）に損益以外の項目が混入していない（クリーンである）という意味。

期末自己資本をB_1，期首自己資本をB_0，当期純利益をE_1，配当をD_1とすると，クリーン・サープラス関係が成立しているとき，純利益のうち配当として社外流出したもの以外は自己資本の増分になるので，

$$B_1 - B_0 = E_1 - D_1$$

となる。

残余利益モデル（Residual Income Model，RIM）

企業の自己資本は株主の持ち分である。したがって，自己資本に株主の要求収益率をかけたものは株主が自己資本に対して要求する収益額に相当し，これを必要収益とよぶ。クリーン・サープラス関係が成立している場合，必要収益は配当として株主に支払われる。

企業が稼いだ純利益から，必要収益を除いたものを**剰余利益**とよぶ。株主が要求する必要収益よりも企業が多く稼いだ利益なので超過収益ともよぶが，これも株主の持ち分である。

以上から，

残余利益＝純利益－必要収益＝期首自己資本× ROE －期首自己資本× k
＝期首自己資本×（ROE － k）

と書ける。ただし，**ROE** は**自己資本利益率**（当期純利益÷自己資本，株主資本利益率ともいう），k は株主の要求収益率を表す。

クリーン・サープラス関係が成立する場合，$B_1 - B_0 = E_1 - D_1$から$D_1 = B_0$

$+E_1 - B_1$と書けるので，t期の配当は$D_t = B_{t-1} + E_t - B_t$と書ける。この関係を配当割引モデルの式に代入すると，

$$P = \frac{D_1}{1+k} + \frac{D_2}{(1+k)^2} + \frac{D_3}{(1+k)^2} + \cdots$$

$$= \frac{B_0 + E_1 - B_1}{1+k} + \frac{B_1 + E_2 - B_2}{(1+k)^2} + \frac{B_2 + E_3 - B_3}{(1+k)^2} + \cdots$$

$$= \frac{B_0 + E_1 - B_1 + kB_0 - kB_0}{1+k} + \frac{B_1 + E_2 - B_2 - B_1 + kB_1 - kB_1}{(1+k)^2}$$

$$+ \frac{B_2 + E_3 - B_3 - B_1 + kB_2 - kB_2}{(1+k)^3} \cdots$$

$$= \frac{(1+k)B_0}{1+k} + \frac{E_1 - kB_0}{1+k} - \frac{B_1}{1+k} + \frac{(1+k)B_1}{(1+k)^2} + \frac{E_2 - kB_1}{(1+k)^2} - \frac{B_2}{(1+k)^2} + \frac{(1+k)B_2}{(1+k)^3} + \frac{E_3 - kB_2}{(1+k)^3} - \frac{B_3}{(1+k)^3} + \cdots$$

$$= B_0 + \frac{E_1 - kB_0}{1+k} + \frac{E_2 - kB_1}{(1+k)^2} + \frac{E_3 - kB_2}{(1+k)^3} + \cdots - \frac{B_N}{(1+k)^N}$$

ここで，$\lim_{N \to \infty} \frac{B_N}{(1+k)^N} = 0$であるなら，

$$P = B_0 + \frac{E_1 - kB_0}{1+k} + \frac{E_2 - kB_1}{(1+k)^2} + \frac{E_3 - kB_2}{(1+k)^3} + \cdots = B_0 + \sum_{t=1}^{\infty} \frac{(ROE_t - k)B_{t-1}}{(1+k)^t}$$

となる。ただし，Pは今期の株式時価総額（自己資本が１株当たりの場合は株価），B_0は今期首の自己資本，B_{t-1}はt期首の自己資本，kは株主の要求収益率，ROE_tはt期の自己資本利益率を表す。

（３－４）　$P = B_0 + \sum_{t=1}^{\infty} \frac{(ROE_t - k)B_{t-1}}{(1+k)^t}$

株式時価総額は，期首自己資本に，将来にわたって得られる残余利益の割引現在価値の総計を加えたものになる。（３－４）式を残余利益モデルとよぶ。

配当割引モデルやフリー・キャッシュ・フロー割引モデルでは株主に帰属するキャッシュ・フローを用いるが，残余利益モデルは会計利益を用いる点が異なっている。ただし，クリーン・サープラス関係が成立している場合，残余利益モデルは配当割引モデルと整合的なものになる。

自己資本が毎期gで成長する場合，$B_t = (1+g)^t B_0$であり，ROEが一定なら，

$$\sum_{t=1}^{\infty}\frac{(ROE_t-k)B_{t-1}}{(1+k)^t}=\frac{(ROE-k)B_0}{1+k}+\frac{(ROE-k)(1+g)B_0}{(1+k)^2}+\frac{(ROE-k)(1+g)^2B_0}{(1+k)^3}+\cdots$$
$$=\frac{(ROE-k)B_0}{1+k}\left\{1+\frac{1+g}{1+k}+\frac{(1+g)^2}{(1+k)^2}+\frac{(1+g)^3}{(1+k)^3}+\cdots\right\}$$

ここで，

$$1+\frac{1+g}{1+k}+\frac{(1+g)^2}{(1+k)^2}+\frac{(1+g)^3}{(1+k)^3}+\cdots=\frac{1+k}{k-g}$$

であるから，

（3－5）　$$P=B_0+\frac{(ROE-k)B_0}{k-g}$$

例題3－4　残余利益モデルに関する次の記述の空欄に妥当な語句を埋めなさい。

●残余利益とは，純利益から（A.　　　　）に要求収益率をかけたものを差し引いた結果である。

●１株当たり期首自己資本に毎期の１株当たり（B.　　　　）の割引現在価値合計を加えたものが株式の理論価格となる。

●クリーン・サープラス関係を前提とすれば，今期純利益と今期首自己資本の和から今期末自己資本を差し引いたものが今期（C.　　　　）に等しい。

●クリーン・サープラス関係を前提とすれば，残余利益モデルは（D.　　　　）割引モデルと整合的なことを示すことができる。

《解　説》　正解：A．期首自己資本，B．残余利益，C．配当，D．配当

2．株式の投資収益率

債券のクーポン収入に相当する投資期間中のキャッシュ・フローは，株式では配当収入となる。

債券の場合，投資期間中のクーポン収入の金額があらかじめわかっているのでキャッシュ・フローの再投資を考慮するが，株式では配当収入の金額や再投

資収益率があらかじめわかっていない。また，債券では額面金額もあらかじめわかっているが，株式には満期がない。そこで，株式の場合，事前ベースでは結果が不確定な複数年にわたる投資収益率は考えず，１年間のみで投資収益率を考える場合が多い[5)]。したがって，株式の投資収益率は，

$$（３－６）\quad R=\frac{D_1+(P_1-P)}{P}=\frac{D_1+P_1}{P}-1$$

となる。ここで，R は株式の投資収益率，D_1 は来期の（予想）配当，P は現在の株価，P_1 は１年後の（予想）株価である。

例えば，株価 1,000 円の株式に１年間投資し，売却したとする。１年後に 50 円の配当があり，配当受取後の売却価格が 1,050 円だったとすると，

$$R=\frac{50+1{,}050}{1{,}000}-1=10\%$$

となる。

３．サスティナブル成長率とその応用

以下の前提の下で，増資を行わず利益の内部留保で達成できる企業の自己資本成長率を，**サスティナブル成長率**（内部成長率）とよぶ。

＜前提＞
① ROE（自己資本利益率）が一定。
②**配当性向**（配当÷当期純利益）が一定。
③増資を行わず，自己資本の増加は全て内部留保による。

当期に稼いだ利益のうち，毎期一定の配当性向分だけ配当に回し，残りを内

5）事後的に，複数年にわたる運用成果から投資収益率を計算することはもちろん可能である。

部留保すると，「期末自己資本＝期首自己資本＋（1－d）×当期純利益」となる。この場合の自己資本の成長率が**サステイナブル成長率**である。ここで，d は配当性向（配当÷当期純利益，Dividend Payout Rate, DPR）1 － d は**内部留保率**（内部留保÷当期純利益）である[6)]。ROE を「当期純利益÷期首自己資本」とすると，

$$\text{サステイナブル成長率} = \frac{\text{期末自己資本} - \text{期首自己資本}}{\text{期首自己資本}}$$
$$= \frac{\text{期首自己資本} + (1-d) \times \text{当期純利益} - \text{期首自己資本}}{\text{期首自己資本}}$$
$$= \frac{(1-d) \times \text{当期純利益}}{\text{期首自己資本}}$$

と書くことができる[7)]。

定率成長 DDM では，配当が定率で成長すると考えたが，配当性向が一定である場合には，配当の成長率は企業の利益成長率に一致する。また，配当性向が一定ということは，利益のうち内部留保に回す比率（内部留保率）も一定になる。

企業の当期純利益を X，内部留保率を c，企業の投資収益率を r とすると，企業は当期純利益のうち cX を内部留保しそれを再投資することで，rcX の利

6)「1 －配当性向＝内部留保率」であり，内部留保率を c で表せば，「1 － c= d」の関係にある。

7) ROA を総資産利益率，i を負債利子率，L を負債，E を自己資本，t を法人税率とすると，

$$ROE = \left\{ ROA + (ROA - i) \times \frac{L}{E} \right\} \times (1 - t)$$

という関係が成り立つ（証明略）。この式からわかるように ROE を一定に保つには，内部留保に伴う自己資本 E の増加にみあった分だけ負債 L を増加させ L/E の比率を一定に保つ必要がある。したがって，サステイナブル成長率についての前提として，前出① から③に加え，④内部留保による自己資本の増加にみあった分だけ外部から負債による資金調達を行い，負債比率（負債÷総資産）を一定に保つ，という前提も厳密には必要である。

益が毎期追加的に生み出される。配当性向は（１－c）で一定であるから，配当の成長率 g は，

$$g = \frac{(1-c)(X+rcX)-(1-c)X}{(1-c)X} = cr$$

と表すことができる。ここで，r は内部留保から得られる利益率であり，自己資本利益率（ROE）と考えることもできる。したがって，配当成長率 g が一定ということは，配当性向の安定と ROE の維持が図られていることを示唆する。

サスティナブル成長率も，配当性向一定，ROE 維持といった前提の下での自己資本成長率のことであった。したがって，これらの前提（①ROE が一定，②配当性向が一定，③内部留保のみによって自己資本が増加（増資を行わない））の下では，

cr＝配当成長率＝利益成長率＝サスティナブル成長率

となる。

また，今期の株価を P，来期の株価を P_1 とし，定率成長 DDM が成立するとすれば，（３－２）式から，

$$P_1 = \frac{D_1(1+g)}{k-g} = P(1+g)$$

と書くことができる。したがって，株価は g の率で上昇し，また g=cr であるから，サスティナブル成長率は株価の上昇率にも一致する。

内部留保率と株価

D_1＝（１－c）X_1 と g=cr を，（３－２）式　$P = \frac{D_1}{k-g}$
に代入すると，

（３－７）　$P = \frac{(1-c)X_1}{k-cr}$

となる。ここで，X_1 は来期の当期純利益である。なお，定義により c＜１で

ある。この式から明らかなようにk＞crなら，rが大きいほど株価は高くなる。

内部留保率cがPに及ぼす影響をみるため，この式に数値例をおいて考えてみる。

＜ケース1＞

（k＜r）　c=50%，k=10%，r=15%，X_1=100円であったとすると，Pは2,000円。

＜ケース2＞

（k＜r）　c=60%，k=10%，r=15%，X_1=100円であったとすると，Pは4,000円。

＜ケース3＞

（k＞r）　c=50%，k=15%，r=10%，X_1=100円であったとすると，Pは500円。

＜ケース4＞

（k＞r）　c=60%，k=15%，r=10%，X_1=100円であったとすると，Pは444円。

ケース1，ケース2から，k＜rのときは，cを上昇させると株価が上昇することがわかる。他方，ケース3，ケース4から，k＞rのときは，cを上昇させると株価が下落することがわかる。したがって，内部留保率の上昇（配当性向の引き下げ）が株価上昇に寄与するかどうかは，株主の要求収益率kと企業の収益率rとの大小関係によって決まる[8)]。つまり，r＜kとなるような状況では，株主に要求収益を払うに足る投資機会がないため，企業は設備投資を抑制すべきである。その意味で，kは許容される最小限のrを規定しており，**株主資本コスト**ともよばれる。

8）$P=\dfrac{(1-c)X_1}{k-cr}$ をcで微分すれば，$\dfrac{dP}{dc}=\dfrac{r-k}{(k-cr)^2}X_1$ となり，dP/dcの符号が（r − k）の符号に依存することから，以上と同じ結果を得られる。

例題３－５　Ｂ社の今期予想当期純利益は20億円，期首自己資本は100億円，株式の要求収益率は10%とする。同社は毎年15億円の純投資を行い，そのうち40%を負債で，残りの60%は内部留保で賄い，残った利益額は配当として支払い，増資はしない方針をとっている。なお，Ｂ社の株主に対するフリー・キャッシュ・フロー（FCFE），配当，残余利益はそれぞれサスティナブル成長率で成長するものとする。

問１　フリー・キャッシュ・フロー割引モデルから計算される今期首のＢ社の株式時価総額はいくらになるか。

問２　配当割引モデルから計算される今期首のＢ社の株式時価総額はいくらになるか。

問３　残余利益モデルから計算される今期首のＢ社の株式時価総額はいくらになるか。

《解　説》　問１　ROE＝純利益20億円÷自己資本100億円＝20%，内部留保率＝内部留保額９億円（＝純投資15億円×（１－負債調達比率40%））÷純利益20億円＝45%より，サスティナブル成長率＝ROE20%×内部留保率45%＝９%，今期FCFE=純利益20億円－純投資15億円＋負債増加額であるが，純投資額の40%を負債で調達するので，負債増加額は純投資15億円×負債調達比率40%＝６億円である。したがって，今期FCFE=20億円－15億円+6億円＝11億円。

以上から，今期の株式時価総額は今期FCFE11億円÷（株式の要求収益率10%－FCFE成長率9%）=1,100億円。

問２　毎年15億円の純投資のうち６億円を負債で賄い，残りを内部留保で賄うので，内部留保は９億円である。純利益20億円から内部留保９億円を純投資に充てた残りが配当されるので，配当額は11億円である。以上から，今期の株式時価総額は今期配当11億円÷（株式の要求収益率10%－配当成長率９%）=1,100億円。

問３　今期残余利益＝純利益20億円－期首自己資本100億円×株式の要求収益率10%＝10億円。

残余利益はサスティナブル成長率9%で成長するので，株式時価総額＝100億円+10億円÷（株式の要求収益率10%－サスティナブル成長率9%）＝1,100億円。

※以上で確認されたように，フリー・キャッシュ・フローが全額配当され，クリーン・サープラス関係が成立し配当と残余利益が等しく，フリー・キャッシュ・フロー，配当，残余利益がサスティナブル成長率で成長するとき，フリー・キャッシュ・フロー割引モデル，配当割引モデル，残余利益モデルは同じ結果となる。

成長機会の現在価値

増資を行わない企業が利益の全額を配当に回した場合，投資を行わないため利益の成長機会を失う。一方，その企業が利益の一部を内部留保として投資にあてたときには，将来利益の成長機会が得られる。**成長機会の現在価値**（Present Value of Growth Opportunities, **PVGO**）とは，企業が利益の一部を内部留保として投資にあてたときに得られる，株式価値の増加分のことをいう。

増資を行わない，ROEが一定，かつ利益の全額を配当に回す企業では利益の成長機会が得られないため，毎期，一定の純利益＝配当となるので，その株価は定額DDMによって表すことができる。一方，利益の一部を定率で配当にあてる企業の利益および配当は定率で成長していくので，株価は定率成長DDMによって表すことができる。PVGOはこれら両者の株価の差に他ならない。すなわち，（3－1）式および（3－7）式から，

$$PVGO = \frac{(1-c)X_1}{k-cr} - \frac{X_1}{k} = \frac{c(r-k)X_1}{k(k-cr)}$$

となる。PVGOと定額DDMを用いると，定率成長DDMは次式のように書くこともできる。

$$P = \frac{D}{k} + PVGO = \frac{X_1}{k} + \frac{c(r-k)X_1}{k(k-cr)}$$

PVGO＞0，あるいは定率成長DDMに基づく株価＞定額DDMに基づく株価

となるためには，ここでもｒ＞ｋ，すなわちROEが株主の要求収益率より大きくなっていることが必要な条件となる。

例題３－６　今後とも負債を持たないＸ社，Ｙ社，Ｚ社の今期の配当性向，予想EPS（１株当たり純利益），ROE，株主資本コスト（株主の要求収益率）が表のように与えられている。３社とも配当性向とROEは今後とも不変で，内部留保は全額を設備投資にあてるものとする。

	X社	Y社	Z社
配当性向	100.0%	40.0%	40.0%
予想EPS（円）	50	50	50
ROE	15.0%	15.0%	8.0%
株主資本コスト	10.0%	10.0%	10.0%

問１　各社のサスティナブル成長率はいくらか。
問２　各社の成長機会の現在価値はいくらか。
問３　Ｘ社は，株価向上のため配当性向を上げるべきか，下げるべきか。

《解　説》　問１　Ｘ社：（１－配当性向100%）×ROE15%＝0.0%
Ｙ社：（１－配当性向40%）×ROE15%＝9.0%
Ｚ社：（１－配当性向40%）×ROE8%＝4.8%

問２　Ｘ社：（予想EPS50円×配当性向100%）÷（株主資本コスト10%－サスティナブル成長率0%）－予想EPS50円÷株主資本コスト10%＝0.0（円）。

Ｙ社：（予想EPS50円×配当性向40%）÷（株主資本コスト10%－サスティナブル成長率9%）－予想EPS50円÷株主資本コスト10%＝1500.0（円）。

Ｚ社：（予想EPS50円×配当性向40%）÷（株主資本コスト10%－サスティナブル成長率4.8%）－予想EPS50円÷株主資本コスト10%＝－115.4（円）。

問３　ROEが15%，株主資本コストが10%と，ROE＞株主資本コストなので，配当性向を下げ内部留保を増やして設備投資すべきである。例えば配当性向以外の数値が同じＹ社並みに配当性向を40%まで下げれば，株価は1500円に上昇する。

4．株式の投資尺度，評価指標

債券と異なり，株式はその保有から得られるキャッシュ・フローの予測が難しいため，妥当な価格水準の計算も容易でない。そのため，株価の妥当水準を探るための指標として，**配当利回り**，**PER**，**PBR**が広く利用されている。これらは三大投資尺度とよばれている。わが国では，1950年代まで配当利回りが投資尺度として最も重視されてきたが，それ以降の「利回り革命」とよばれる配当利回りの急低下によって，PERがこれにとってかわった。

4－1．三大投資尺度

配当利回り

1株当たり配当（Dividend Per Share, **DPS**）を株価で割ったもの。

$$配当利回り = \frac{1株当たり配当}{株価}$$

一般に，配当に比べ株価が相対的に低いほど，つまり配当利回りが大きいほど，その株価は割安と判断される[9)]。DDMとの対応をみるため，$P = \frac{D_1}{k-g}$を変形すると，

$$\frac{D_1}{P} = k - g = k - cr$$

となる。つまり，配当利回りが大きいということは，株主の要求収益率kと配当成長率gとの差が大きいことになる。kを所与としたときgが小さいほど

9）株式を転売しないとした場合の投資利回りに相当することから，定期預金金利との比較で，株式の相対的魅力を表す指標として利用されることもある。

株価も安くなり，その結果，配当利回りが高くなる。逆に，g が大きいにもかかわらず，配当利回りが大きい場合，その株式は割安である可能性がある。また，サステナブル成長率の前提が成立するとき g=cr であるから，利益率 r が高くかつ内部留保率 c が高い企業の配当利回りが大きい場合，その企業の株価は割安である可能性がある。

株価収益率（Price Earnings Ratio, **PER** または **P/E**）

株価を**１株当たり当期純利益**（Earnings Per Share, **EPS**，当期純利益÷発行済株式数）で割ったもの。株価は将来の利益予想を基に形成されるので，通常，EPS には実績値ではなく予想 EPS が用いられる。

$$PER = \frac{株価}{EPS}$$

一般に，PER が低いほどその株価は割安と判断される。DDM との対応をみるため，$P = \frac{D}{k} + PVGO = \frac{X_1}{k} + \frac{c(r-k)X_1}{k(k-cr)}$ の両辺を X_1 で割ると，

$$PER = \frac{P}{X_1} = \frac{1}{k} + \frac{c(r-k)}{k(k-cr)}$$

となる。したがって，株主の要求収益率 k が配当成長率 cr より大きく，かつ，

① ROE（r）＞要求収益率（k）の場合，内部留保率（c）が大きいほど株価が高くなり，その結果 PER が大きくなる。

② ROE（r）＜要求収益率（k）の場合，内部留保率（c）が大きいほど株価は安くなり，その結果 PER が小さくなる。

また，PER は，１株当たり当期純利益（EPS）に対して株価が何倍まで買われているかを示す指標であるとみることもできる。企業は株主のものである以上，配当だけでなく利益は全て株主のものであるとする立場からは，配当としていくら受け取るかより，配当として支払可能な利益をどれだけ稼いでいるかも重要である。一般に，利益に対する株価の倍率が高い場合，つまり PER が

高い場合，その株価は割高であると判断される。

しかし，PERの大きさは，以上にみたようにROEと株主の要求収益率との大小関係や内部留保率などの影響を受けるため，これらの関係を無視してPERの大きさだけをもって株価の割高・割安を論じることはできない。PERの相対比較による株価評価は，株主の要求収益率（k），ROE（r），内部留保率（c）などの条件がほぼ同じと想定できる場合に限って用いるべきであり，そう前提できない場合には株価の割高・割安判断にPERを濫用すべきでない。

さらに，会計上の利益であるEPSが実勢を反映していない可能性もある。特に，積極的に設備投資を行う企業は減価償却費が大きくなるため会計上の利益が小さくなる。そのため，他社との相対比較においてPERが高くなり，その企業の株価が割高と判断される可能性がある。しかし，現在の設備投資は将来の利益の源泉であるから，こうした企業の株価を割高と判断するのは誤りである。

以上の留意点を踏まえ，k・r・cがほぼ等しいと想定できる自社の過去の値あるいは同業他社の値との相対比較などにおいて，PERは株価の割高・割安判断手段として用いられる。

株価純資産倍率（Price Book value Ratio，**PBR**）

株価を簿価でみた1株当たり純資産で割ったもの。

$$\mathrm{PBR} = \frac{\textit{株価}}{\textit{簿価ベースの1株当たり純資産}}$$

一般に，PBRが小さいほどその株価は割安と判断される。株価は1株当たり**利益配当請求権**を根拠に決定されていると考えられ，他方，1株当たり純資産は**残余財産分配請求権**を根拠にしたものであるから，PBRは企業の存続価値と解散価値とを比較したものである。したがって，企業の存続意義の観点からはPBRは1以上であることが望ましいとされる。逆にPBRが1より小さい場合，その企業は保有している資産価値以上の価値を今後生み出さないと市場が評価していることになり，この場合PBRが小さいからといって株価が割安であるとはいえない。

１株当たり来期純利益 X_1 は１株当たり純資産× ROE であるから，DDM との対応をみるためこれを（３－７）式 $P=\frac{(1-c)X_1}{k-cr}$ に代入して変形すると，

$$\frac{P}{1\text{株当たり純資産}}=\frac{r-cr}{k-cr}$$

となる。PBR＞１のとき r－cr>k－cr，すなわち r>k となる。逆に PBR<1 のとき r＜k となる。

前述したように r<k のときは，企業は投資をすべきではなく，内部留保を減らして配当を増加させるべきであるが，同時にこのような状況では，PBR が１を下回ることになる。

ただし，ここでの１株当たり純資産は簿価額であるため，時価額とかい離している可能性もある。企業が保有する資産の時価額が簿価額より大きい場合，それらから負債を差し引いた純資産は時価額のほうが簿価額よりも大きくなっているはずである。この場合，PBR の式の分母を１株当たり純資産の再取得価額に換えることができたなら，時価評価した PBR は簿価ベースのそれより小さくなっている可能性がある。逆に，保有資産価格の下落などによって資産の時価額が簿価額を下回る場合，純資産の時価額は簿価額より小さくなり，時価評価した PBR は簿価ベースのそれより大きくなる。したがって，保有資産の時価と簿価とのかい離が大きいと考えられる場合，PBR の利用には注意が必要である。

以上にみてきたことは，株式市場で株価が企業のファンダメンタルバリューを正しく反映することを基調としながら，株価が一時的にファンダメンタルバリューからかい離したとき，投資尺度によって株価の割安・割高を判断できると考えている。例えば，収益性（ROE）の高い企業でありながら，株価がファンダメンタルバリュー以下に下落した場合，本来あるべき水準よりも配当利回りが高く，PER および PBR が低くなる。この場合，配当利回りが高い，あるいは PER や PBR が低いことは，正当な価格より株価が割安になっていることを示唆する。しかし，配当利回り・PER・PBR の本来あるべき水準は，k・r・

cの違いを反映して企業・業界ごとで異なっているため，株式投資尺度はそれのみで判断するのではなく，自社の過去の値や業界平均との比較を行ったり，他の指標も併用するなど，総合判断の中で用いられるべきである。

例題3－7　株価収益率（PER）に関する次の記述の空欄に妥当な語句を埋めなさい。

●将来の高い利益成長が期待できる株式のPERは（A.　　　）くなる傾向がある。

●他の条件が一定ならば，株式の要求収益率が（B.　　　）いほどPERは低い。

●他の条件が一定ならば，ROEより株主の要求収益率が（C.　　　）い場合，配当性向を上げるとPERは高くなる。

《解　説》　正解：A．高　B．高　C．高

例題3－8　ある企業の期初現在の株価は4,000円，今期予想1株当たり利益を基準にした同社株式の株価収益率（PER）は現在20倍である。同社は配当性向を50%とする配当政策を採用している。同社株式に対する要求収益率は10%であり，今後も配当政策が変わらないと仮定したとき，自己資本の増加はすべて内部留保によると仮定した場合の定率成長DDMから，現在のPERは自己資本利益率（ROE）が何パーセントであれば，妥当であるといえるか。

《解　説》　現在の株価が4,000円，PERが20倍より，期末の予想EPS＝4,000÷20＝200（円）である。また配当性向が50%であるから，期末の1株当たり予想配当＝0.5×200＝100（円）である。配当成長率は内部留保率×ROE＝（1－配当性向）×ROE＝0.5×ROEであるから，以上を定率成長DDMの式に代入すると次のようになる。

$$4{,}000 = \frac{100}{0.1 - 0.5ROE}$$

これをROEについて解くと，ROE＝15%となる。

4－2．その他の評価指標

三大投資尺度のほか，それらを補足ないし代替する評価指標もある。

イールド・スプレッド

$$イールド・スプレッド＝長期国債利回り－\frac{EPS}{株価}$$

イールド・スプレッドは長期債利回りを基準に，比較対象の利回りが割高か割安かを判断するためのもので，国債と株式を比較する場合，PERの逆数（＝EPS÷株価）である**益利回り**（**益回り**）を用いて，「長期債利回り－益回り」を計算する。ここでは，益利回りを１株当たり投資額に対する利益率と考えている。

益利回りとして上場企業の平均益利回りを用いると，イールド・スプレッドが過去との比較で一定以上の値をとった場合，平均益利回りが相対的に低いことを意味するので株式相場は割高，一定以下の値をとった場合，平均益利回りが高いことを意味するので株式相場は割安と判断する。

株価キャッシュ・フロー比率（Price Cash Flow Ratio，PCFR）

$$株価キャッシュ・フロー比率＝\frac{株価}{1株当たりキャッシュ・フロー}$$

１株当たりキャッシュ・フローとは当期純利益と減価償却費の和を発行済株式数で割ったもの。

減価償却対象資産は，取得した時点で取得原価全てを費用計上するのではなく，その資産の耐用年数に応じ減価償却費として分割計上する。資金の社外流出はないものの費用計上されるため，減価償却費の分だけ利益が小さくなる。設備投資を積極的に行う企業などでは減価償却費が大きくなり，また，減価償却の計算方法の違いによっても償却額が異なり，利益の大きさが影響を受ける。そのため，企業の稼ぎをみるという点では，減価償却前の利益として減価償却費を利益に加えたキャッシュ・フローでみるほうが会計処理方法の影響を受けないためより正確といえ，EPSに代えて１株当たりキャッシュ・フローで株価を割った株価キャッシュ・フロー比率がPERの代替的な指標として用いられる。

株価売上高比率（Price Sales Ratio，PSR）

$$株価売上高比率 = \frac{株価}{1株当たり売上高}$$

新興企業では，まだ利益をあげられないため，PERで使用する会計上の利益や，株価キャッシュ・フロー比率で使用するキャッシュ・フローに代えて，1株当たり売上高で株価を割った株価売上高比率を用いる場合がある。

企業価値EBITDA倍率（EV/EBITDA倍率）

$$企業価値EBITDA倍率 = \frac{企業価値}{EBITDA}$$

EV（Enterprise Value：現預金控除後の企業価値＝有利子負債総額＋株式時価総額－現預金）は，対象となる企業を買収するために必要な金額を表す[10)]。EBITDA（Earnings Before Interest, Taxes, Depreciation and Amortization，利払前・税引前・償却前利益，イービッダ）は，税引前利益に，利払費，有形固定資産の減価償却費，無形固定資産の償却費を加えることで，税制の違い，負債の有無や利率の違い，償却方法の違いなどによる影響を取り除いた利益であり，多国籍企業を分析する際や異なる国の企業を比較する際に用いられる。EVをEBITDAで割ったEV/EBITDA倍率は，対象企業を買収するために要する費用が，その企業の何年分のEBITDAで回収できるかを表す指標である。

10）企業を買収後，当該企業が保有する現預金は買収者が回収できるため，企業の買収価値を考える際は現預金を控除して考える。

例題３－９　株式の評価指標に関する次の記述の空欄に妥当な語句を埋めなさい。
- （A.　　　　）は１株当たり利益を株価で割った値であり，PERの逆数である。
- 株価が配当割引モデルに従うとき，当該株式のリスクが（B.　　　　）くなるとPERは低くなる。
- 株価をEPSに１株当たり減価償却費を加えたもので割った（C.　　　　）は，減価償却処理方法の影響を受けない。
- （D.　　　　）の分子は，有利子負債総額と株式時価総額の合計から現預金を控除したものを使用する。

《解　説》　正解：A. 益利回り　B. 高；当該株式のリスクが高くなると株式の要求収益率が上昇することを通じ株価が下落，PERが低下する。　C. 株価キャッシュ・フロー比率　D. 企業価値EBITDA倍率

5．市場の効率性と運用スタイル

5－1．市場の効率性仮説

市場の効率性仮説は，ファーマが提唱した効率的市場仮説が実証研究の基礎となっており，証券投資のあり方を決定づける重要な概念である。ファーマ（1970）は効率的市場の定義として次のように述べている。「効率的資本市場とは，情報処理において効率的な市場のことである。効率的市場においてはいかなる時点においても観察される証券の価格は，その時点で利用可能なあらゆる情報の“正しい”評価に基づいている。すなわち，価格は利用可能な情報を“十分に反映している”[11)]」。つまり，効率的市場とは証券の価格付けに有用な情報が瞬時に正しく反映される市場のことである。

11） Fama, E., 1970. Efficient Capital Markets: A Review of Theory and Empirical Work. Journal of Finance 25, 383-417.
Fama, E., 1991. Efficient Capital Markets: II. Journal of Finance 46, 1575-1617.

効率性の種類＼情報の種類	過去の価格や収益率（テクニカル分析）	利用可能なすべての公開情報（ファンダメンタル分析）	インサーダー情報を含めた過去のすべてのイベントに含まれている情報
ウィーク・フォーム	市場が織り込んでいるため有用でない	有用	有用
セミ・ストロング・フォーム	市場が織り込んでいるため有用でない	市場が織り込んでいるため有用でない	有用
ストロング・フォーム	市場が織り込んでいるため有用でない	市場が織り込んでいるため有用でない	市場が織り込んでいるため有用でない

ファーマは情報の種類を分類し，それぞれの情報があてはまる市場の効率性を，３つに分類した。

それぞれの情報効率性の関係は，ストロング・フォームが成立するときの情報の部分集合としてセミ・ストロング・フォームの情報，さらにその部分集合としてウィーク・フォームの情報がある。例えば，セミ・ストロング・フォームの効率性が成立する市場では，過去の価格に含まれているウィーク・フォームの情報に加え企業の決算に関する公開情報を用いても市場平均を超える超過収益は得られないが，インサイダー情報を用いて売買できるなら超過収益を得られる。

ウィーク・フォームの効率性を検証する場合，現在の株価ないし収益率が過去のそれらと相関を持つかどうかを検証する自己相関分析や，フィルター・ルールの有効性についての検証などがある。フィルター・ルールとは，株価の動きに一定の傾向があり例えば株価が一定期間で10%上昇すればその後も上昇が続く傾向がある場合，現時点までの一定期間で10%上昇した銘柄を選別し投資する手法である。

しかし，株価の動きに規則性があるのであれば，その傾向を知っている投資が現時点で売買を行うことで，結果的にその規則性は実現しない。この場合，その情報を利用しても超過リターンを得ることはできないので，ウィーク・フォームの効率性が成立していることになる。例えば，過去の株価の規則性から今後株価が上昇すると予想できるなら，その情報を知っている投資家が現時点で購入するため，株価は将来ではなく現時点で上昇する。この場合，予想されていた今後の上昇が現時点で実現してしまうため株価は今後上昇するとは限らず，規則性が実現しないことになる。将来の価格を予想して現時点で売買される結果，予想が現在の価格に織り込まれる他の例として，為替レートなども挙げられる。

ウィーク・フォームの効率性が成立している場合，株価の動きに規則性がないことになるが，現時点から将来にかけての株価の動きが同一の確率分布に従い，かつ過去の株価の動きの影響を受けない場合，株価はランダム・ウォークに従うという。現在の株価を X_t，一定期間後の将来の株価を X_{t+1}，その間の株価の変化量を ε_{t+1} とすると，典型的なランダム・ウォークに従う将来の株価は

$$X_{t+1} = X_t + \epsilon_{t+1}$$

と表すことができる。ここで ε_{t+1} はｔ期からｔ+１期にかけて市場に届く情報がもたらす株価変化であり，同一かつ独立[12]の確率分布に従いながらプラスやマイナスの値をとるが，平均値（確率変数の期待値）はゼロである。図表３－１は，Excelを用いて描いたランダム・ウォークの例である。この例では－１から１の間の値をランダムに発生させ，これを ε_{t+1} とし，０とおいた初期値に次々と足し込んでいった値をグラフにした。実際の株価も図のように動く場合，ε_{t+1} に相当する株価変化の値はランダムに発生するから，過去の株価変動の情報は将来の株価予測には有用でないことになる。

セミ・ストロング・フォームの効率性の検証では，イベント・スタディとよばれる分析が行われる。イベントとして，決算発表，配当のアナウンスメント，買収合併などの出来事があり，例えば好決算が発表されたとき，株価が瞬時に

12）同一かつ独立な確率分布とは，例えば同じサイコロを繰り返し投げるといった例に相当する。同じサイコロであるから，投げたとき得られる出目の値の範囲およびそれぞれの目が出る確率は同じであり，かつ他の回に投げたとき得られる出目と，今回得られる出目は互いに独立である。

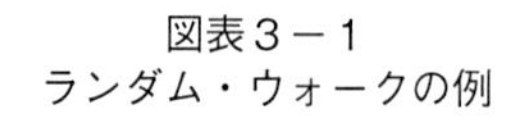
図表３－１
ランダム・ウォークの例

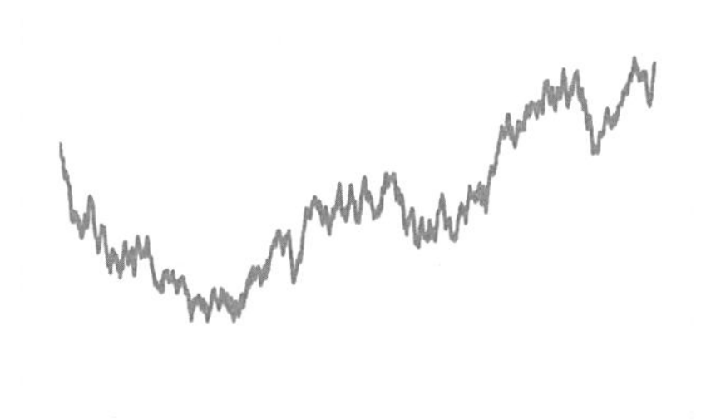

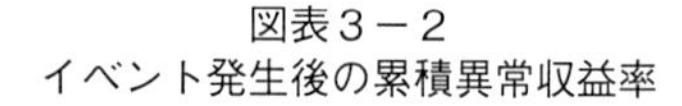
図表３－２
イベント発生後の累積異常収益率

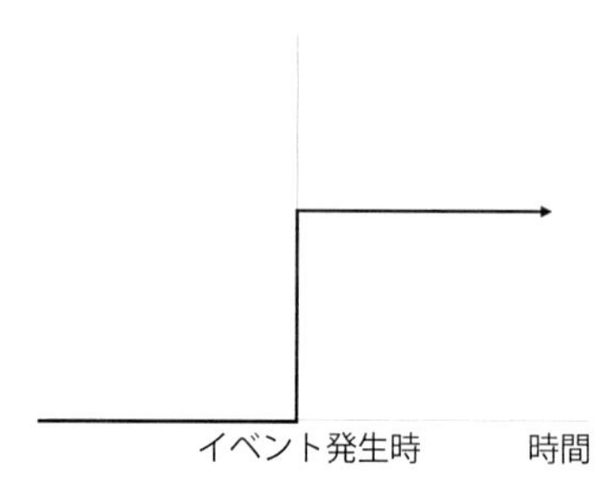

上昇すれば前日終値から当日終値にかけての日次収益率の異常収益率[13]はプラスとなるが，イベントが発生する前後の異常収益率はゼロとなるはずである。図表３－２のように，イベントが発生するＮ日前を起点としてイベントが発生したＰ日後までの異常収益率の合計を累積異常収益率としてイメージすると，セミ・ストロング・フォームの効率性が成立する場合，イベント発生時に瞬時に株価が上昇し異常収益が得られるがその前後は得られない。したがって，異常収益を得るためには，イベントが発生する前の時点で当該株式を購入している必要があるが，発生前の時点でそれが発生することを投資家は知らないので，異常収益を予め狙うことはできない。

イベント・スタディでは，イベント発生時の異常収益率がプラス，その前後はゼロであることを統計的に検証する。セミ・ストロング・フォームについての多くの実証研究では，概ね効率的であるとの分析結果が多い。

ストロング・フォームの効率性の場合は，内部の関係者が大規模な売買を行った際の報告を利用して直接的に検証する方法と，ある個人（著名投資家など）または集団（ファンド・マネージャーなど）が，インサイダー情報に基づいて投資を行っていると仮定し，その投資パフォーマンスを計測することで検証を行う間接的な方法がある。実証研究では，ストロング・フォームの効率性は成立していないとする分析結果がほとんどである。先進国では法的にインサイダー

13）理論モデルから導かれるリスク負担に見合った正常な収益率を超える収益率。

取引が規制されていることから，インサイダー情報を利用した売買を禁じられていることが要因であると考えられる。

これまでの米国における実証研究では市場の効率性は概ね支持されていたが，市場の効率性が常に成立しているという主張については研究の深化と共に疑問を投げかける事例がみられるようになってきた。これらはアノマリーとよばれる。

例題３－10　株価変動に関する次の記述の空欄に妥当な語句を埋めなさい。

- 株式市場が（A.　　　　）的である場合，既に知られている情報は株価に全て反映されているので，株価を変動させる要因は市場に届く新着情報のみである。
- 新着情報が株価の変動にプラスに寄与する程度と，マイナスに寄与する程度は同程度かつ同確率である。したがって，新着情報が株価に及ぼす変動の平均値（期待値）はゼロで，株価変動のばらつき度合（分散）は一定と仮定される。このようなとき，株価は（B.　　　　）・ウォークに従う確率変数となる。

《解　説》　　正解：A．効率　B．ランダム

5－2．パッシブ運用とアクティブ運用

市場インデックス（市場平均）並みの運用成績を目指す運用を**パッシブ運用**，市場インデックス以上の運用成績を目指す運用を**アクティブ運用**とよぶ。

投資がうまくいった場合，アクティブ運用のほうがパッシブ運用よりパフォーマンスが良いが，実際には市場平均に対して，常に勝ち続けることは困難である。また投資信託の場合，パッシブ運用ではインデックスに連動するよう機械的に銘柄を売買するだけで良いためコストが安いが，アクティブ運用の場合，運用の手間がかかる分だけコストが高くなる。さらに，市場が効率的である場合，情報に基づいた分析を行っても市場平均を超える収益を得られるとは限らないため，コストが安いパッシブ運用のほうが有利となることが多い。

投資信託の利用ではなく，自身でアクティブ運用した場合でも，市場インデックスにパフォーマンスで勝ち続けることは困難であるといえる。市場インデ

ックスのパフォーマンスは，インデックス採用全銘柄のパフォーマンスの平均でもある。アクティブ運用でインデックスよりも好成績をあげるには，平均以上にパフォーマンスの良い銘柄を予想し，その予想が実際に実現しなければならない。

しかし，高パフォーマンスの銘柄を事前に予想し，事後的に当て続けることは，不可能といってよいほど難しい。

なぜなら他の投資家もその銘柄が高パフォーマンスになると予想すれば，その銘柄に買いが集中するため，購入時点で既に株価が上昇してしまっている可能性が高い。株価が既に上昇した後にその銘柄を購入しても，高パフォーマンスにはならない。

逆に，他の投資家が見向きもしないような銘柄が高パフォーマンスになると予想して投資しても，後に他の投資家もその銘柄が有望であると予想して追従してこない場合やそもそも予想がはずれた場合，その銘柄の株価が上昇しないため，やはり高パフォーマンスにはならない。つまり，高パフォーマンスの銘柄を予想し当て続けるためには，他の投資家より常に少しだけ先を行く必要がある。

5－3．アノマリー

これまでの実証研究で，市場は効率的であると結論付けるものだけでなく，効率的ではないとする実証結果も報告されており，市場は基本的に効率的だが，一時的に効率性が失われることがあるとする立場がある。この場合，一時的に市場が非効率になっていることを示唆する現象を**アノマリー**とよぶ。ここでは「既存の理論ないし法則に反する事象で，しばしば発生する市場の傾向を示すもの」をアノマリーとよぶことにする。これは既存の理論，つまり伝統的ファイナンス理論では説明のつかない超過リターン（市場平均を超えるリターン）が得られる現象があるという意味であり，主に1980年代にアノマリー現象を探す研究が盛んに行われた。近年は，アノマリー現象の解明から，人間の合理性の限界や時間的制約，心理的要因から行動・判断に歪みが生じることに焦点を当てる**行動ファイナンス**の研究も進展している。

何らかの例外現象がアノマリーといえるためには，偶然に起きたとは統計学的にはいえないほどに，強い傾向・規則性を持っている必要がある。しかし，アノマリーとして指摘された現象は，ある時期に継続的に観察されただけで，それが今後も継続して起きるとまではいえず，また，強い理論的な根拠を伴ったものでもない[14]。つまり，あるアノマリー現象を利用した投資が有効であるかどうかは，そのときの状況次第であるといえる。

バリュー株（相対的に割安な株）投資や**グロース株**（将来，成長の見込める株）投資など，主なアクティブ運用の手法は，何らかのアノマリー現象に賭けて投資をする手法であると解釈できる。

代表的なアノマリーとして，**小型株効果**（株式時価総額の小さな企業（小型株）のリターンが市場平均より高い），**カレンダー効果**（1月など，特定の月（曜日）の株式のリターンが他の月（曜日）に比べて高い），**低PER効果**（PERが相対的に低い株式の超過リターンが高い），**低PBR効果**（PBRが相対的に低い株式の超過リターンが高い），**リターン・リバーサル**（ある時期のリターンが相対的に高い（低い）株式の，次の時期における相対的なリターンが低い（高い）），**アーニング・サプライズ効果**（決算で発表された利益が，アナリストの事前予想よりもかなり大きかった場合に，その会社の超過リターンが高い），**企業利益予想改定のトレンド効果**（企業利益予想の上方（下方）修正の後には，また上方（下方）修正が続きやすいことに伴って，上方修正の発表後に上方修正があった銘柄に投資しても超過リターンが高い）などが知られている。

低PER効果と低PBR効果に注目して投資する手法が**バリュー株投資**（割安銘柄に投資する手法）である。**グロース株投資**（株価上昇が続く銘柄に投資する手法）がうまくいっている場合は結果としてアーニング・サプライズ効果と利益予想改定のトレンド効果を伴う。**順張り投資**（株価が上昇しているときに，さらに上昇することを期待して投資する）はアーニング・サプライズ効果と利益予想改定のトレンド効果と関係する。また，**逆張り投資**（株価が下落しているときに，早晩相場が反転することを期待して投資する）は低PER効果と低PBR効果，リターン・リバーサルと関連する。

14）既存の理論で説明のつかない事象が常に継続的に観察されるなら，既存の理論が不完全であることになり，アノマリーとはいえない。

第4章　ポートフォリオの理論

本章では，**現代ポートフォリオ理論**（Modern Portfolio Theory，MPT）の基礎，およびそのために必要な統計学の初歩知識について紹介する。

1．確率変数の平均，分散，相関

サイコロの目の数は1から6までの値をとることがわかっているものの，今からサイコロを振ろうとしたとき，どの目の数が出るかを，サイコロを振る前の時点では正確に言い当てることはできない。しかし，偏りのないサイコロであれば，1から6までの値が出る確率はそれぞれ1/6であることはわかっている。サイコロの目の数のように，どの値が実現するか前もってはわからないが，どの値がどういった確率で実現するかが分かっている変数を**確率変数**とよぶ。

株価の変動特性

株価などの証券価格は，将来の値を正確に言い当てることはできないが，確率変数と捉えるなら，統計学に基づく分析が可能となる。統計分析の目的は，得られたサンプル（標本）からサンプルを含む全ての集団（母集団）の一般的な規則性をみつけることにある。

株価の代表として日経平均株価（日経225）の日次データをみてみると，ランダムに様々な値をとっているようにみえる。そのため，株価の動きに規則性をみつけることは難しい。

そこで，マイナス7％からプラス7％の範囲で0.2％刻みの区間を取り，終値の前日比変化率がそれぞれの区間に入るデータの数をデータの総数で割ったもの（発生確率）をみると，0％を中心として左右対称に分布しており，この

図表４－１　日経225日次終値の推移（2001年１月４日～2021年３月15日）

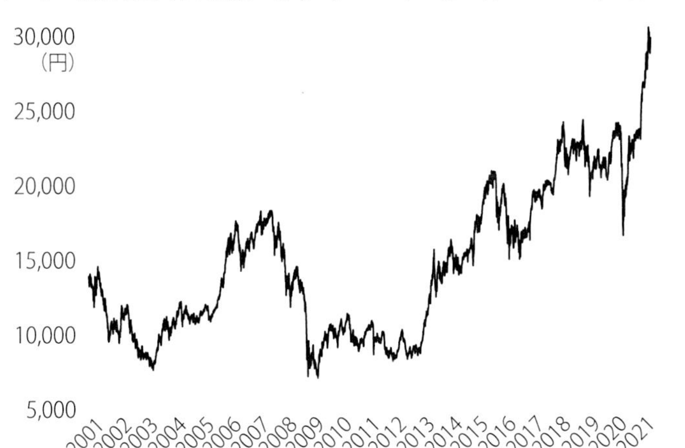

図表４－２　日経225日次終値の前日比変化率（2001年１月４日～2021年３月15日）

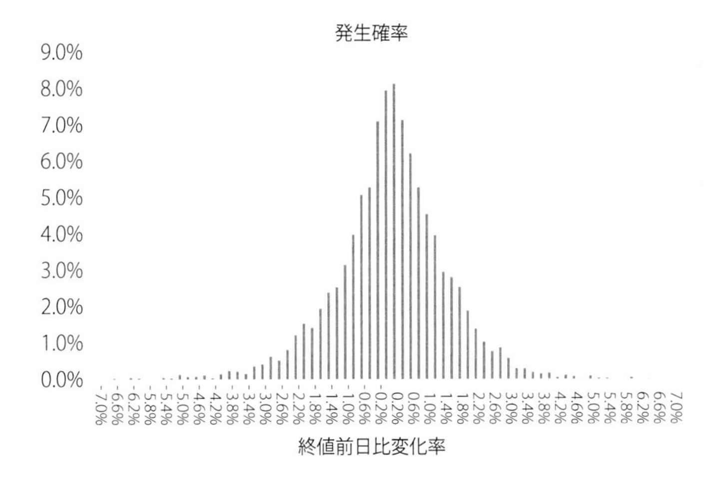

分布は**正規分布**とよばれる確率分布とよく似た形をしていることがわかる。

したがって，株価変化率の動きを正規分布する確率変数で近似できるとすれば，正規分布に従う確率変数に対する分析を株価変化率にも適用できる。

そこで以下では株価変化率を分析対象とし，必要に応じ正規分布するとの前提で考察を進めていくことにする。なお，配当を無視できるとした場合，株価変化率は株式の投資収益率でもある。

個別証券のリターンとリスク

日次投資収益率には配当の影響は無視できるとすると，日次の株価変化率を日次投資収益率とみなすことができる。株価変化率あるいは投資収益率を様々な値をとる確率変数であると考えた場合，これから投資をするかどうか検討している段階では，どのような値の投資収益率が実現するか事前にはわからない。そこで，起こりうる様々な値の確率的な平均値を，投資を実行する前の段階での予想投資収益率と考えることにする。統計学の用語では，このような確率的な平均値を**期待値**とよぶことから，以下，予想投資収益率のことを**期待投資収益率**（または**期待リターン**）とよぶことにする。

ここで，n 通りの状況（これを**事象**とよぶ）に応じ，確率変数である投資収益率 R の実現値が n 個の値をとり，それぞれを $R_1, R_2, ..., R_n$ と表すことにする。また，n 通りの事象のそれぞれが実現する確率（**生起確率**）を $\pi_1, \pi_2, ..., \pi_n$ と表すことにする。このとき，確率変数 R の期待値，すなわち期待投資収益率を μ と表すと，

$$\mu = E(R) = \pi_1 R_1 + \pi_2 R_2 + \cdots + \pi_n R_n = \sum_{i=1}^{n} \pi_i R_i$$

と定義される。E（･）は，カッコ内の変数ないし関数について期待値をとるという意味の表現である。また，Σを使った表現は，n の数が大きい場合，足し算の式が長くなるので簡潔に表現するための工夫である。

例題4－1　A 社株に 1 年間投資したときの投資収益率は，今後景気が回復したとき 20%，景気が横ばいのとき 5%，景気が悪化したとき－10%になると予想されている。なお，今後 1 年間で景気が回復する確率は 25%，景気横ばいが続く確率は 50%，景気が悪化する確率は 25%である。A 社株に今後 1 年間投資したときの期待投資収益率はいくらになるか。

《解　説》　ここでは，事象が景気回復，景気横ばい，景気悪化と３通りあるので，それぞれの事象について生起確率×投資収益率（①×②）を求め，得

られた３つの結果を合計したものが期待投資収益率となる。

事象	① 生起確率	② 投資収益率（%）	①×②
景気回復	0.25	20.00	5.00
景気横ばい	0.50	5.00	2.50
景気悪化	0.25	-10.00	-2.50

期待投資収益率（%）	5.00

ここで定義された期待投資収益率は確率的な平均値に過ぎないので，この値が実現する保証はない。むしろ投資収益率の事後的な実現値は，期待投資収益率からかい離するのが普通であろう。確率変数の事後的な実現値と期待値との差を**偏差**とよび，これが大きいほど確率変数の実現値が期待値周りで大きくばらついていることになる。

次に，期待値周りのばらつき度合いを数値化する方法を考えよう。統計学では，偏差を新たな確率変数とみなし，偏差を二乗したものの期待値を**分散**とよぶ。ここで，偏差を二乗したものの期待値をとる理由は，偏差そのものの期待値だと合計した際にプラスの値の偏差とマイナスの値の偏差が相殺されてしまうからである。分散をσ^2と表すと，

$$\sigma^2 = Var(R) = E[(R-\mu)^2]$$
$$= \pi_1(R_1-\mu)^2 + \pi_2(R_2-\mu)^2 + \cdots + \pi_n(R_n-\mu)^2 = \sum_{i=1}^{n} \pi_i(R_i-\mu)^2$$

と定義される。Var（・）は，カッコ内の変数ないし関数について分散をとることを意味する表現である。分散は，計算の過程で元の確率変数が二乗されるため，元の変数の単位（％など）が使えなくなる欠点がある。そこで，分散の平方根をとった概念を**標準偏差**とよび，これもよく用いる。記号としてはσ^2の正の平方根であるσが用いられる。

分散ないし標準偏差は，以上にみたように期待値周りのばらつき度合いを表す統計学上の概念であるので，確率変数Ｒを投資収益率とした場合，投資収

益率の実現値が期待投資収益率からどの程度ばらつくかを示す概念として利用することができる。

一般に，投資の**リスク**とは損失をこうむる可能性だけでなく利益をあげる可能性も含め，収益の変動が激しいことを意味する。つまりこれは，起こりうる投資収益率のばらつきが大きいことと同じなので，投資リスクの尺度として分散ないし標準偏差を用いることができ，これらの値が大きいほど，リスクが大きいことを意味する[1)]。

例題４－２　例題４－１でみたＡ社株の投資収益率の標準偏差はいくらか。

《解　説》　期待投資収益率は例題４－１で求めた通り５％である。この結果を用いて各事象の下での偏差を求め，これを二乗した値③に各事象の生起確率を掛ける（①×③）。こうして求めた３つの値の合計が分散となり，その平方根をとったものが標準偏差となる。

事象	① 生起確率	② 投資収益率（%）	①×②	偏差 （②－期待値）	③ 偏差の２乗	①×③
景気回復	0.25	20.00	5.00	15.00	225.00	56.25
景気横ばい	0.50	5.00	2.50	0.00	0.00	0.00
景気悪化	0.25	-10.00	-2.50	-15.00	225.00	56.25

分散	112.50
標準偏差（%）	10.61

図表４－３は正規分布をする２つの確率変数（A，B）の確率分布を図示している。ここでは，連続的に無数の値をとる確率変数の確率分布を表しているため，確率密度という概念を縦軸にとっているが，表記は異なるものの図表４－

1）日常でリスクという用語を用いるとき，損をする可能性が高いことを意味する場合がある。この意味でのリスクは，収益率のばらつきの大きさだけではなく他の意味も含んでおり，分散，標準偏差といった概念で表現することができない。そのため，ファイナンスでは，通常のリスク概念とは別に，**ショートフォール・リスク**（結果が特定の目標投資収益率を下回る確率）や**バリュー・アット・リスク**（VaR，特定の確率の下で生じる最大損失額）といった異なる定義のリスク概念も用いる。

図表４－３　確率分布の形とリスクの関係

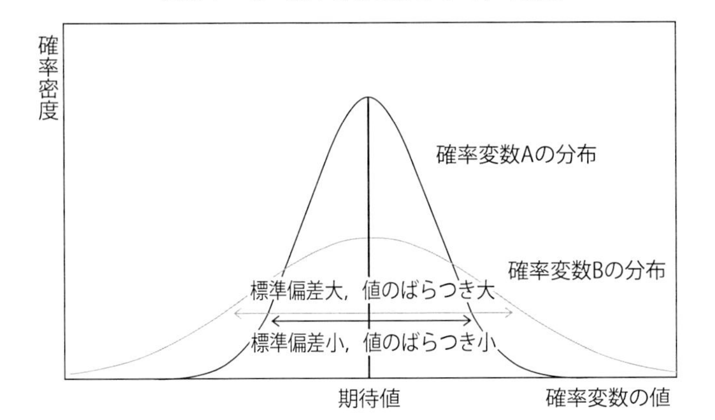

２の縦軸と同じものと考えて差し支えない。確率変数Ａと確率変数Ｂの期待値は同じであるが，標準偏差については確率変数Ｂのほうが確率変数Ａよりも大きい。確率を表す曲線の下の全面積は起こりうる全ての事象の生起確率の合計を表し必ず100％になるので，ＡおよびＢの曲線の下の全面積は等しい。そのため，標準偏差が小さい，つまり値のばらつきが小さい確率変数Ａは，確率変数Ｂと比べ，期待値付近の値の生起確率（確率密度）が大きくなり，期待値から離れた値の生起確率は小さくなる。投資収益率は正規分布に従う確率変数で近似できるので，図表４－３の相対比較において，リスク（標準偏差）の大きい証券の投資収益率を確率変数Ｂ，リスクの小さい証券の投資収益率を確率変数Ａとみなすことができる。

ポートフォリオのリターンとリスク

投資を行う際，分散投資のため複数の金融資産に投資するのが普通であり，投資している複数の金融資産の総体を**ポートフォリオ**とよぶ。２銘柄以上の証券に投資してポートフォリオを組む場合，ポートフォリオ全体としての期待投資収益率とリスクを把握する必要がある。

ポートフォリオの期待投資収益率は，組入れた銘柄の期待投資収益率の加重平均となる。証券１に40万円，証券２に60万円投資したとしよう。この場合，ポートフォリオの総額は100万円になるので，証券１の組入れ比率は40％，証券２の組入れ比率は60％となる。証券１の投資収益率が20％，証券２の投資収益率が10％だったとすると，この投資によって証券１から８万円，証券２から６万円の収益が得られ，ポートフォリオ全体として14万円の収益，つまり14％の投資収益率となる。これを式で表現すると，

14％（ポートフォリオの収益率）＝40％（証券１の組入れ比率）×20％（証券１の収益率）+60％（証券２の組入れ比率）×10％（証券２の収益率）

である。ポートフォリオの投資収益率をR_p，証券１の投資収益率をR_1，証券２の投資収益率をR_2，証券１の組入れ比率をw_1，証券２の組入れ比率をw_2と表すと，

$$(4-1) \quad R_p = w_1 R_1 + w_2 R_2$$

と書ける。期待投資収益率についても同様に，

$$(4-2) \quad E(R_p) = w_1 E(R_1) + w_2 E(R_2)$$

となる。ここで，Ｅ（・）はそれぞれの投資収益率の期待値を意味する。これを一般化して，ｎ銘柄の証券に投資するとすれば，

$$(4-3) \quad E(R_p) = \sum_{i=1}^{n} w_i E(R_i)$$

となる。

次に，ポートフォリオのリスクについて考えるため，（４－１）式の分散を考えよう。分散は偏差の二乗の期待値であるから，

$$(4-4) \quad \begin{aligned} Var(R_p) &= E\left[(R_p - E(R_p))^2\right] \\ &= {w_1}^2 E\left[(R_1 - E(R_1))^2\right] + {w_2}^2 E\left[(R_2 - E(R_2))^2\right] + 2w_1 w_2 E\left[(R_1 - E(R_1))(R_2 - E(R_2))\right] \\ &= {w_1}^2 Var(R_1) + {w_2}^2 Var(R_2) + 2w_1 w_2 Cov(R_1, R_2) \end{aligned}$$

となる[2)]。ここで，２つの確率変数の偏差の積の期待値，$E[(R_1-E(R_1))(R_2-E(R_2))]=Cov(R_1,R_2)$は**共分散**とよばれ，$R_1$と$R_2$の連動度合いを表す。$Cov(R_1,R_2)$は$\sigma_{12}$とも標記される。

R_1とR_2の共分散の性質をみるため，以下の表にあるような数値例をみてみよう。

ケース１

事象	生起確率	投資収益率（%） 証券１	証券２	証券１の偏差	証券２の偏差	偏差の積
1	0.5	10	**5**	-5	-5	25
2	0.5	20	**15**	5	5	25
	期待値	15	10	共分散		25

ケース２

事象	生起確率	投資収益率（%） 証券１	証券２	証券１の偏差	証券２の偏差	偏差の積
1	0.5	10	**15**	-5	5	-25
2	0.5	20	**5**	5	-5	-25
	期待値	15	10	共分散		-25

ケース１のように，証券１の収益率が事象１から事象２にかけて10%から20%へと上昇するとき証券２の収益率も５%から15%へと上昇する場合，すなわち両者が同じ方向に変化する場合，両者の偏差の符合が同じであるため，その積の期待値（共分散）の符号はプラスとなる。一方，ケース２のように，証券１の収益率が事象１から事象２にかけて10%から20%へと上昇するとき証券２の収益率が15%から５%へと低下する場合，すなわち両者が逆方向に変化する場合，両者の偏差の符合が逆になるため，その積の期待値（共分散）

2）（4－4）式の展開。

$$Var(R_p)=E[(R_p-E(R_p))^2]=E[(w_1R_1+w_2R_2-E(w_1R_1+w_2R_2))^2]$$
$$=E[\{w_1(R_1-E(R_1))+w_2(R_2-E(R_2))\}^2]$$
$$=E[w_1^2(R_1-E(R_1))^2+w_2^2(R_2-E(R_2))^2+2w_1(R_1-E(R_1))w_2(R_2-E(R_2))]$$
$$=w_1^2E[(R_1-E(R_1))^2]+w_2^2E[(R_2-E(R_2))^2]+2w_1w_2E[(R_1-E(R_1))(R_2-E(R_2))]$$
$$=w_1^2Var(R_1)+w_2^2Var(R_2)+2w_1w_2Cov(R_1,R_2)$$

の符号はマイナスとなる。つまり，２つの確率変数の動きが正の相関関係にあるときはそれらの共分散の値がプラス，負の相関関係にあるときはそれらの共分散の値がマイナスとなる。

共分散の符号によって，正か負かの相関関係はわかるが，変数の大きさや単位によって偏差の相対的な大きさが異なるため，ある変数間の共分散の値を他の変数間の共分散と直接比較することはできない。そこで，変数間の相関の程度を直接比較する場合，共分散を基準化した**相関係数**とよばれる概念を用いる。次のように定義される。

$$\rho_{12} = \frac{\sigma_{12}}{\sigma_1 \sigma_2}$$

このように基準化することによって，相関係数 ρ_{12} は－１から＋１までの値をとり，－１のときは２つの確率変数の連動度合いが負の完全相関，＋１のときは正の完全相関，０のときは無相関であるという。

共分散に代えて相関係数を使って表現すると，（４－４）式は，

（４－５）　$$Var(R_p) = w_1{}^2\sigma_1{}^2 + w_2{}^2\sigma_2{}^2 + 2w_1w_2\rho_{12}\sigma_1\sigma_2$$

と書くこともできる。これを一般化して，n 銘柄の証券に投資するとすれば，

（４－６）　$$Var(R_p) = \sum_{i=1}^{n}\sum_{j=1}^{n} w_i w_j \rho_{ij}\sigma_i\sigma_j$$

となる。

（数値例１）

景気動向によって，証券１，証券２それぞれの投資収益率が以下のように推移するとき，証券１と証券２の投資収益率の相関係数は次のように計算される。

ポートフォリオに，数値例１の証券１を 44%，証券２を 56%組み入れると，ポートフォリオの期待投資収益率は 0.44 × 5.00 + 0.56 × 3.50 = 4.16（%），標

準偏差は $\sqrt{0.44^2 \times 10.61^2 + 0.56^2 \times 8.17^2 - 2 \times 0.44 \times 0.56 \times 0.61 \times 10.61 \times 8.17} = 4.11(\%)$ となる。ポートフォリオのリスク１単位当たりの期待投資収益率として，期待投資収益率÷標準偏差を考えると 4.16 ÷ 4.11 = 1.01 となる。同様に，証券１のリスク１単位当たり期待投資収益率は 5.00 ÷ 10.61 = 0.47，証券２のそれは 3.50 ÷ 8.17 = 0.43 であり，分散投資によってリスク１単位当たりの期待投資収益率が大幅に向上することがわかる。

		証券1				
事象	① 生起確率	② 投資収益率（%）	①×②	③ 偏差	④ 偏差の二乗	①×④
景気回復	0.25	20.00	5.00	15.00	225.00	56.25
景気横ばい	0.50	5.00	2.50	0.00	0.00	0.00
景気悪化	0.25	-10.00	-2.50	-15.00	225.00	56.25
		期待値	5.00		分散	112.50
					標準偏差（%）	10.61

		証券2				
事象	① 生起確率	⑤ 投資収益率（%）	①×⑤	⑥ 偏差	⑦ 偏差の二乗	①×⑦
景気回復	0.25	-10.00	-2.50	-13.50	182.25	45.56
景気横ばい	0.50	10.00	5.00	6.50	42.25	21.13
景気悪化	0.25	4.00	1.00	0.50	0.25	0.06
		期待値	3.50		分散	66.75
					標準偏差（%）	8.17

③×⑥ ⑧ 偏差の積	①×⑧
-202.50	-50.63
0.00	0.00
-7.50	-1.88
共分散	-52.50
相関係数	-0.61

２．回帰分析―最小二乗法

回帰分析とは，観測されたデータに基づいて変数間の関係を推計するための統計手法で，様々な分野で用いられる。

図表４－４　ソニーの前月比株価変化率（縦軸）と TOPIX の前月比変化率（横軸）

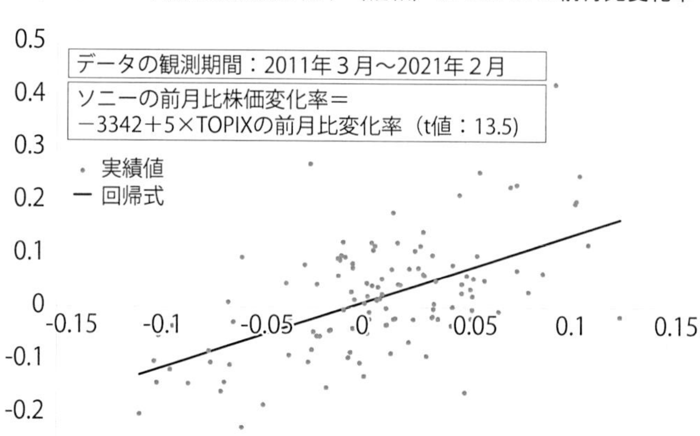

単回帰

TOPIX の前月比変化率を横軸，ソニー（証券コード 6758）の前月比株価変化率を縦軸として，両者のデータを図表４－４のような散布図に描いてみると，両者には正の相関関係が存在する（両者の相関係数は 0.57）。

あるデータの値 x と他のデータの値 y との関係を表す最も単純な式として，次の式を考える。

（４－７）　$y = a + bx$

ここで，x を**説明変数**ないし**独立変数**，y を**被説明変数**ないし**従属変数**とよぶ。ここでは，TOPIX の前月比変化率が x，ソニーの前月比株価変化率が y に相当する。（４－７）式は，説明変数が１つだけなので，**単回帰**とよぶ（説明変数を２つ以上含む場合は，重回帰とよぶ）。a と b は x と y の関係を特定するものであり，**回帰係数**ないし**回帰パラメーター**とよばれる。回帰係数 a，b を選択する基準の１つが，最小二乗法である。

最小二乗法

（４－７）式において，観測された y の値と，a+bx から計算で求まる y の推計値との差（以下，これを**残差** e とよぶ）の合計が最小になるように，a と b を決めることを考えてみる。ただし，各時点での残差 $e_t = y_t - (a+bx_t)$（t = 1，2，...，n，添字 t は各時点で観測された x および y のデータであることを意味する）の値はプラスにもマイナスにもなり，各残差（e_1，e_2，...，e_n）をそのまま合計するとプラスの値とマイナスの値とが相殺してしまう。そこで，各残差を二乗してから合計し，この合計値（**残差平方和**）が最小となるように a と b を決める方法を，**最小二乗法**とよぶ。この手順に沿った数学的手続きを経て得られる b の推計値は，

（４－８）　$b = \frac{Cov(x,y)}{Var(x)}$

となる。b が得られれば，a ＝ y－bx として，a も得られる。なお b（その結果 a も）は，x と y のデータの観測期間を変えて回帰分析すると，その都度値が異なるので，定数ではなく，**t 分布**とよばれる分布に従う確率変数となる。

決定係数

最小二乗法によって a および b を推計し，それらを（４－７）式に代入して得られる回帰直線が実際の x と y の動きにどれだけ当てはまっているかを考える尺度として，**決定係数**（R^2，アール・スクエア）が用いられる。

決定係数は，x と y の相関係数の二乗と同じ値になる。したがって，x と y が正または負で完全相関する場合は１，無相関の場合は０となる。決定係数の

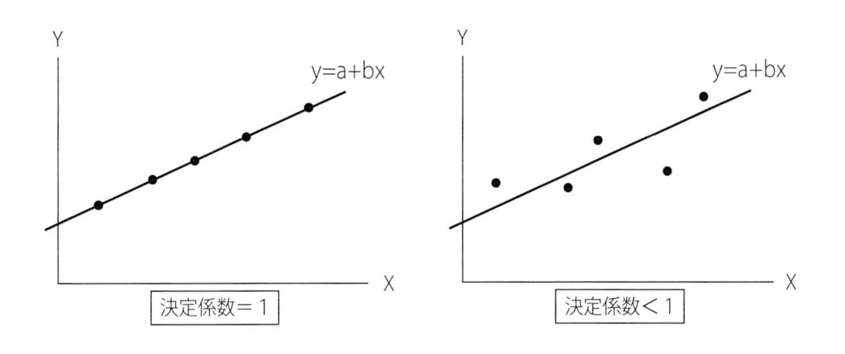

値が1のときは，回帰直線がxとyの動きと完全に一致する。xとyの動きが回帰直線からかい離してくると，決定係数の値は1より小さくなっていく（最小でゼロ）。

3．安全資産と危険資産ポートフォリオ

3－1．危険資産ポートフォリオ

リスクがゼロの資産を**安全資産**とよぶ。これに対して，リスクを持った資産を**危険資産**とよぶ。以下ではまず，危険資産だけからなるポートフォリオについて考える。

2証券ポートフォリオ

2証券からなるポートフォリオにおいて，資金の全額をどちらかの証券に投資する場合，証券1の組入れ比率w_1と証券2の組入れ比率w_2の合計は1であるから$w_2=1-w_1$と表すこともでき，w_1の値が決まればそれに伴ってw_2の値も決まる。証券1の組入れ比率w_1を0％から100％まで変化させ，ポートフォリオの期待投資収益率（期待リターン）と投資収益率の標準偏差（リスク）を，（4－2）式と（4－5）式を利用してシミュレーションしたものが図表4－5である。

ここで，ポートフォリオの期待投資収益率を$E(R_p)$，証券1の期待投資収益率を$E(R_1)$，証券2の期待投資収益率を$E(R_2)$，ポートフォリオの投資収益率の標準偏差をσ_p，証券1の投資収益率の標準偏差をσ_1，証券2の投資収益率の標準偏差をσ_2とする。

$E(R_1)=5\%$，　$E(R_2)=20\%$，　$\sigma_1=10\%$，　$\sigma_2=15\%$さらに両証券の投資収益率の相関係数ρ_{12}について，1，0，－1と3通りの値をおき，それぞれについて計算した結果をみると，次の2点がわかる。

①図にみられる弧および直線は，**投資機会曲線**とよばれ，組入れ比率を変化させると，所与の相関係数の下で，期待投資収益率と標準偏差の組み合わせがこの曲線上で移動する。

図表４－５　２証券ポートフォリオのシミュレーション結果

$E(R_1)$	σ_1	$E(R_2)$	σ_2
5%	10%	20%	15%

w_1	$E(R_p)$	$\rho_{12}=1$	$\rho_{12}=0$	$\rho_{12}=-1$
		σ_p		
0%	20.0%	15.0%	15.0%	15.0%
5%	19.3%	14.8%	14.3%	13.8%
10%	18.5%	14.5%	13.5%	12.5%
15%	17.8%	14.3%	12.8%	11.3%
20%	17.0%	14.0%	12.2%	10.0%
25%	16.3%	13.8%	11.5%	8.8%
30%	15.5%	13.5%	10.9%	7.5%
35%	14.8%	13.3%	10.4%	6.3%
40%	14.0%	13.0%	9.8%	5.0%
45%	13.3%	12.8%	9.4%	3.8%
50%	12.5%	12.5%	9.0%	2.5%
55%	11.8%	12.3%	8.7%	1.3%
60%	11.0%	12.0%	8.5%	0.0%
65%	10.3%	11.8%	8.4%	1.3%
70%	9.5%	11.5%	8.3%	2.5%
75%	8.8%	11.3%	8.4%	3.8%
80%	8.0%	11.0%	8.5%	5.0%
85%	7.3%	10.8%	8.8%	6.3%
90%	6.5%	10.5%	9.1%	7.5%
95%	5.8%	10.3%	9.5%	8.8%
100%	5.0%	10.0%	10.0%	10.0%

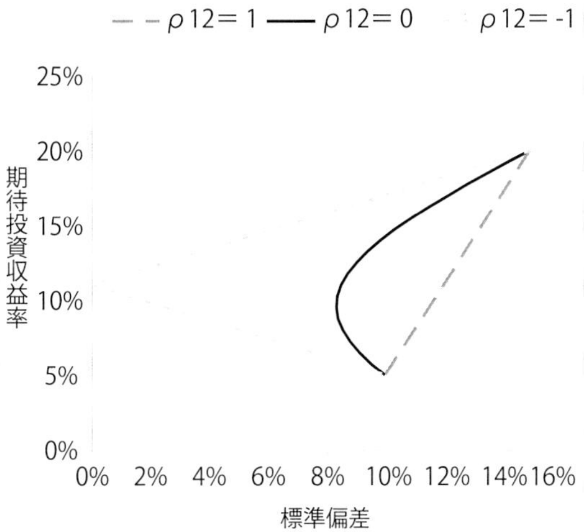

②相関係数が変化すると投資機会曲線の形状が変化し，相関係数が１より小さくなるほど，曲線が左側に伸びていく。図表４－５の表において期待投資収益率が例えば11.0%となる行をみると，標準偏差は，相関係数が１のとき12.0%，０のとき8.5%，－１のとき0.0%となり，同一の期待投資収益率の下では，相関係数が小さくなるほど標準偏差が小さくなり，節約された標準偏差が分散投資の効果を表す。

２証券の期待投資収益率および標準偏差が同じでない限り，ここでの数値例に限らず，①，②の事実が成立する。したがって，２証券の銘柄を選択し，それらの組入れ比率を決めるということは，それぞれの期待投資収益率，標準偏差，相関係数の下で導出された投資機会曲線上で，一点を選択することと同じである。また，任意に２銘柄選択したとき，両者の相関係数が１ないし－１となることは稀であり，通常，相関係数はそれらの間の値をとる。相関係数が１より小さい限り分散投資の効果が存在するので，個別銘柄のみに投資するより，複数銘柄に分散投資するほうが，負担するリスクを節約できる分だけ，効率的である。

多証券ポートフォリオ

証券１，証券２からなるポートフォリオの投資機会曲線上で一点を選び，この一点（証券１と証券２の任意の組合せ）と，この曲線より左側に位置する証券３を組み入れる３証券ポートフォリオを考えてみよう。以下の図にあるように，各証券の組合せに基づいた投資機会曲線は無数に存在するが，無駄なリスクをとらないという観点から，実際に選ばれるのは最も左側に位置する投資機会曲線である。

同様の考え方で，３証券ポートフォリオの投資可能曲線に，それより左側に位置する第４の証券を新たに加え，またさらに第５の証券を加えるといったことを繰り返していくと，合成された投資可能曲線がさらに左側へ伸びていく。多数の証券からこうして合成された投資可能曲線の内側（右側）の領域は**投資可能領域**とよばれ，最も左側に位置する投資可能曲線は**最小分散境界**ともよばれる。

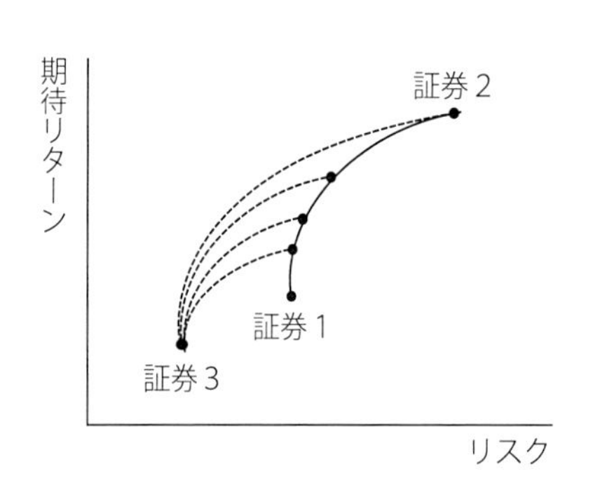

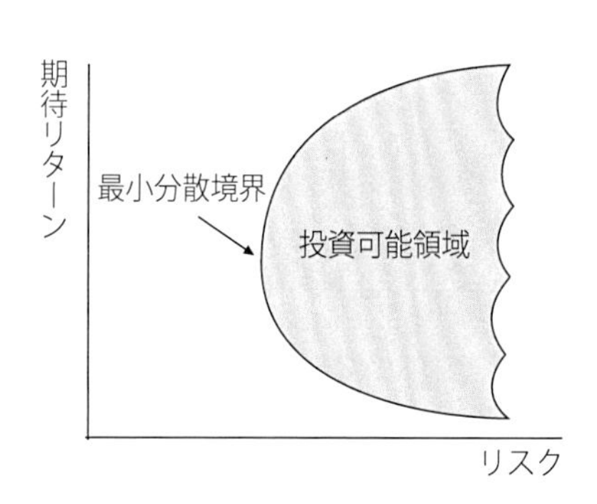

３−２．投資家の選好

投資成果がわかるのは，投資を行ってから一定の時間が経過した後であり，投資を行う前，あるいは投資を行った時点では，投資収益率はまだ確定していない。したがって，投資家が意思決定を行う段階では，期待投資収益率とリスクを基に判断することになる。

リスクに対する態度によって，投資家は次の３つのタイプに分類される。

リスク回避者：期待収益率が同じであれば，リスクが大きいほど満足度が低下する。また，リスクが同じであれば，期待収益率が大きいほど満足度が上昇する。

リスク愛好者：期待収益率が同じであれば，リスクが大きいほど満足度が上昇する。また，リスクが同じであれば，期待収益率が大きいほど満足度が上昇する。

リスク中立者：リスクの大きさは満足度に影響せず，期待収益率が大きいほど満足度が上昇する。

投資家にとって運用資金が少額である場合はともかく，通常のケースでは，投資家はリスク回避的に行動すると考えられる。そこで，投資家がリスク回避者であることを前提として，期待収益率とリスクが変化した場合に，満足の水準がどのように変化するかを考えてみよう。

同じ満足度を表す期待収益率とリスクの組合せの軌跡を**無差別曲線**とよぶ。図表４－６は，リスク回避者の無差別曲線を図示したものである。当初，期待収益率とリスクの組合せが点Ａであったとすると，この組合せによって一定の満足が得られる。次に，期待収益率を不変のまま，リスクだけが増大すると（点Ｂ），リスク回避者である投資家の満足が点Ａで得られていた満足よりも低下する。今度は，点Ｂから期待収益率だけを上昇させると，どこかの点（例えば点Ｃ）で元の満足の水準に戻るはずである。こうして，点Ａと点Ｃとを結ぶと，同一の満足度を表す無差別曲線が得られる。

点Ｂを通る無差別曲線と，点Ｃを通る無差別曲線とを比較すると，同一のリスクの下では期待収益率の大きい後者の無差別曲線のほうが，満足度が大きい。したがって，危険回避者の無差別曲線は，右下方に凸となり，左上方に位置する無差別曲線ほど満足度が大きい。

また，危険回避の度合いが大きくなるほど，リスクの増大分を補償するため

図表4－6　危険回避者の無差別曲線

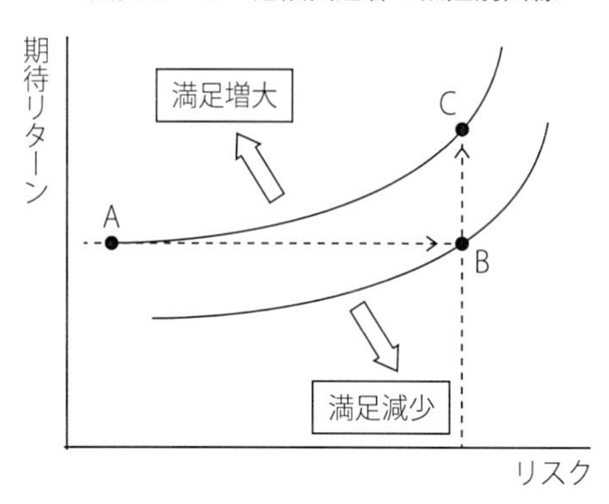

に必要な期待収益率の増加分が大きくなるので，これを反映して無差別曲線の曲率（カーブ）が大きくなる。

3－3．安全資産と危険資産ポートフォリオ

危険資産のみからなるポートフォリオに投資する場合，ポートフォリオ内の各証券の組合せ比率を選択することによって，投資可能集合の中の一点を選択することになる。ここで，無差別曲線を重ねて考えると，選択可能な（投資可能な）領域の中で，無差別曲線と最小分散境界とが接する点が，最小のリスクの下で最大の満足をもたらすという意味で最も効率的となる。この点を**接点ポートフォリオ**とよび，危険資産ポートフォリオに投資をする際には，この点が投資家に選ばれる。ただし，危険回避の度合いによって無差別曲線の曲率が異なるため，最小分散境界と無差別曲線とが接する接点ポートフォリオは，投資家ごとに異なる。

危険資産と安全資産からなるポートフォリオを考えてみる。安全資産の収益率を R_f とすると，（4－2）式から期待収益率は

$$E(R_p) = w_1 E(R_1) = (1 - w_1) R_f = R_f + \left[E(R_1) - R_f \right] w_1$$

となるが，安全資産の定義を考慮すると，

図表４－７　危険資産ポートフォリオ

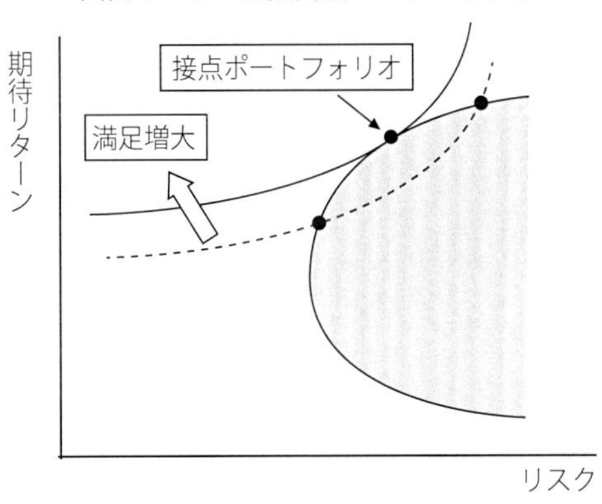

$$E(R_p)=R_f+\left[E(R_1)-R_f\right]\frac{1}{\sigma_1}\sigma_p$$

となる[3)]。この式から，ポートフォリオのリスクと期待リターンの組合せ（投資可能曲線）は，図の縦軸に E（R_p），横軸に σ_p をとったとき，R_f を起点とする，傾き $\left[E(R_1)-R_f\right](1/\sigma_1)$ の直線となることがわかる。したがって，証券１を危険資産ポートフォリオの中から選ばれた一点とみなせば，最も効率的な投資可能曲線は，安全資産を起点として，最小分散境界と接する直線となる。また，この新たな投資可能曲線において，接点ポートフォリオより右側の領域は，安全資産収益率と同等の金利で借り入れを行い，危険資産を買い増した場合に到達する投資可能領域となる。

図表４－７のような投資可能曲線と無差別曲線とを重ねると，両者の接点が，安全資産と危険資産ポートフォリオとの最も効率的な組み合わせとなる（図表４－８）。この接点を**最適ポートフォリオ**とよぶ。最適ポートフォリオの位置は，

3）（４－５）式において安全資産を証券２とみなせば，安全資産の定義から σ_2 および ρ_{12} はゼロなので，（４－５）式にこれらの値を代入し，標準偏差に直すと $\sqrt{Var(R_p)}=\sigma_p=w_1\sigma_1$ となる。これを変形すると $\sigma_p/\sigma_1=w_1$ となり，$E(R_p)=R_f+\left[E(R_1)-R_f\right]w_1$ に代入するとこの式が得られる。

投資家の無差別曲線の形状，すなわち投資家のリスクに対する態度によって決まる。このことは，リスク回避の度合いが大きな投資家の場合，危険資産ポートフォリオのほか，安全資産をより多く保有することを意味し，危険資産の中で相対的にリスクの小さな資産を選んで投資すべきということは意味しない。

他方，接点ポートフォリオの位置は，最小分散境界と安全資産収益率によって決まる。最適ポートフォリオと接点ポートフォリオとが別々に決まるという

図表４－８　危険資産ポートフォリオ＋安全資産

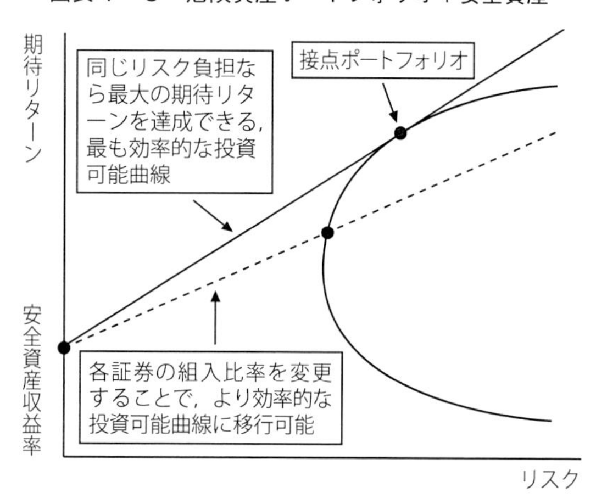

図表４－９　分離定理

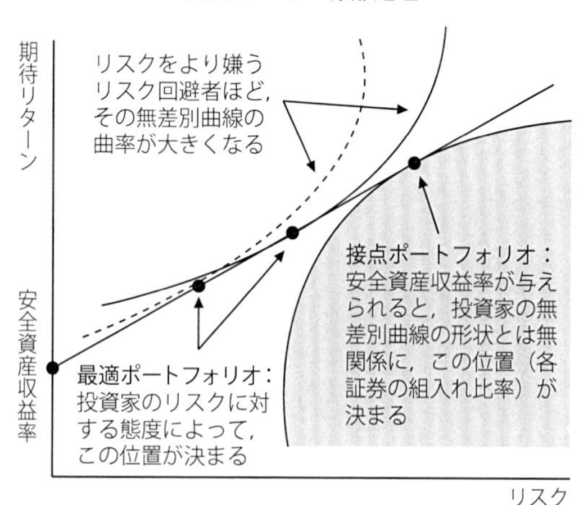

意味で，これを**分離定理**とよぶ。分離定理の下では，危険資産ポートフォリオ内の各証券の組合せ比率は，安全資産収益率が与えられると決まり，投資家のリスクに対する態度はその比率の決定に影響しない。

４．マーケット・モデル（市場モデル）

個別証券の投資収益率は市場ポートフォリオ（後述）の投資収益率と一定の関係を持っているとの前提で，以下の関係式を考える。この前提に立つ考え方を**マーケット・モデル**（市場モデル）とよぶ。

（４－９）　$R_i = \alpha_i + \beta_i R_m + e_i$

ここで，R_iは証券iの投資収益率，R_mは市場ポートフォリオの投資収益率（通常，市場インデックスの変化率で代用），α_iとβ_iは証券iに固有の定数である。e_iは誤差項とよばれ，R_mでは説明できないR_iの変動要因を表し，ランダムな値をとるが平均はゼロとなる。β_iは回帰式の係数推計値なので（４－８）式のbと同じものであり，ここでの変数を用いれば，$\beta_i = \frac{Cov(R_i, R_m)}{\sigma_m^2}$となる。ここで，$\sigma_m^2$は市場ポートフォリオの収益率の分散，$\sigma_i^2$は証券iの収益率の分散，$\sigma e_i^2$は残差項の分散を表す。

（４－９）式の両辺の分散をとって整理すると，

（４－10）　$\sigma_i^2 = \beta_i^2 \sigma_m^2 + \sigma_{e_i}^2$

となる[4)]。左辺は証券iの**総リスク**，右辺第１項は**市場リスク**（システマティック・リスク），第２項は**固有リスク**（アンシステマティック・リスク）とよばれ，各証券の総リスクはこれら２種類のリスクに分解できる。

市場リスクのうち，σ_mは全ての証券に共通なので，各証券の市場リスクの大きさを決めるのはβ_iの部分である。CAPMのところで再度述べる。

図表4－10　総リスクの分解

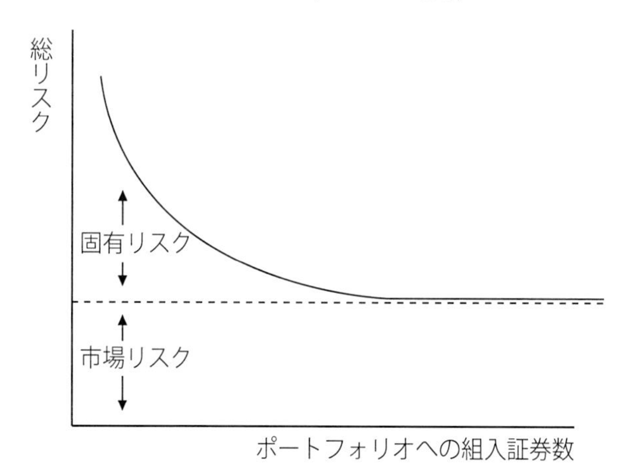

次に，複数の証券からなるポートフォリオを市場ポートフォリオで説明する関係式を考え，先と同様，両辺の分散をとると以下のようになる。添え字pは個別証券iに換えて，ポートフォリオであることを表す。

$$\sigma^2_{\mathrm{p}}=\beta_{\mathrm{p}}^{\ 2}\sigma^2_{\mathrm{m}}+\sigma^2_{\mathrm{e_p}}$$

ここで，ポートフォリオに組み入れた各証券の誤差項は，それぞれが各時点で平均ゼロの周りでランダムかつ相互に無関係に動くので，全ての誤差項を合計すると相互に影響を打ち消し合い，ポートフォリオ全体の誤差項e_pは組入れ証券数が多くなるほどゼロに近づいていく。つまり，分散投資によって，固有リスクが相互に打ち消しあう。ポートフォリオの固有リスク$\sigma^2{}_{e_p}$は，ポートフォリオへの組入れ証券数が増えるに従って減少する。

4）（4－10）式の導出。$\mathrm{e_i}$は定義により$\mathrm{R_m}$と無相関なので共分散はゼロ，定数$\mathrm{a_i}$の分散はゼロより，

$$\sigma^2{}_i=E\left[(R_i-E(R_i))^2\right]=E\left[\{(a_i+b_iR_m+e_i)-(a_i+b_iE(R_m)+E(e_i))\}^2\right]$$
$$=E\left[\{b_i(R_m-E(R_m))+(e_i-E(e_i))\}^2\right]=E\left[b_i{}^2\left(R_m-E(R_m)\right)^2+2b_i(R_m-E(R_m))(e_i-E(e_i))+(e_i-E(e_i))^2\right]=b_i{}^2E\left[(R_m-E(R_m))^2\right]+2b_iE\left[(R_m-E(R_m))(e_i-E(e_i))\right]+\left[E(e_i-E(e_i))^2\right]=b_i{}^2\sigma^2{}_m+2b_i\,cov\,(R_m,e_i)+\sigma^2{}_{e_i}=b_i{}^2\sigma^2{}_m+\sigma^2{}_{e_i}$$

例題４－３　Ａ社株について，マーケット・モデルに基づいて分析を行い，$R_A = a + bR_m + e$ を回帰分析によって推計した。ここで，R_A はＡ社株の月次株式投資収益率，a，b はパラメーター，R_m は市場ポートフォリオの投資収益率，e は残差項[5]である。

市場ポートフォリオの投資収益率を TOPIX の投資収益率で代用し，この回帰式の推計結果が次のようになった。

	a	b
推定値	0.54	1.48
t値	1.08	16.24

サンプル数　60
決定係数　0.68

問１　推計結果に従えば，TOPIX が 2%変動したとき，Ａ社株の株式投資収益率はどれだけ変動するか。

問２　Ａ社株の総リスクのうち，市場リスクが占める割合はいくらか。

問３　t 値を用いて，a，b の有意性について判断せよ。

問４　次の文章の空欄を埋めなさい。
（　　　）の値が１より大きいことから，Ａ社株は TOPIX よりも相対的にリスクが（　　　）い。

《解　説》　問１　b の推計値が 1.48 となっているから，TOPIX の収益率が 2%上昇すれば，1.48 × 2% = 2.96%上昇する。

問２　マーケット・モデルは，個別株の収益率の変動を市場ポートフォリオの収益率の変動で説明するモデルである。したがって，その決定係数は，個別株の収益率の変動を市場ポートフォリオの収益率の変動で説明できる割合を示す。個別株の収益率の変動が総リスクであるから，市場リスクで説明できる割合は 68%（決定係数）である。

問３　回帰式のパラメーター b は真の係数 β の推計値であるが，b が β に常に一致するとは限らない。そのため，β がゼロであるにもかかわらず，その推計値 b がゼロ以外の値をとることもある。$\beta = 0$ なら，その回帰式の独立変数は従属変数に何ら

5）残差項は実際の値と回帰式で推計された値との差。他方，誤差項は推計式に用いた変数だけでは説明しきれない要因や数値の測定上の誤差を意味する。

影響しないことになるが，bがゼロ以外の値をとったときβもゼロでないと判断してしまうと，独立変数が従属変数に与える影響について誤った判断を下すことになる。そこで$\beta = 0$であるにもかかわらず，bがたまたまゼロ以外の値をとっただけかどうかを検定するためt検定とよばれる仮説検定を用いる。

bの真の値βがゼロと仮定して得られたt値の絶対値が有意水準（5%有意水準を用いることが多い）に基づく臨界値以上の値をとる場合，bの真の値がゼロであるとする帰無仮説を棄却する。有意水準臨界値は，推計するパラメーターの数と観測数によって変化するため厳密にはt分布表を用いて判定するが，5%有意水準の場合，t値の絶対値が目安として2以上あれば帰無仮説を棄却できることが知られている。

ここではbのt値が16.24と2よりはるかに大きいので，bの真の値がゼロであるとする帰無仮説は5%有意水準で棄却され，bは有意にゼロでないと判断する。このことを，bは統計的に有意であるという。同様に，aのt値は1.08であるからaの真の値がゼロであるとする帰無仮説は5%有意水準で棄却されず，aの真の値はゼロであるがたまたま0.54という値をとっただけと判断する。つまり，aは統計的に有意でない。

問4　市場ポートフォリオの収益率にかかる係数bが1より大きいので，A社株の収益率はTOPIXの変化よりも大きく，TOPIXよりもリスクが大きい。

正解：b，大き

例題4－4　市場リスクと固有リスクに関する次の記述の空欄を埋めなさい。

A　（　　　）リスクは銘柄分散によって削減することができる。

B　個別証券の総リスクは（　　　）リスクと固有リスクに分解することができる。

C　金利変動リスクは（　　　）リスクと考えることができる。

D　均衡において，（　　　）リスクが大きいほどリスク・プレミアムが大きくなる。

《解　説》　C　金利変動リスクは全ての証券にとって共通のリスクであり，銘柄分散によって消去できないリスクである。

D　固有リスクは銘柄分散によって消去可能なリスクであるので，投資家はこれにリスク・プレミアムを要求しないが，市場リスクは消去できないリスクであるためリスク・プレミアムを要求する。

正解：A．固有　B．市場　C．市場　D．市場

5．資本資産評価モデル（CAPM）

全ての投資家が各証券の期待リターンやリスクについて同じ評価をし，必要であれば借り入れによって市場に存在する全ての証券に投資できるなどの前提条件の下では，投資家が直面する危険資産ポートフォリオは市場そのもの（もしくは市場と同じ銘柄構成比で複製した市場のミニチュア）となる。この場合，図表４－８の接点ポートフォリオは，全証券によって構成された市場そのもののリスクと期待リターンの組み合わせとなり，これを**市場ポートフォリオ**とよぶ。市場ポートフォリオへの各証券の組入れ比率は，市場の時価総額（「各証券の発行済証券数×各証券の価格」の合計）に占める各証券の時価総額（その証券の発行済証券数×その証券の価格）の比率となる。

資本市場線

分離定理によって，最適ポートフォリオの位置は各投資家によって異なるが，市場ポートフォリオの位置は全ての投資家で共通である。つまり，それぞれのリスク回避の度合いに応じて，全ての投資家は市場ポートフォリオと安全資産との組み合わせ（最適ポートフォリオ）を投資可能曲線上で選択している。この場合の投資可能曲線を**資本市場線**（Capital Market Line，**CML**）とよぶ。つまり，資本市場線は全ての投資家で共通であり，投資家はこの線上の一点を最適ポートフォリオとして各自選択する。

安全資産と市場ポートフォリオの組合せからなる新たなポートフォリオを添え字ｐで表し，この新たなポートフォリオの期待収益率をCML上の点として表現すると，

図表4－11　資本市場線

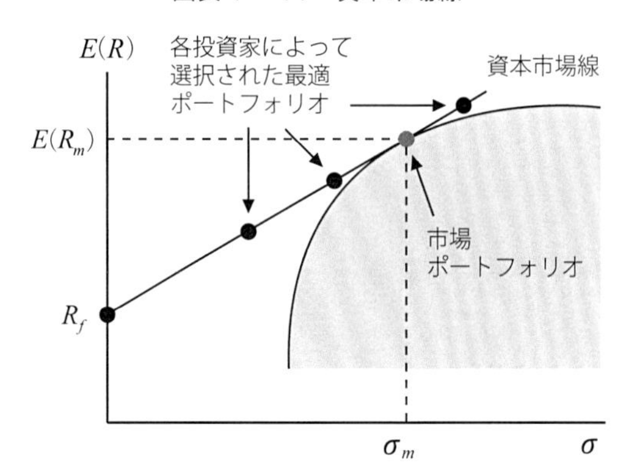

（4 － 11）　$E(R_p) = R_f + \dfrac{E(R_m) - R_f}{\sigma_m}\sigma_p$

となる。

証券市場線

市場ポートフォリオは全ての証券を組み込んだポートフォリオであるから，ここに含まれている証券を個別に取り出して論じることができる。

市場ポートフォリオは全ての証券を含んでいるので，十分に分散投資され固有リスクは消去されている。また，市場では各証券の需給が均衡するように各証券価格が決定されている。したがって，この均衡状態において，各証券価格は総リスクのうち市場リスクだけを考慮していることになる。あるいは，投資家は，いつでも消去できる固有リスクに対しては対価を要求せず，消去できない市場リスクに対してだけ対価を要求するともいえる。これらの前提の下で，市場の均衡状態での証券 i の期待リターンは，

$$E(R_i) = R_f + \frac{\sigma_{im}}{{\sigma_m}^2}\left[E(R_m) - R_f\right]$$

となる。ここで，$\sigma_{im}/{\sigma_m}^2$ すなわち $Cov(R_i, R_m)/Var(R_m)$ は市場モデルの β_i と同じなので，

図表４－12　証券市場線

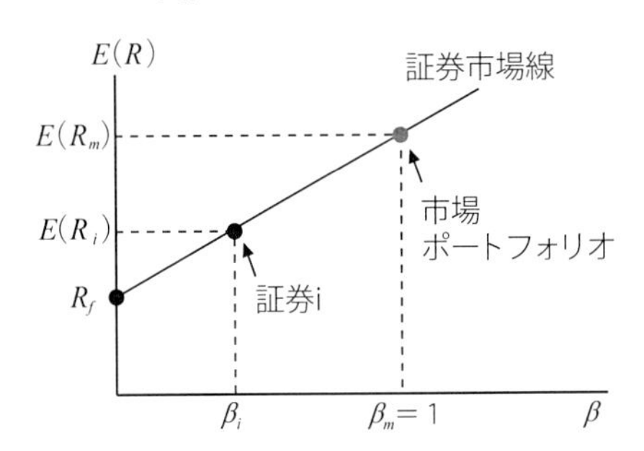

（4 － 12）　$E(R_i)=R_f+\beta_i\left[E(R_m)-R_f\right]$

と書くことができる。この式によって証券の期待投資収益率を説明する考え方を**資本資産評価モデル**（Capital Asset Pricing Model，**CAPM**（キャップエム））とよび，この式を**証券市場線**（Security Market Line，**SML**）とよぶ。CAPMによれば，市場の均衡状態において各証券の期待収益率がSML上に位置するように，各証券が価格づけされることになる。またこのことは，個別証券の期待収益率は安全資産収益率に市場リスクに由来するリスク・プレミアムを上乗せしたものになることを意味する。

R_fとE（R_m）は全ての証券で共通なので，個別証券の期待収益率を決める要因はβ_iである。また，市場モデルを考えた際，市場ポートフォリオのリスクσ_mは全ての証券で共通なので，各証券の市場リスクの大きさを決める要因はβ_iであった。したがって，市場の均衡状態においては，総リスクσ_iに代えて，β_iがリスク尺度となる。そのため，β_iは個別証券の**ベータ・リスク**とよばれることもある。

例題４－５　市場ポートフォリオの期待収益率が8%，標準偏差が10%，安全資産収益率が5%であった。証券ｉの標準偏差が5%，市場ポートフォリオとの相関係数が0.6で，CAPMが成立するとき，証券ｉの期待収益率はいくらか。

《解　説》　R_i と R_m の共分散を σ_{im} と書くと，$\sigma_{im}=\rho_{im}\sigma_i\sigma_m$ なので，

$$\beta_i = \frac{\sigma_{im}}{{\sigma_m}^2} = \frac{\rho_{im}\sigma_i\sigma_m}{{\sigma_m}^2} = \frac{\rho_{im}\sigma_i}{\sigma_m} = \frac{0.6 \times 5}{10} = 0.3$$

したがって，

$$E(R_i) = R_f + \beta_i\left[E(R_m) - R_f\right] = 5 + 0.3 \times (8 - 5) = 5.9(\%)$$

証券特性線

（4 － 12）式は期待投資収益率を扱っているので，これから投資をするにあたり，理論的に予想される事前ベースの関係式である。そして，投資の事後的な実績がCAPMの想定通りであれば，（4 － 12）式は事後でも成立するので，

$$R_i = R_f + \beta_i\left[R_m - R_f\right]$$

となる。これを変形して，

$$(4-13)\quad R_i - R_f = \alpha_i + \beta_i\left[R_m - R_f\right]$$

と，証券 i の超過リターン（$R_i - R_f$）を市場ポートフォリオの超過リターン（$R_m - R_f$）で説明する回帰式にしたものを，**証券特性線**（security characteristic line, SCL）とよぶ。理論通りの結果であれば $\alpha_i = 0$ である。他方，CAPMの想定

図表4－13　証券特性線

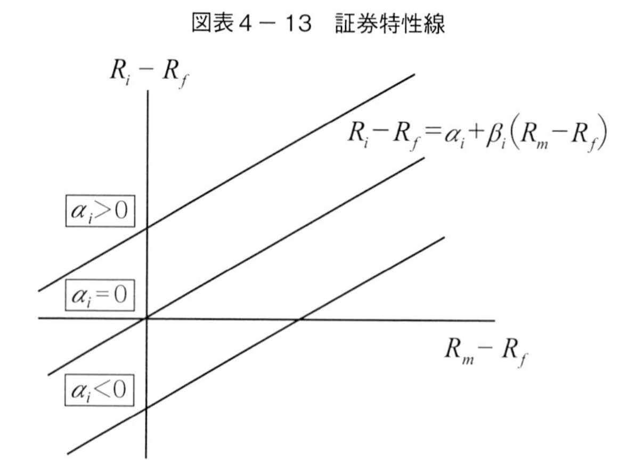

よりも高いパフォーマンスになった場合は$\alpha_i > 0$，低いパフォーマンスになった場合は$\alpha_i < 0$となる[6)]。つまり，α_iは理論値からの事後的なかい離を表し，ジェンセンのアルファともよばれる（図表４－15参照）。他方，β_iは市場モデルやCAPMで用いたものと同じである。

過去のデータから，証券特性線を回帰分析によって推計すれば，α_iとβ_iの推計値が得られる。

＜例＞

超過収益率に月次投資収益率から安全資産収益率を差し引いたものを使用し，ある株式の直近５年間の月次超過収益率（Y）を市場ポートフォリオの超過収益率（X）に回帰させたところ$Y=0.4+0.95X$となった。

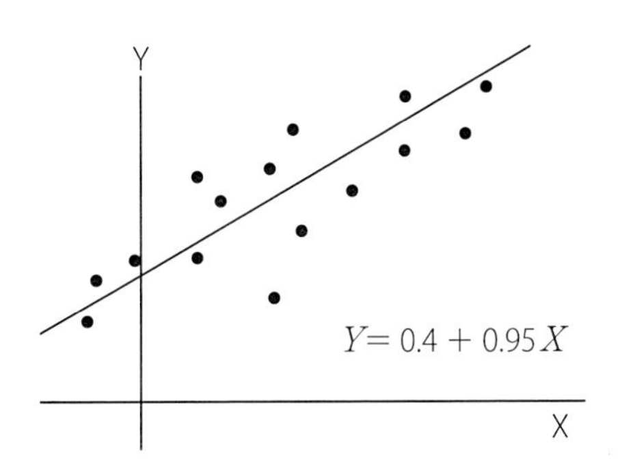

この株式のベータ値は0.95，ジェンセンのαは0.4である。

６．マルチ・ファクター・モデル

マーケット・モデルやCAPMでは，証券の収益率に影響するファクターとして市場ポートフォリオのみを考えた。これをシングル・ファクター・モデルとよぶが，市場リスクがどのような要因によって構成されるかについては何も述べていない。

市場ポートフォリオは，理論上，あらゆる資産を対象とする市場である。し

6）ここでは，$\alpha_i > 0$のとき，投資を行った事後の評価として，証券ｉの運用実績が理論値を上回ったことを意味する。他方，例えば投資家が予想する証券ｉの期待収益率が，CAPMなどの理論から導かれる期待収益率を上回っているという場合は，現在の証券価格が割安であることを意味する。

かし，数値把握の困難のため市場インデックスで代用した証券市場のリスクのみを市場リスクと考えて算出したβ値は，本来の意味でのβ値ではないといった批判もある。

他方，証券の収益率に影響するファクターを多数想定するモデルをマルチ・ファクター・モデルとよび，このモデルに基づく証券価格の決定理論として**裁定価格理論**（Arbitrage Pricing Theory，APT）がある。

マルチ・ファクター・モデルでは証券 i の収益率を

$$R_i = a_i + b_{i1}F_1 + b_{i2}F_2 + b_{i3}F_3 + \cdots + b_{ik}F_k + e_i$$

と表す。全ての証券の収益率は k 個の共通ファクターで説明できるが，各ファクターに対する感応度は証券ごとに異なると想定する。ここで，R_i は証券 i の収益率，b_{ij} は証券 i の第 j ファクターに対する感応度（エクスポージャー），F_j は第 j ファクターの実現値，a_i は証券に固有の定数，e_i は証券 i の誤差項（固有リスク）を表す。各証券からなるポートフォリオ P の収益率 R_P は，各証券の組入れ比率を w_i とすると，

$$R_P = \sum_{i=1}^{n} w_i R_i = \sum_{i=1}^{n} w_i a_i + \sum_{j=1}^{k} (w_1 b_{1j} + w_2 b_{2j} + \cdots w_n b_{nj}) F_j + \sum_{i=1}^{n} w_i e_i$$

と表せる。このポートフォリオは十分に分散投資されており，各証券の固有リスクは消去され$\sum_{i=1}^{n} w_i e_i = 0$であるとする。

ポートフォリオのファクター感応度は，組入れ比率をウエイトとする各証券の感応度の加重平均になり，ポートフォリオの各ファクターの感応度は，

$$\begin{aligned} b_{P1} &= w_1 b_{11} + w_2 b_{21} + \cdots + w_n b_{n1} \\ b_{P2} &= w_1 b_{12} + w_2 b_{22} + \cdots + w_n b_{n2} \\ &\cdots \\ b_{Pk} &= w_1 b_{1k} + w_2 b_{2k} + \cdots + w_n b_{nk} \end{aligned}$$

と表すことができる。

ファクターが２つ（例えばGDP成長率とインフレ率）あるとして，表にあるよ

証券i	期待収益率	bi1	bi2
1	12.5%	1.2	0.6
2	13.2%	0.4	0.8
3	11.5%	0.3	0.2
4	11.0%	0.6	0.4

うな単純な数値例を使い，証券１から証券３を使って，証券４と各ファクター感応度が等しくなるポートフォリオを考えてみよう。証券４とリスクが同等になるように組成したポートフォリオの期待収益率が証券４の期待収益率ともし異なっていれば，裁定取引によってポートフォリオと証券４の期待収益率が等しくなるように各証券価格が調整される。

証券４のファクター１の感応度は0.6であるから，ポートフォリオのファクター１の感応度は，$w_1+w_2+w_3=1$，および $b_{41}=0.6=w_1b_{11}+w_2b_{21}+(1-w_1-w_2)b_{31}=1.2w_1+0.4w_2+0.3(1-w_1-w_2)=0.9w_1+0.1w_2+0.3$ より，

$$0.9w_1+0.1w_2=0.3$$

である。同様に，ファクター２の感応度についても，$b_{42}=0.4=w_1b_{12}+w_2b_{22}+(1-w_1-w_2)b_{32}=0.6w_1+0.8w_2+0.2(1-w_1-w_2)=0.4w_1+0.6w_2+0.2$ より，

$$0.4w_1+0.6w_2=0.2$$

となる。この連立方程式を解くと，$w_1=32.0\%$，$w_2=12.0\%$，$w_3=1-32.0\%-12.0\%=56.0\%$ が得られる。得られた組入れ比率を用いてポートフォリオの期待収益率を求めると，$12.5\%\times32.0\%+13.2\%\times12.0\%+11.5\%\times56.0\%=12.0\%$ となり，証券４の期待収益率11.0%より大きい。同リスクでありながら期待収益率はポートフォリオのほうが大きいので，証券４を１単位空売りしながら，証券１を0.32単位，証券３を0.12単位，証券３を0.56単位購入すれば裁定利益を得られるので，証券４とポートフォリオの期待収益率が等しくなるようにそれぞれの証券価格が調整される。

裁定価格理論（APT）

裁定取引の結果，裁定機会が消失すると，同リスクである限り，個別証券ないしポートフォリオの期待収益率が等しくなる。したがって，無リスクとなるように組成されたポートフォリオの期待収益率は，裁定取引の結果，無リスク資産の収益率と等しくなるはずである。

ファクターが２つのみであるとして，投資家は証券の期待収益率とリスクだ

けに関心を持っているとすれば，証券の収益率は

$$(4-14)\quad R_i = E(R_i) + b_{i1}[F_1 - E(F_1)] + b_{i2}[F_2 - E(F_2)]$$

と表すことができる。ここで，CAPM における市場ポートフォリオと同様に，収益率がファクターと全く同じ動きをするポートフォリオを想定する。このようなポートフォリオはファクター・ポートフォリオと呼ばれる。たとえば，ファクター１・ポートフォリオは，ファクター（F_1）に対する感応度が１で他のファクターに対する感応度が０のポートフォリオであり，ファクター２・ポートフォリオは，ファクター（F_2）に対する感応度が１で他のファクターに対する感応度が０のポートフォリオである。

$$(4-15)\quad \text{ファクター１・ポートフォリオ}：R_{F1} = E(R_{F1}) + [F_1 - E(F_1)]$$
$$(4-16)\quad \text{ファクター２・ポートフォリオ}：R_{F2} = E(R_{F2}) + [F_2 - E(F_2)]$$

証券 i を１単位購入したうえで，ファクター１・ポートフォリオを b_{i1} 単位，ファクター２・ポートフォリオを b_{i2} 単位空売りするポートフォリオを考えてみよう。このポートフォリオは，証券 i の購入に加え，ファクター１・ポートフォリオおよびファクター２・ポートフォリオの空売りによって，ファクター１，２に対する感応度が０となることから，リスク・フリー・ポートフォリオになる。したがって，このリスク・フリー・ポートフォリオを１期間運用すると，裁定取引の結果，裁定機会が消失し，当初の投資額を安全資産収益率（リスク・フリー・レート R_f）で１期間運用したものとキャッシュフローが等しくなる。すなわち，（4 − 14）式 − b_{i1} ×（4 − 15）式 − b_{i2} ×（4 − 16）式の左辺に注目してリスク・フリー・ポートフォリオを表すと，

$$R_i - b_{i1}R_{F1} - b_{i2}R_{F2} = (1 - b_{i1} - b_{i2})R_f$$

となり，右辺にも注目すると，

$$
\begin{aligned}
& E(R_i) + b_{i1}[F_1 - E(F_1)] + b_{i2}[F_2 - E(F_2)] \\
& \qquad - b_{i1}\{E(R_{F1}) + [F_1 - E(F_1)]\} \\
& \qquad - b_{i2}\{E(R_{F2}) + [F_2 - E(F_2)]\} \\
& \quad = E(R_i) - b_{i1}E(R_{F1}) - b_{i2}E(R_{F2})
\end{aligned}
$$

となる。左辺と右辺は等しいので，

$$(1 - b_{i1} - b_{i2})R_f = E(R_i) - b_{i1}E(R_{F1}) - b_{i2}E(R_{F2})$$

より，

$$E(R_i) = R_f + b_{i1}[E(R_{F1}) - R_f] + b_{i2}[E(R_{F2}) - R_f]$$

となる。$E(R_{F1}) - R_f = \lambda_1$（ファクター１のリスク・プレミアム），$E(R_{F2}) - R_f = \lambda_2$（ファクター２のリスク・プレミアム）とおくと，

$$E(R_i) = R_f + b_{i1}\lambda_1 + b_{i2}\lambda_2$$

となり，ｋ個のファクターが存在する場合に一般化すると，

$$(4-17) \quad E(R_i) = R_f + b_{i1}\lambda_1 + b_{i2}\lambda_2 + \cdots + b_{ik}\lambda_k$$

となる。この式がAPTである。ただし，ファクターが具体的に何であるかは理論モデルであるAPTは説明しておらず，実際にファクターとしてどんな変数を使用するかは分析者に委ねられる。

例えば，チェン・ロール・ロスのマクロ・ファクター・モデルでは，第１ファクターとして鉱工業生産指数の月次変化率，第２ファクターとして当月の月次インフレ率から前月の月次インフレ率を引いた差，第３ファクターとして実際のインフレ率から期待インフレ率を引いた差，第４ファクターとして社債ポートフォリオの月次収益率から長期国債ポートフォリオの月次収益率を引いた差，第５ファクターとして長期国債ポートフォリオの月次収益率から短期国債ポートフォリオの月次収益率を引いた差を用いた[7)]。他方，ファーマ・フレ

ンチの3ファクター・モデルでは，第1ファクターとして株式の月次収益率から短期国債の利子率を引いた差（市場ポートフォリオに関するファクター），第2ファクターとして小型株ポートフォリオの月次収益率から大型株ポートフォリオの月次収益率を引いた差（時価総額の規模に関するファクター），第3ファクターとして株式の簿価・時価比率の高いポートフォリオの月次収益率から同比率が低いポートフォリオの月次収益率を引いた差（簿価・時価比率に関するファクター）を用いた[8]。

例題4－6　マルチ・ファクター・モデルに基づいた株式ポートフォリオの運用を行っている。

	ファクター			
	鉱工業生産指数	マーケットリスク	インフレ率	株式時価総額
リスク・プレミアム（%）	0.65	7.86	0.43	-0.27
	エクスポージャー			
A社	0.78	0.47	-0.25	1.42
B社	0.63	0.54	-0.75	0.48
C社	0.38	1.43	-0.12	0.36

問1　安全資産収益率が0.6%であり，APTが成立しているとすると，A社の株式の期待収益はいくらになるか。

問2　A社とC社に投資してマーケットリスクのエクスポージャーを1とするには，両社にどのような割合で資金配分すればよいか。

《解　説》　問1　APTが成立するなら，A社の株式の期待収益率は安全資産収益率＋各ファクター・エクスポージャー×各ファクター・リスクプレミアムの合計であるから，0.6 + 0.78 × 0.65 + 0.47 ×

7）Chen, N., Roll, R., Ross, S., 1986. Economic Forces and the Stock Market. Journal of Business 59, 393-403.

8）Fama, E., French, K., 1993. Common Risk Factors in the Returns on Stocks and Bonds. Journal of Financial Economics 33, 3-56.

7.86 − 0.25 × 0.43 − 1.42 × 0.27 = 4.3（%）

問２　ポートフォリオへのＡ社株の組入れ比率＋ポートフォリオへのＣ社株の組入れ比率＝１，かつ，このポートフォリオのマーケットリスクに対するエクスポージャーが１なので１＝0.47 ×Ａ社株の組入れ比率＋1.43 ×（１−Ａ社株の組入れ比率）より，Ａ社株の組入れ比率＝ 44.8%，Ｃ社株の組入れ比率＝１− 44.8％＝ 55.2%

７．金額加重収益率と時間加重収益率

ポートフォリオの投資収益率を計算する場合，運用期間中の資金の流出入によって期末の運用残高が変化するため，この影響をどう扱うかで２通りの計算方法がある。

金額加重収益率

投資信託では新規資金の流入あるいは解約による資金流出など，投資期間中に資金の流出入が発生する。

金額加重収益率とは，初期のポートフォリオ V_0 と投資期間中に流出入した資金を全て運用したものが，ｎ期に時価総額 V_n となったときの投資収益率を表す。これを，

$$(4-18)\quad V_0(1+r)^n+C_1(1+r)^{n-1}+C_2(1+r)^{n-2}+\cdots+C_n=V_n$$

と表現したときのｒが金額加重収益率である。左辺は運用した資金の総額，右辺は投資期間終了後のポートフォリオの時価総額を表す。

２年間（n ＝２）の運用では，

$$V_0(1+r)^2+C_1(1+r)=V_2$$

となる。１＋ｒをｘと置くと，上の式は次のように変形できる。

$$V_0x^2 + C_1x - V_2 = 0$$

2次方程式の解の公式 $ax^2+bx+c=0 \Rightarrow x=\dfrac{-b\pm\sqrt{b^2-4ac}}{2a}$ を使い，r = x − 1とすると，

$$r=\frac{-C_1+\sqrt{C_1^{\ 2}+4V_0V_2}}{2V_0}-1$$

となる。金額加重収益率は投資期間中に流出入した資金の影響を受ける。

時間加重収益率

金額加重収益率は，運用資金全体の投資収益率を計算するので，ポートフォリオそのものの投資収益率を把握するのに適している。しかし，資金の流出入は運用者の意思によってコントロールできないので，運用者の運用能力を把握するためには，資金の流出入の影響を取り除かなければならない場合もある。その影響を取り除いた投資収益率が**時間加重収益率**である。

ここで，2期間の運用を考えてみる。初期に V_0 であったポートフォリオに，第1期に C_1 の資金が新たに加えられ，第2期のポートフォリオの時価総額が V_2 になった場合，C_1 を含んでいる分だけ V_2 は大きくなっている。そのため，$V_0 \rightarrow V_2$ の収益率を求めると過大に評価されてしまう。そこで，資金流出入があった前後で期間を分割し，$V_0 \rightarrow V_1$ の収益率と，$V_1+C_1 \rightarrow V_2$ の収益率とをそれぞれ求め，両者を掛け合わせたものを2期間の投資収益率と考えれば，投資収益率から資金流出入の影響を取り除くことができる。つまり，

$$(1+R)^2=\frac{V_1}{V_0}\times\frac{V_2}{V_1+C_1}$$

とすれば，この式のRが1期当たりの時間加重収益率となる。

ここでは単純化のため，資金の流出入が年1回であるとして，運用期間を1年ごとに区切り，投資期間をn年間とすると，

$$(1+R)^n=\frac{V_1}{V_0}\times\frac{V_2}{V_1+C_1}\times\frac{V_3}{V_2+C_2}\times\cdots\times\frac{V_n}{V_{n-1}+C_{n-1}}$$

となる。したがって，年当たりの時間加重収益率は，

（4 － 19）　$R=\sqrt[n]{\frac{V_1}{V_0}\times\frac{V_2}{V_1+C_1}\times\frac{V_3}{V_2+C_2}\times\cdots\times\frac{V_n}{V_{n-1}+C_{n-1}}}-1$

となる。

例題４－７　表に示したファンドX，Y，Zの金額加重収益率と時間加重収益率はいくらか。

0期		1期		2期
X: 1,000	→	1,080	→	1,188
Y: 1,000	→	1,080	→	
	資金流入	200		1,408
Z: 1,000	→	1,080	→	
	資金流出	-200		968

《解　説》　ファンドX：

金額加重収益率；1,000（1+r）^{2}=1,188より，$r=\sqrt{\frac{1,188}{1,000}}-1=9.00\%$

時間加重収益率；$(1+R)^2=\frac{1,080}{1,000}\times\frac{1,188}{1,080}$より，$R=\sqrt{\frac{1,080}{1,000}\times\frac{1,188}{1,080}}-1=9.00\%$

※ファンドXは資金流出入がないので，金額加重収益率と時間加重収益率は同じ結果になる。

ファンドY：

金額加重収益率；1,000（1+r）^{2}+200（1+r）=1,408より，

$r=\frac{-200+\sqrt{200^2+4\times1,000\times1,408}}{2\times1,000}-1=9.08\%$

時間加重収益率；$(1+R)^2=\frac{1,080}{1,000}\times\frac{1,408}{1,080+200}$より，

$R=\sqrt{\frac{1,080}{1,000}\times\frac{1,408}{1,080+200}}-1=9.00\%$

※資金流出入の影響を取り除いたものが時間加重収益率なので，その流出入がないファンドXと同じ結果になる。

ファンドZ：

金額加重収益率；1,000（1+r）^{2} － 200（1+r）=968より，

$r=\frac{-200+\sqrt{200^2+4\times1,000\times968}}{2\times1,000}-1=8.89\%$

時間加重収益率；$(1+R)^2=\frac{1,080}{1,000}\times\frac{968}{1,080-200}$より，

$$R=\sqrt{\frac{1{,}080}{1{,}000}\times\frac{968}{1{,}080-200}}-1=9.00\%$$

※資金流出入の影響を取り除いたものが時間加重収益率なので，その流出入がないファンドXと同じ結果になる。

8．リスク調整後のパフォーマンス評価

ファンドの運用成績やファンドマネージャーの運用能力を比較する場合，負担したリスクの違いを考慮せず，実現した投資収益率だけで比較することはできない。投資にあたって高いリスクを負担すると，実現する収益の変動が大きくなるので，その時期はたまたま運良く好成績をあげただけかもしれず，別の時期には他の比較対象よりも成績が悪くなる可能性を否定できないからである。したがって，公平な比較を行うためには，負担したリスクの違いを考慮しながら運用実績を比較する必要がある。これまでみてきたように，リスク尺度には標準偏差σとβとがあり，運用実績の評価尺度にもσを用いたものとβを用いたものとがある。σを用いるものとして**シャープの測度**，βを用いるものとして**ジェンセンのアルファ**および**トレイナーの測度**がある[9)]。

リスク尺度	比較対象	
	他のファンド	理論値
σ（総リスク）	シャープの測度	ジェンセンのα'
β（ベータ・リスク）	トレイナーの測度	ジェンセンのα

シャープの測度（シャープ・レシオ）

σをリスク尺度として，リスク1単位当たりの超過リターン（ポートフォリオの投資収益率－安全資産収益率）を表す。R_pはポートフォリオの収益率，R_fは安

9）リスクとしてσを用い，事後のCMLとの垂直距離によってパフォーマンスを測るジェンセンのアルファ・プライムもあるが，SMLを使うジェンセンのアルファと，理論値との比較という意味では考え方は同じである。

全資産収益率，σ_p はポートフォリオの収益率の標準偏差として，式で表現すると，

$$シャープの測度 = \frac{R_P - R_f}{\sigma_p}$$

となる。

リスク１単位当たりの超過リターンであるため，比較するポートフォリオ間で，もし同じリスク負担の投資だったとしたら，どのポートフォリオの超過リターンが最も大きかったかを比較することができる。

図表４－14の例では，シャープの測度ではポートフォリオｒのパフォーマンスが最も良いと評価される。リスク尺度として σ を利用しているため，十分に分散投資されていないポートフォリオのパフォーマンス評価に適している。

ジェンセンのアルファ

β をリスク尺度として，事後のSMLとの垂直距離を表す。

十分に分散投資された市場ポートフォリオに含まれる個別証券やポートフォリオは，CAPMが成立するならSML上に位置するという理論的帰結に立てば，事後の運用成果もSML上に位置するはずである。運用したポートフォリオのパフォーマンスがそれ以上に良かった場合は，図表４－15のように，リスク・

図表４－14　シャープの測度

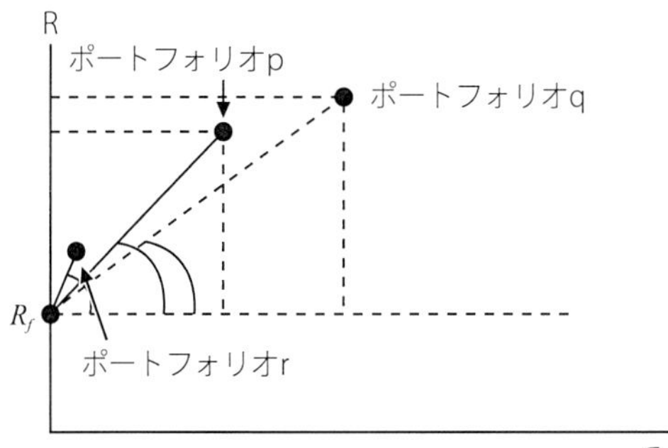

図表４－15　ジェンセンのアルファ

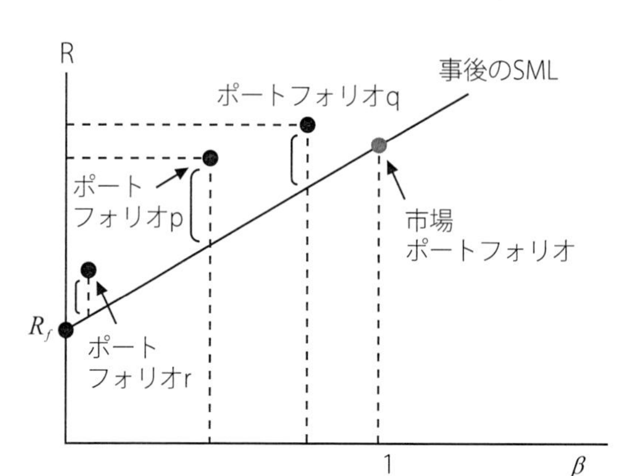

リターンの組合せが事後のSMLより上方に位置することになる。実績リターンとそれに対応するSML上の点（理論値）との差として定義されるジェンセンのアルファは次のような式となる。

$$ジェンセンのα = R_p - \{R_f + \beta_p[E(R_m) - R_f]\}$$

ここでβ_pはポートフォリオのベータを表す。

図表４－15の例では，ジェンセンのアルファではポートフォリオｐのパフォーマンスが最も良いと評価される。

トレイナーの測度

βをリスク尺度として，リスク１単位当たりの超過リターンを表す。式で表現すると，

$$トレイナーの測度 = \frac{R_p - R_f}{\beta_p}$$

となる。リスク尺度をσからβに変更しただけなので，考え方はシャープの測度と同様である。もし同じリスク負担の投資だったとしたら，どのポートフォリオの超過リターンが大きかったかを比較することができる。

ポートフォリオが十分に分散投資されていれば固有リスクがゼロとなるの

図表４－16　トレイナーの測度

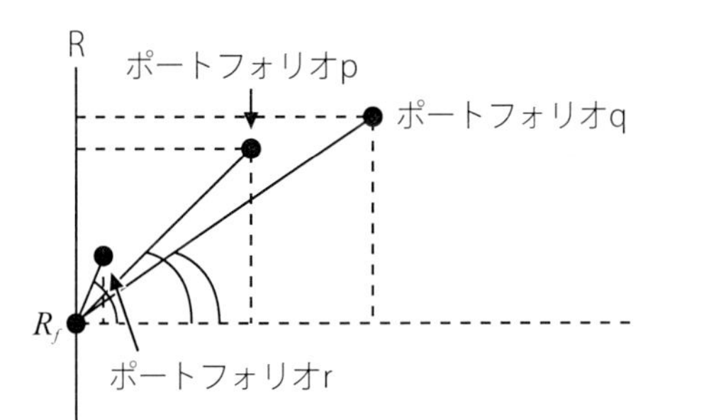

で，シャープ・レシオでみてもトレイナーの測度でみてもパフォーマンスの相対比較は同じ結果となる。逆に，十分に分散投資されていないポートフォリオは，シャープ・レシオではパフォーマンスが低く評価されるのに対し，トレイナーの測度では，実際には負担した固有リスクを無視してβのみで判定するので，パフォーマンスは高く評価される。

ジェンセンのアルファによると，ポートフォリオｒはポートフォリオｐよりパフォーマンスが悪いと評価されるが，図表４－16の例によるとトレイナーの測度ではポートフォリオｒのパフォーマンスが最も良いと評価される。

例題４－８　ポートフォリオの収益率，標準偏差，ベータ値が以下のようになっていた。ただし，安全資産収益率は2%である。

	収益率	標準偏差	β
ポートフォリオA	14	10	5
ポートフォリオB	8	5	2
市場ポートフォリオ	4	2	

問１　シャープ・レシオにおいてすぐれているポートフォリオはどちらか。

問２　ジェンセンのアルファにおいてすぐれているポートフォリオはどちらか。

問３　トレイナーの測度においてすぐれているポートフォリオはどちらか。

《解　説》

問1　A：$\frac{14-2}{10}=1.2$　B：$\frac{8-2}{5}=1.2$

すぐれているポートフォリオ：どちらも同じ

問2　A：$14-[2+5\times(4-2)]=2.0$

B：$8-[2+2\times(4-2)]=2.0$

すぐれているポートフォリオ：どちらも同じ

問3　A：$\frac{14-2}{5}=2.4$　B：$\frac{8-2}{2}=3.0$

すぐれているポートフォリオ：B

第5章　先物・オプション理論

株式，債券，金利，為替などの金融原資産から派生した**金融派生商品**（**金融デリバティブズ**）として，オプション取引，先物取引，スワップ取引などがある。これらは単独で利用されるだけでなく，債券，外貨預金，投資信託といった他の金融商品に組み入れて販売される場合も多く，顧客にとってリスク評価が難しいことがある。その意味で，金融派生商品について基礎を学んでおくことの意義は大きい。

２章で金利スワップについて若干触れたが，キャッシュ・フローを交換する取引であるスワップ取引は，交換するものの組み合わせが多岐に渡り複雑であるため，本章ではオプション取引，先物取引について紹介する。

1．オプション取引

売買対象となる特定の資産（**原資産**）を，あらかじめ定めた期日あるいは期間内に，あらかじめ約束した価格で，買うまたは売る権利（選択権）を**オプション**（**Option**）とよび，その権利を売買することをオプション取引とよぶ。

オプション取引には，特定の資産を買う権利（**コール・オプション**）の売買と，売る権利（**プット・オプション**）の売買がある。

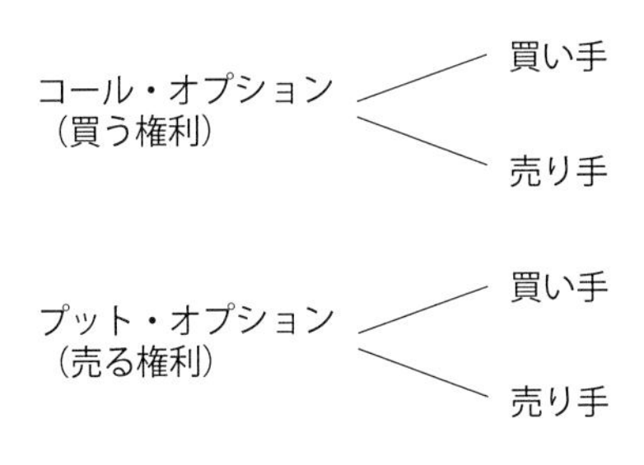

オプションでは，その保有者に買うまたは売る権利の行使に関する選択の自由があり，権利を行使しないほうが有利なら権利放棄することもできる。つまり，オプションの買い手は，原資産を予め決められた条件

図表5－1　オプション取引に関する用語

オプション・バイヤー（option buyer）	オプションの買い手
オプション・セラー（option seller） オプション・ライター（option writer）	オプションの売り手。売り手がオプションの条件を提示するのでライターともいう
原資産（underlying asset）	オプションの対象となる資産
行使価格（exercise priceまたはstrike price）	あらかじめ定められた原資産の売買価格
満期日（maturity date） 期間満了日（expiration date）	権利行使ができる，あらかじめ定められた期日あるいは期限
限月（げんげつ，delivery month）	取引所に上場されているオプションの満期期日。限月（げんげつ）（delivery month）とか○月限（がつぎり）とよばれている
オプション・プレミアム（option premium） オプション・マネー（option money）	オプションの価格（option price）
ヨーロピアン・オプション	権利行使が満期のみに限定されるタイプのオプション契約
アメリカン・オプション	満期までの期間内であればいつでも権利行使できるオプション契約
エキゾチック・オプション	通常のオプションに特殊な条件を加えたオプションの総称。条件の設定の仕方によって様々な種類がある。大別すると，バリアー・オプション，バイナリー・オプションがあり，例えば前者の1つであるノックアウト・オプションでは，原資産価格がある一定価格（バリアー）に達すると，即座に権利が無効となる

で売買する権利を有するが，義務ではない。逆に，原資産を売買する権利（オプション）を他者に売却した者，つまりオプションの売り手は，買い手が権利行使した際にそれに応じる義務がある。

満期時点でのオプションの価値

満期と現在の2時点のみを考えればよいヨーロピアン・オプションを例に紹介する。コール・オプションの満期時点での価値を考えてみよう。原資産の満期時点での市場価格をS^*，買い手が権利行使し売り手からこの原資産を買い取る場合の行使価格をKとすると，コール・オプションの満期時点での価値C^*は$S^*>K$であれば，買い手は権利行使しKで買い取った原資産を市場で価格S^*で売却すればS^*-Kだけの利益を得られる。$S^*<K$のときは権利行使しない。したがって，コール・オプションの満期時点での価値C^*は

$S^* > K$ のとき　$C^* = S^* - K$
$S^* \leqq K$ のとき　$C^* = 0$

となる。他方，プット・オプションの満期時点での価値を P^* とすると，原資産の市場価格 S^* が行使価格より低いとき市場で原資産を購入し，直ちにオプションの売り手に行使価格Ｋで原資産を売りつけると，$K-S^*$ だけの利益を得られる。$S^* > K$ のときは権利行使しない。したがって，プット・オプションの満期時点での価値 P^* は

$S^* < K$ のとき　$P^* = K - S^*$
$S^* \geqq K$ のとき　$P^* = 0$

となる。

本質価値と時間価値

図表５－２はコール・オプションを例にとって，それぞれの原資産価格の下で観察された（と想定する）オプション価格（コール・プレミアム）を曲線で結んだ**プレミアム曲線**をみたものである。

満期時点でのオプションの価値は C^* であった。しかし，期限前に権利行使できないヨーロピアン・オプションであっても，もし権利行使できたとすると，現時点の価値は満期時点でのオプションの価値と同じであり，これを**本質価値**とよぶ。図表５－２でいえば，横軸から太線までの高さがそれに相当する。本質価値をＣ，原資産価格をＳとすると，

$$C = Max\ \{S - K,\ 0\}$$

と表すことができる。$Max\ \{*, *\}$ は２つの値のうち大きいほうを表す。ここではＳ－Ｋが0より大きければＣ＝Ｓ－Ｋ，小さければＣ＝０である。他方，プット・オプションの場合，これをＰと表すと，その本質価値は，

$$P = Max\ \{K - S,\ 0\}$$

図表5－2　コール・オプションのプレミアム曲線

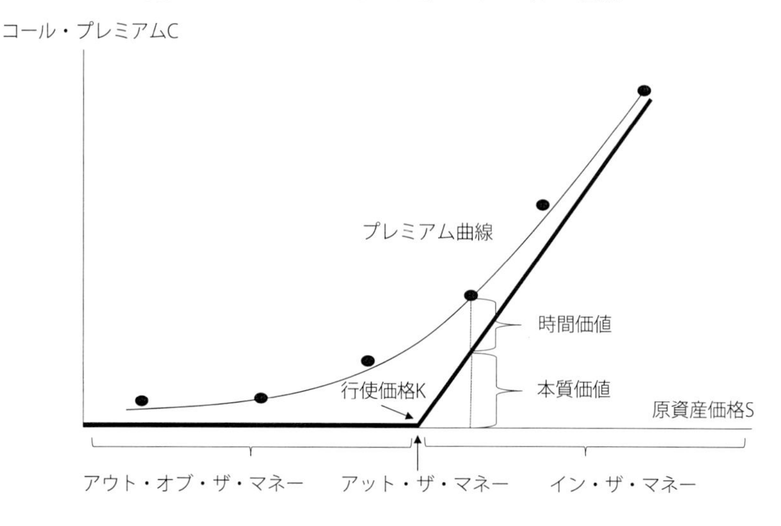

となる。

コール・オプションの場合，S＝Kとなったとき**アット・ザ・マネー**（ATM），S＞Kを**イン・ザ・マネー**（ITM）とよび，原資産価格がATMまたはITMのとき，つまりS≧Kのとき，オプションの買い手は権利行使を行う。S＜Kのとき**アウト・オブ・ザ・マネー**（OTM）とよび，買い手は権利行使を行わず本質価値はゼロとなる。

現時点から満期までの間に原資産価格Sが上昇すればコール・オプションの場合，本質価値が増加するかもしれない。したがって，現時点で取引されるオプションの価格（プレミアム）にはこの期待も含まれている。この期待は，現時点でのオプション価格（プレミアム）から本質価値を引いたものに相当し，**時間価値**とよぶ。つまり，現時点のオプション価格（プレミアム）は本質価値と時間価値の合計である（図表5－2）。満期までの期間が短くなっていくと本質価値が増加する可能性が低くなっていくため，時間価値は満期が近づくにつれ減少していき，満期日にはゼロとなる。

満期前のコール・プレミアムは，時間価値が正であるので本質価値より大きい。しかし，原資産価格はゼロが下限でそれより小さくならないから，プッ

図表５－３　プット・オプションのプレミアム曲線

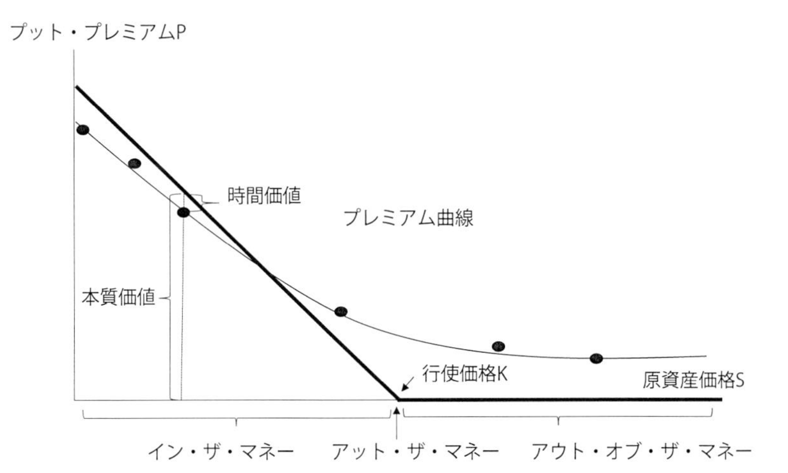

ト・オプションでは，ITMのとき満期までの期間が長いとその間に原資産価格が上昇して本質価値が減少する可能性があるため，時間価値がマイナスになることがある。そのため，プット・プレミアムはITMで本質価値より小さくなることがある（図表５－３）。

投資家にとっての損益

オプション・プレミアムは原資産価格の動向や時間の経過とともに変化していくが，売り手と買い手の間でオプションが取引された際には，その時点で契約されたプレミアムが両者の間で受け渡しされ，買い手にとってはコストであり売り手にとっては利益である。

２．オプション・プレミアム算出モデル

二項過程モデル

オプション・プレミアムがどのような値になるかを計算する方法として，ブラック・ショールズ・モデルが有名だが，二項過程モデルあるいは二項モデル

図表５－４　投資家にとっての損益

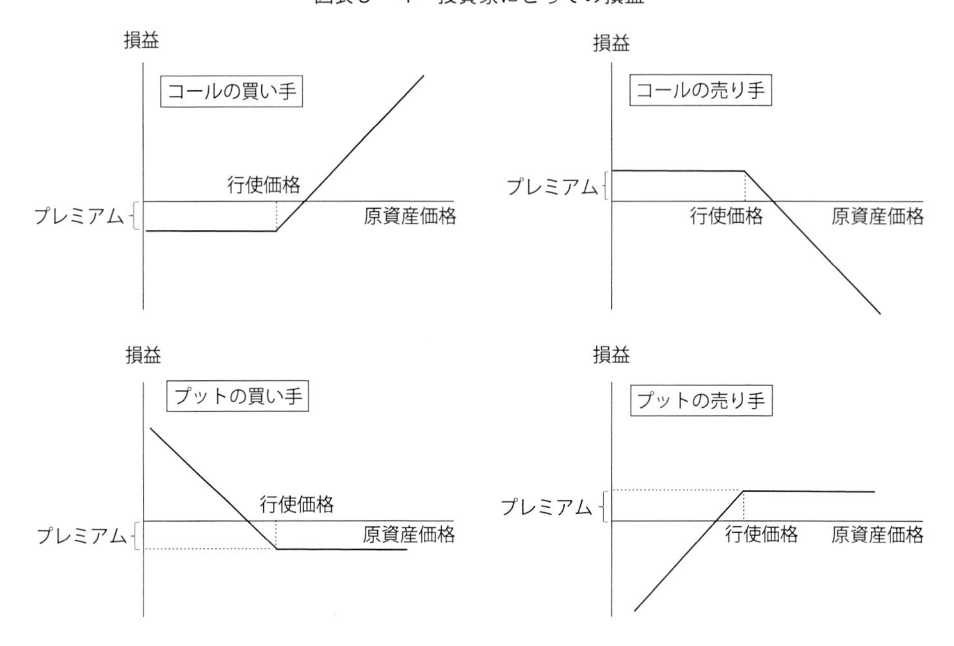

と呼ばれるオプション・プレミアム算出方法がより理解しやすい。

二項モデルは，原資産価格が，一定の期間で上昇・下落の２つのパターンしかとらないと仮定する。つまり，原資産価格の推移が，それぞれ特定の倍率で上昇するかまたは下落すると仮定をおくことから考察を始める。

一期間二項モデルとリスク中立確率

１期間当たりの原資産価格の上昇度合いをｕ倍（＝１＋上昇率），下落度合いをｄ倍（１－下落率）とする。現在の原資産価格をＳとすると，１期後の原資産価格はuSまたはdSとなり，これに対応する１期間後のコール・オプションの価値を，Cu，Cdとする。

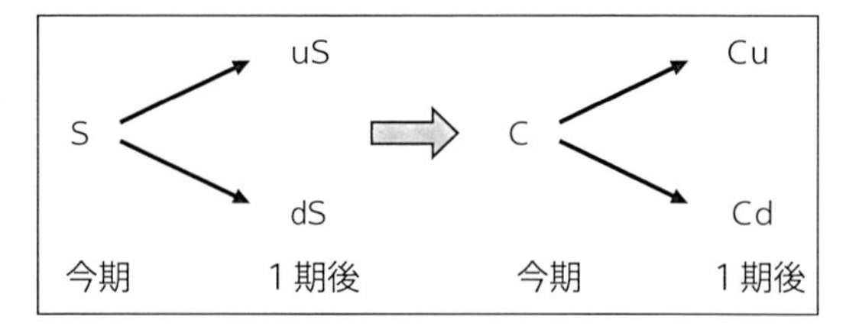

単純な数値例として，A 社株の現在の原資産価格（株価）が 100 だが，１期後には λ の確率で 25% 上昇して 125 となり，それ以外の場合には（$1-\lambda$）の確率で 20% 下落し 80 となるとする。

コール・オプションの行使価格が 110 であるとしよう。満期の原資産価格が 125 であれば，権利行使することにより 110 で A 社株を取得し，それを市場で直ちに売却すれば 15（=125 − 110）の利益を得ることができる。この場合のコール・オプションの価値（Cu）は 15 となる。他方，原資産価格が 80 の場合は，この場合のコール・オプションの価値（Cd）は権利行使しても利益を生まないためゼロである。

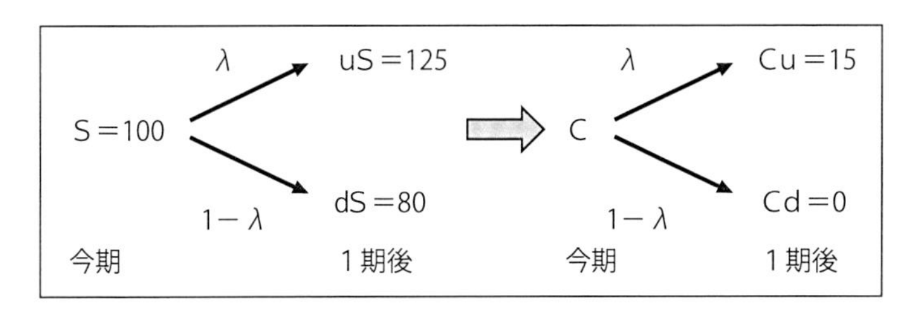

同額のキャッシュ・フローとリスクを持つ金融資産同士は，裁定取引によって期待収益率が等しくなるように価格調整される（無裁定価格理論）。この考え方に従うと，同額のキャッシュ・フローとリスクを持つポートフォリオ（裁定ポートフォリオ）の現在価値が，このコール・オプションの現在の価値となる。

A 社株はオプションの満期において 80 または 125 のいずれかになるので，株価がどちらになってもコールの満期価値（15 または 0）と等しくなる裁定ポートフォリオを考えたい。

裁定ポートフォリオ作成のために，A 社株 x 単位，借入 y で構成されるポートフォリオを考える（借入金利は，この期間に対して 10% であるとする）。このポートフォリオがコール・オプションの裁定ポートフォリオとなるためには，x，y は

$$125x + y = 15 = Cu$$
$$80x + y = 0 = Cd$$

といった条件を満たす必要がある。この連立方程式を解いて，x = 1/3，y = −80/3が裁定ポートフォリオの条件になる。つまり，A社株を1/3単位と満期時に80/3の返済を行う借入で構成されるポートフォリオが，A社株の行使価格110のコール・オプションの裁定ポートフォリオとなる。

つぎに，コール・オプションの現在の価値を求めるために，この裁定ポートフォリオの現在価値を求めると，A社株1/3単位の現在価値は100/3であり，借入の現在価値（現在の借入金額）は金利が10%であることから−80/3÷（1＋10%）となる。したがって，裁定ポートフォリオの現在価値は，

$$\frac{100}{3}-\frac{80}{3}\div(1+10\%)=9.09$$

となる。裁定ポートフォリオの現在価値が，無裁定価格理論により，これとリスクおよびキャッシュ・フローが同じコール・オプションの現在価値Cに一致するので9.09となる。

例題5－1　満期まで1年の株価の変化が二項モデルに従うとき，コール・オプションの理論価格を求めなさい。ただし，現在の株価は1,000円，行使価格1,050円，株価上昇率20%，下落率10%，無リスク利子率を5%とする。

《解　説》　1,200 x ＋ y = 150
900 x ＋ y = 0
より，
1,200 x − 900 x = 300 x = 150　x = 0.5，y = − 450
借り入れ450の現在価値は− 450/1.05 = − 428.57
また原株0.5株の現在の価格は1,000円だから，裁定ポートフォリオの現在価値は500 − 428.57 = 71.43
したがって，コール・オプションのプレミアムは71.43円となる。

ここで，二項モデルで明らかになった現在のコール・プレミアムの価値に関する特徴を整理しておこう。

①無裁定価格理論に従って考えたため，A 社株の原資産価格の上昇（下落）確率 λ（$1-\lambda$）はオプション・プレミアム算出には影響しない。このことは，オプション・プレミアムは，原資産価格の期待値あるいは原資産の期待投資収益率とは無関係であることを意味する。

②投資家の危険（リスク）に対する態度（危険回避的，危険中立的，危険愛好的）は，オプション・プレミアム算出には影響しない。

③オプション・プレミアム算出に当たっては，原資産価格がどの程度変動するかについての情報が重要となる。原資産の変動性はボラティリティ（通常，原資産価格の標準偏差が用いられる）とよばれる。

リスク中立確率

安全資産の利子率を r，原資産価格の現在価格を S，その上昇率を u，下落率を d とし，１期後の原資産価格は二項モデルに従い uS，dS のいずれかの値をとるとしよう。

ここで，原資産とコール・オプションの売りを組み合わせ，１期後の原資産価格が uS または dS どちらの値になっても，一定のキャッシュ・フローを生み出すポートフォリオ（無リスク・ポートフォリオ）を考えることができる。前出の

$$uSx + y = Cu$$
$$dSx + y = Cd$$

を変形すると，

$$uSx - Cu = -y$$
$$dSx - Cd = -y$$

となり，原資産の１期後の価格にかかわらず，常に $-y$ だけのキャッシュ・フローが得られる。初期投資額が S であるから，無リスク・ポートフォリオの１期後の価値は，$S \times (1+r)$ である。さらに S が１期後に uS（値上がり）となる確率を p とすれば，１期後に dS（値下がり）となる確率は（$1-p$）となり，１期後の原資産の価値の期待値が無リスク・ポートフォリオの価値と等

しくなると考えると，

$$p \times uS + (1 - p) \times dS = S \times (1 + r)$$

となる。これをpについて解くと，

（5－1）　$p = \frac{1+r-d}{u-d}$

となり，無リスク・ポートフォリオから導出されたこの確率を，**リスク中立確率**とよぶ。

先に，裁定ポートフォリオの現在価値からオプション・プレミアムを求める方法を紹介したが，他の方法として，リスク中立確率を使って1期後のオプション価値の期待値を求め，それを無リスク利子率で割り引いても，オプションの現在価格を求めることができる。

A社株の例では，$u = 1.25$，$d = 0.8$，$r = 0.1$ より $p = 0.67$，$Cu = 15$，$Cd = 0$ だから，これらを

（5－2）　$C = \frac{p \cdot Cu + (1-p) \cdot Cd}{1+r}$

に代入すると，$C = 9.09$ となり，先に紹介した結果と同じになる。

ヘッジ・ポートフォリオ

前出の無リスク・ポートフォリオ（この事例では原株の買いとコールの売り）は原資産価格の上昇・下落にかかわらずポートフォリオの価値が一定になり，価格変動リスクを完全にヘッジできるため，**ヘッジ・ポートフォリオ**ともよばれる。コール1単位当たりの原資産の比率を**ヘッジ比率**といい，これをhとすると，1期間後のヘッジ・ポートフォリオの価値は次のようになる。

現在時点	１期間後
Sh－C	uS・h－Cu＝125h－15
	dS・h－Cd＝80h－0

A社株の例では原資産価格が二項モデルに従うとき，将来時点の原資産価格にかかわらず，１期後のキャッシュ・フローが一定であることから，125 h − 15 = 80 h − 0となり，これを解くとh = 1/3となる。このとき，１期間後のポートフォリオの価値は常に26.67となり，このポートフォリオは無リスクとなる。uS × h − Cu = dS × h − Cdより，ヘッジ比率は

$$h = \frac{Cu - Cd}{(u - d)S}$$

となる。このヘッジ比率は，原資産価格の変化１単位当たりの満期時のオプション価値の変化量にもなっており，デルタともよばれる（後述）。

多期間二項モデル

以上では，現時点から満期にかけて原資産価格が一度だけ変化する１期間モデルを考えたが，１期の期間を短くとり，それが２期，３期と続くと仮定すれば，原資産価格の様々な変動パターンを表現できる。

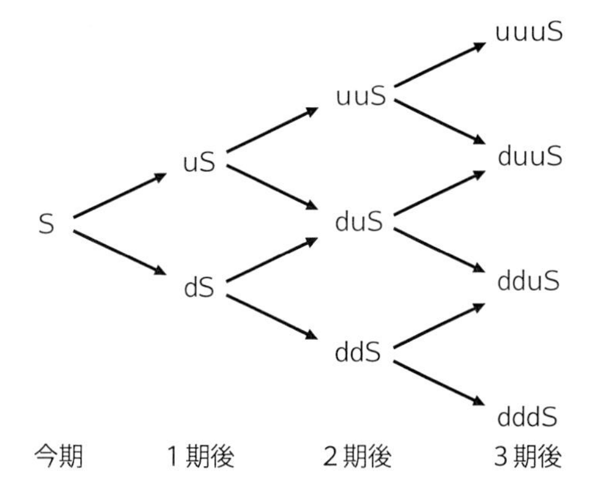

仮定により，１期後の原資産価格はuSまたはdSとなる。また，２期後にはuS，dSとも，それぞれ上昇または下落するから，uSはuuSかduSに，dSはudSかddSとなる。duSとudSは同じであるから，結局，２期後の原資産価格はuuS，duS，ddSの３通りの値をとる。同様の類推でこれをn期後に拡張すると，原資産価格はn + 1通りの値をとる。

原資産価格がこのように推移するとき，これに対応して，コール・オプションの価値が決まる。

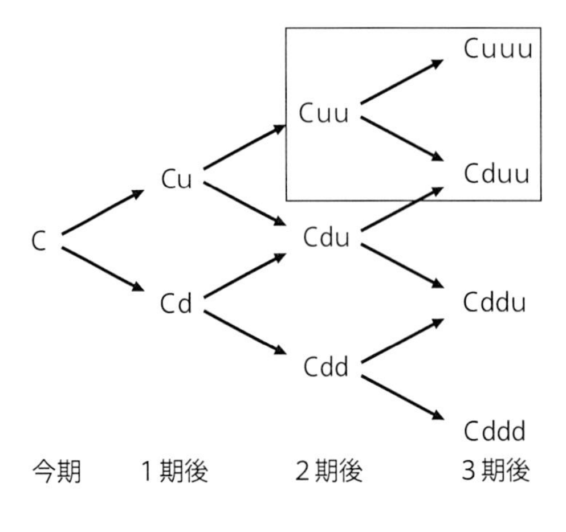

例えば3期後に満期を迎えるコール・オプションの場合，2期後のCuuは，3期後のCuuuとCduuにリスク中立確率を使って期待値を求め，それを（1＋r）で1期間割引くことで求まる。同様の方法でCdu，Cddも求まる。1期後のC uは2期後のCuu（理論値）とCdu（理論値）にリスク中立確率を使って期待値を求め，それを（1＋r）で1期間割引くことで求まる。Cdも同様にして求まる。このように満期時のオプションの価値から遡及していき，最終的にオプションの価格Cが求まる。

＜数値例1＞　3期後に満期を迎えるコール・オプション

K ＝ 100，　r ＝ 0.05（1期当たり），u ＝ 1.3，d ＝ 0.8，S ＝ 100とする。

またp ＝（1 ＋ 0.05 － 0.8）／（1.3 － 0.8）＝ 0.5である。

	今期	1期後	2期後	3期後	
原資産価格	100.0	130.0	169.0	219.7	=uuuS
		80.0	104.0	135.2	=uudS
			64.0	83.2	=uddS
				51.2	=dddS

	今期	1期後	2期後	3期後	
Cの本質価値	0.0	30.0	69.0	119.7	=Cuuu
		0.0	4.0	35.2	=Cuud
			0.0	0.0	=Cudd
				0.0	=Cddd

	今期	1期後	2期後	3期後
Cの理論値	24.3	43.1	73.8	119.7
		8.0	16.8	35.2
			0.0	0.0
				0.0

３期後（満期時）のコール・オプションの本質価値から２期後の理論値を求め，２期後の理論値から１期後の理論値を求め，１期後の理論値から現在の理論値を求めると 24.3 となる。これがこのオプションの現在の価値となる。このように満期までの期間を細分化していくことにより，より現実に即したコール・オプションの現在価値を求めることができる。

＜数値例２＞　３期後に満期を迎えるプット・オプション

K = 100，r = 0.05（１期当たり），u = 1.3，d = 0.8，S = 100 とする。また p = （1 + 0.05 − 0.8）/（1.3 − 0.8） = 0.5 である（数値例１と同じ想定）。

	今期	１期後	２期後	３期後	
原資産価格	100.0	130.0	169.0	219.7	=uuuS
		80.0	104.0	135.2	=uudS
			64.0	83.2	=uddS
				51.2	=dddS

	今期	１期後	２期後	３期後	
Pの本質価値	0.0	0.0	0.0	0.0	=Puuu
		20.0	0.0	0.0	=Puud
			36.0	16.8	=Pudd
				48.8	=Pddd

	今期	１期後	２期後	３期後
Pの理論値	10.7	3.8	0.0	0.0
		18.7	8.0	0.0
			31.2	16.8
				48.8

原資産価格が dS（１期後）および ddS（２期後）となったとき，Pd および Pdd の本質価値は，その理論値を上回っている（他のケースでは本質価値≦理論値）。

したがって，これがもしアメリカン・タイプのプット・オプションである場合，この状況が実現したときは期限前に権利行使したほうが有利となり，他のケースでは期限前行使するより，満期まで保有し続けるか，理論値で転売したほうが有利となる。

ブラック・ショールズ・モデル

二項モデルのほかに，有名なオプション・プレミアム算出式として，ブラック・ショールズ・モデルがある。ヨーロピアン・タイプの株式オプションの場合において，二項モデルの前提よりも一般的な，原資産の価格変動が満期まで連続して起こる状況を想定し，連続的な原株価格の変動のもとでの配当のない株式のコール・プレミアムの算出式である。

ブラック・ショールズ・モデルのコール・プレミアム算出式は，

$$C = S \cdot N(d_1) - Ke^{-r \cdot t} \cdot N(d_2)$$

である。ただし，$d_1 = \frac{\ln(S/K)+r \cdot t}{\sigma\sqrt{t}} + \frac{\sigma\sqrt{t}}{2}$， $d_2 = d_1 - \sigma\sqrt{t}$，

C：コール・プレミアム

S：現時点における原株の価格

K：行使価格

t：満期までの期間

r：安全利子率

N（･）:標準正規分布の分布関数，ただし，0 <N（･）<1，N（-d）＝ 1 － N（d）

σ :原資産価格のボラティリティ（標準偏差）

である。

ブラック＝ショールズ・モデルは，直観的な解釈として，前出の多期間二

BS モデル（連続複利[1]）	$C = S \cdot N(d_1) - Ke^{-r \cdot t} \cdot N(d_2)$
BS モデル（離散複利）	$C = S \cdot N(d_1) - \frac{K}{(1+r)^t} \cdot N(d_2)$
（参考）二項モデル	$C = \underset{株価}{S} \cdot \underset{株数}{x} + \underset{貸し借り}{\frac{y}{1+r}}$

1）元金を１円，単位期間当たりの利率 r としたとき，期間 t で無限に利子が支払われる連続複利の元利合計は er － t 円になる。ただし，定数 e はネイピア数（2.71 …）とよばれる無理数の１つ。

項モデルの一期当たりの期間を極限まで短くした場合の，株式と貸し借りを組み合わせた裁定ポートフォリオの価値を表していると考えればよい。

３．各オプション間の関係

プット・コール・パリティ

ヨーロピアン・タイプのコール・オプションとプット・オプションとの間には一定の関係式が成立する。これを**プット・コール・パリティ**とよぶ。

		キャッシュフロー		
		現在	T期後（満期後）	
			$S_T \geqq K$	$S_T < K$
ポートフォリオA	コール１単位の買い	$-C$	S_T-K	0
	貸出	$-K/(1+r)^T$	K	K
	合計	$-C-K/(1+r)^T$	S_T	K
ポートフォリオB	プット１単位の買い	$-P$	0	$K-S_T$
	原資産１単位の買い	$-S$	S_T	S_T
	合計	$-P-S$	S_T	K

貸出金利をｒ，コール，プットとも同じ行使価格K，T期後の原資産価格をS_Tとすると，ポートフォリオＡとポートフォリオＢのＴ期後のキャッシュ・フローはどちらも同じである。将来のキャッシュ・フローが等しいポートフォリオは，無裁定条件により，現時点でもキャッシュ・フローが等しくなければならないから，$C+\frac{K}{(1+r)^T}=P+S$より，

（５－３）　$C=P+S-\frac{K}{(1+r)^T}$（*または，連続複利の場合，* $C=P+S-Ke^{-rt}$）

となる。（５－３）式はプット・コール・パリティとよばれ，プット・オプションとコール・オプションの関係を表す。

アメリカン・オプションとヨーロピアン・オプション

二項モデルでは期限前の理論値と本質価値とを比較することができ，アメリカン・タイプのプット・オプションではITMのとき「本質価値＞理論値」と

なる場合があり，このときは期限前権利行使が有利となることが数値例２で確認された（コールの場合は，常に「本質価値＜理論値」となり，期限前行使は不利である）。

期限前権利行使ができるアメリカン・タイプと，満期日のみでしか権利行使できないヨーロピアン・タイプとの価格では，先の数値例から判断すると，①期限間行使が有利になったときそれを実行可能なアメリカン・タイプのプットのほうが，それを実行できないヨーロピアン・タイプのプットより価格が高い，②アメリカン・タイプのコールは，期限間行使が可能ではあっても，満期まで保有していたほうが有利なので実際には期限前行使は実行されず，実質，ヨーロピアン・タイプのコールと同じになるため，価格にも差異は生じない。したがって，数値例１，数値例２を踏まえると，次の関係が成立しそうである（ただし配当支払いがないケース）。

アメリカン・プット・プレミアム＞ヨーロピアン・プット・プレミアム
アメリカン・コール・プレミアム＝ヨーロピアン・コール・プレミアム

このことを確認するため，プット・コール・パリティの関係式を使って，同じ結論を導いてみよう。$C = P + S - \frac{K}{(1+r)^T}$ を変形すると

$$C = \underbrace{\left[S - K\right]}_{\text{本質価値}} + \underbrace{\left[P + K\left(1 - \frac{1}{(1+r)^T}\right)\right]}_{\text{時間価値}}$$

となる。オプションの価値は，本質価値と時間価値とから成り，右辺第１項は本質価値を表しているので，その残りの第２項と第３項の和は時間価値を表すことになる。

この式の時間価値部分は常に正の値になるから，もし期限前行使をしてしまうと，本質価値の部分（S－K）しか得られず，時間価値の部分を失ってしまう。したがって，コールの場合は，期限前行使が可能であったとしても，それを実行せず，満期まで保有するか，理論価格で転売したほうが有利となる。つまり，コールの場合は，期限前行使が可能であるか否かの理由によって，アメリカンとヨーロピアンとで価格に差異が生じることはない。

つぎに，プットについて考えるため，プット・コール・パリティの関係式を以下のように変形してみる。

$$P=\underbrace{\left[K-S\right]}_{\text{本質価値}}+\underbrace{\left[C-K\left(1-\frac{1}{(1+r)^{T}}\right)\right]}_{\text{時間価値}}$$

この場合，CとK $\left(1-\frac{1}{(1+r)^{T}}\right)$ の大小関係によって，時間価値の符号が変わってくる。行使価格より原資産価格のほうが遥かに低い場合，コールの価格Cが大幅に低下するため，

$$C<K\left(1-\frac{1}{(1+r)^{T}}\right)$$

となるケースがありうる。したがって，このケースでは，時間価値がマイナスとなりその分だけオプション価格が本質価値より低くなるが，そうなった場合は転売や満期保有せずに，その時点で権利行使すれば本質価値分を確実に確保できる。したがって，期限前行使が実際に可能なアメリカンのほうがヨーロピアンより有利な分，価格が高くなる。

配当の効果

配当支払いがあると，その権利落ち分だけ原資産価格が下落する。したがって，配当の権利落ちはプット・オプションには有利に働き，コール・オプションには不利に働く。そのため，配当支払いがある場合も，プット・オプションでは期限前行使のほうが有利になることがある。その場合，期限前権利行使できるアメリカンのほうが，期限前権利行使できないヨーロピアンよりプレミアムが高くなる。

例題５－２　株式Sの現在の価格が100円，1期間後に20%上昇するか（確率70%），10%下落するか（確率30%）2通りの可能性があるとする。さらに，この株式が1期間後に10円の配当支払いを行った後，配当落ちし，2期間目にも1期間目と同様の株価変動パターンを示すとする。この株式を原資産とする権利行使価格100円のコール・オプシ

ョン（満期は２期目終了時点）の価格をどう評価すべきか。なお１期間当たりの安全資産収益率は5%である。

問１　アからクの株価はいくらか。

問２　この株価変動のリスク中立確率はいくらか。

問３　この場合のヨーロピアン・コール・オプションの現在の理論価格はいくらになるか。

問４　この株式を原資産とするコールがアメリカン・オプションであったとすると，最適な権利行使はどのようにすればよいか。

問５　この株式のアメリカン・コールの理論価格はいくらか。

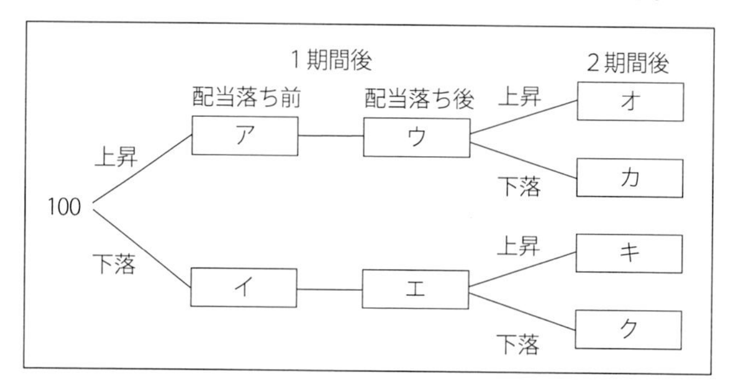

《解　説》　問１　ア．100 ×（1+0.2）＝ 120，イ．100 ×（1 − 0.1）＝ 90，ウ．120 − 10 = 110，エ．90 − 10 = 80，オ．110×（1+0.2）= 132，カ．110 ×（1 − 0.1）＝99，キ．80 ×（1+0.2）＝ 96，ク．80 ×（1 − 0.1）＝72

問２　（５ − １）式より，リスク中立確率＝（1+ 無リスク利子率 0.05 − 下落倍率 0.9）÷（上昇倍率 1.2 − 下落倍率 0.9）＝ 0.5

問３　オの場合のオプションの価値：132 − 100 ＝ 32

カの場合のオプションの価値：99 − 100 ＝ − 1 より権利行使されず０

キの場合のオプションの価値：96 − 100 ＝ − 4 より権利行使されず０

クの場合のオプションの価値：72 − 100 ＝ − 28 より権利行使されず０

ウの場合のオプションの理論価格：32 ×リスク中立確率 0.5 ÷ 無リスク利子率（1+0.05）=15.238

ヨーロピアン・オプションの場合，期限前権利行使できないので，ウの場合のオプションの理論価格＝アの場合のオプションの理論価格 15.238

エの場合のオプションの理論価格 0 ＝イの場合のオプションの理論価格 0

現在のオプション理論価格はアの 15.238 とイの 0 から，リスク中立確率 0.5 と無リスク利子率 0.05 を用いて計算する。以上から，15.238 × 0.5 ÷ （1+0.05） ＝ 7.26

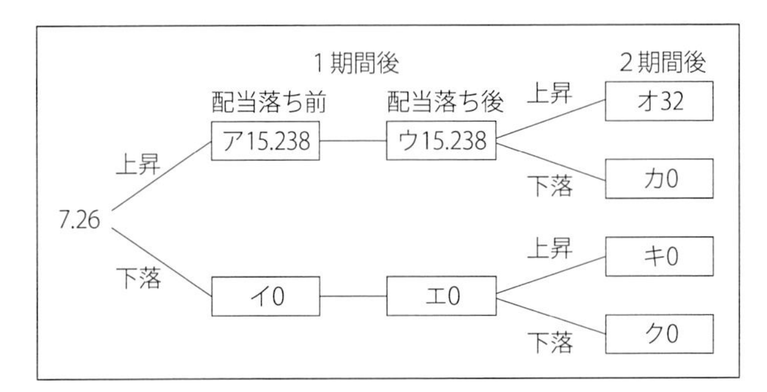

問４　株価が１期後に 120 円に上昇した時点で権利行使すれば 20 円の利益を得られ，権利行使しないと配当落ち後のオプション価値が 15.238 円となる。したがって，１期後に株価が上昇した場合，権利落ち前に直ちに権利行使する。下落した場合はオプション価値がゼロとなるので権利行使しない。

問５　１期後のオプション価値 20 と 0，およびリスク中立確率 0.5，無リスク利子率 0.05 を使って計算する。20 × 0.5 ÷ （1+0.05） ＝ 9.52

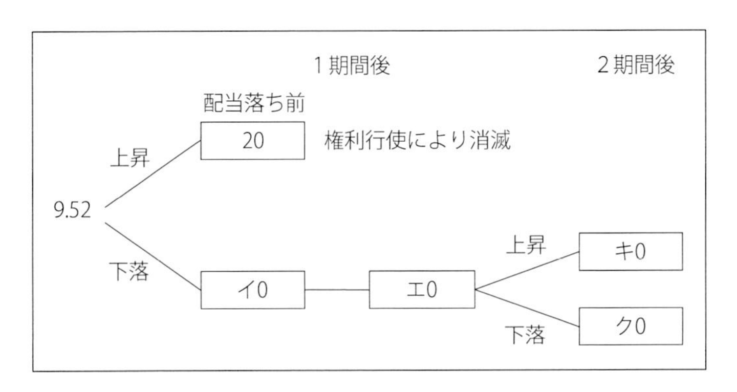

4．オプションのリスク・パラメータ（グリークス）

ブラック・ショールズ・モデルでは，オプション価格を決める要素はS（原資産価格），K（行使価格），t（満期までの期間），r（無リスク利子率），σ（ボラティリティ）であった。ただし，これらのうちKは商品設計として予め値が決められているので変数ではない。

そこでKを所与として，S，t，σ，rについて，他の変数を一定として，それぞれが変化したとき，オプション価格がどのように変化するかをみる概念がオプションのリスク・パラメータである。具体的には，ブラック・ショールズ・モデルをそれぞれの変数で偏微分して求められる。以下では，買いポジションで考えることにするが，売りポジションでは符号が逆になる。

デルタ（Δ）（cf. 債券のデュレーション）

原資産価格Sが微小変化したときのオプション価格の変化度合い（プレミアム曲線の傾き）をみるもので，権利行使される確率を意味する。OTMになるにつれ0に近づきITMになるにつれ＋1に近づく。ATMのときコールのデルタは0.5近辺の値をとる（プットは－0.5）。

$$\Delta_{call} = \frac{\partial C}{\partial S} = N(d_1) \geq 0 \qquad \Delta_{put} = \frac{\partial P}{\partial S} = N(d_1) - 1 \leq 0$$

保有オプション全体（＝ポジション）のデルタ
＝Σ各オプションの保有数量×各オプションのデルタ（買い＋，売り－）

ポートフォリオ全体のデルタは各ポジションの加重和となる。したがって，ポートフォリオ全体のデルタがゼロになるように組成すると，原資産価格の微小変動に対して価値が不変のポートフォリオとなる。これを**デルタ・ニュートラル・ポジション**とよぶ。

例えば，デルタがATMで0.5のコール・オプションを10単位保有している場合，ポジション全体のデルタは5になるので，先物を5単位売り建てれば，原資産価格の微小変動に対して価値が不変となる（先物買いポジションのデルタはおよそ1）。

ただし，オプションのデルタは変化の基点となる原資産価格の水準によって，その値が変化するため，デルタ・ニュートラル・ポジションを維持するには，デルタ自体の変化に常に対応していかなければならない。

ガンマ（Γ）（cf. 債券のコンベクシティ）

原資産価格Sが微小変化したときのデルタの変化度合いをみるもの。コールもプットも，OTMの0からスタートし，徐々に大きくなりATMで最大，ITMになると再び小さくなり0に戻っていく。

$$\Gamma_{call} = \frac{\partial^2 C}{\partial S^2} \geq 0 \qquad \Gamma_{put} = \frac{\partial^2 P}{\partial S^2} \geq 0$$

ベガ（ν）

ボラティリティσが微小変化したときのオプション価格の変化度合いをみるもの。コールもプットも正の値をとり，ATMで最大となる。

$$\upsilon_{call} = \frac{\partial C}{\partial \sigma} > 0 \qquad \upsilon_{put} = \frac{\partial P}{\partial \sigma} > 0$$

図表5－5　ガンマ・カーブとデルタ・カーブ

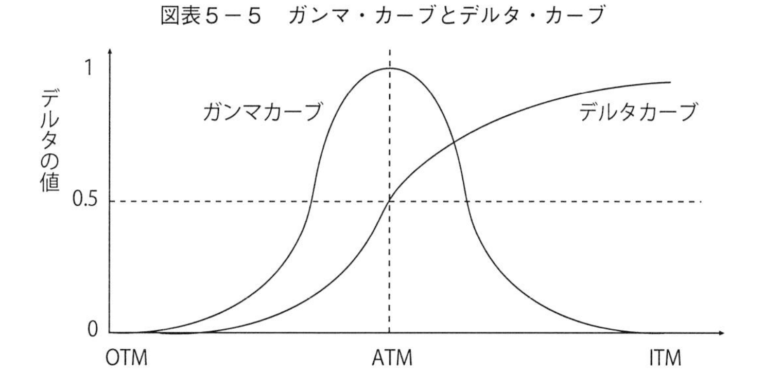

シータ（θ）

経過時間（満期までの残存期間と逆の動き）ｔが微小変化したときのオプション価格の変化度合いをみるもの。残存期間が短くなるとオプション価格の時間価値が減少（タイム・ディケイ）するので，コールもプットも，通常は負の値をとり（ITMのプット・オプションでは時間価値が負になることがあるため（前出），この場合のθは正の値をとる），ATMで絶対値が最大となる。

$$\theta_{call} = \frac{\partial C}{\partial t} < 0 \quad \theta_{put} = \frac{\partial P}{\partial t} < 0$$（時間価値が負のときまれに≧0）

ロー（ρ）

無リスク利子率ｒが微小変化したときのオプション価格の変化度合いをみるもの。

ヨーロピアン・オプションで考えると，満期時点での行使価格Ｋの現在価値はKe^{-rt}（連続複利の場合）であるから，金利の上昇は行使価格の現在価値を小さくするため，コールの価値は上昇，プットの価値は低下する。したがって，コールのローはプラス，プットのローはマイナスとなる。

$$\rho_{call} = \frac{\partial C}{\partial r} > 0 \qquad \rho_{put} = \frac{\partial P}{\partial r} < 0$$

$$C\uparrow = P + S - \frac{K}{(1+r\uparrow)^T}\downarrow \qquad P\downarrow = C - S + \frac{K}{(1+r\uparrow)^T}\downarrow$$

5．オプションを使った投資戦略

オプションはそれ単独で投資対象とされるだけでなく，他のオプションや原資産と組み合わせることで，リスクや収益の発生パターンを様々な形に組み替えることができる。以下ではオプションを用いた代表的な投資戦略を紹介する。

プロテクティブ・プット

プット・コール・パリティの関係式から，プットの買いと現物の買いの合成によって，コールの買いポジションを複製できることがわかる。

$$P + S = C + \frac{K}{(1+r)^t}$$

原資産価格が下落基調に転じたときには，現物の買い（ロング・ポジション）を外す（売る）ことによって，プットの買いポジションに転じることができ，単純なコールの買いポジションよりも臨機応変に対応できるメリットがある。すなわち，原資産を保有する投資家にとっては，原資産価格が下落したときの損失を一定以下に抑えるために（場合によっては利益を出すために），プットの買いを組み合わせたものがプロテクティブ・プットである。

図表５－６　プロテクティブ・プット

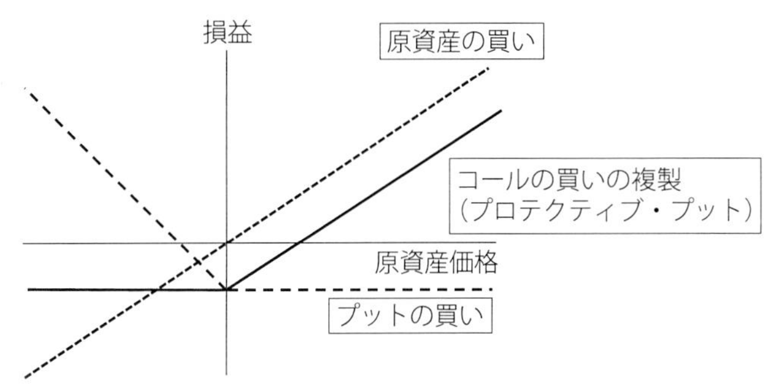

図表５－７　カバード・コール

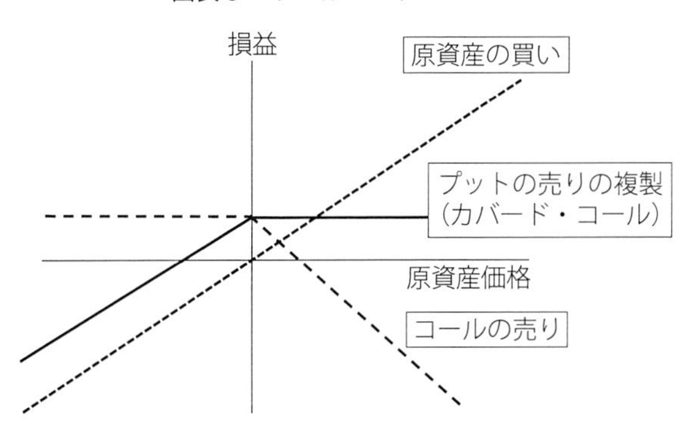

カバード・コール

プット・コール・パリティの関係式から，現物の買いとコールの売りの合成によって，プットの売りポジションを複製できることがわかる。

$$S - C = -P + \frac{K}{(1+r)^t}$$

原資産価格が下落基調に転じたときには，現物の買い（ロング・ポジション）を外す（売る）ことによって，コールの売りポジションに転じることができ，単純なプットの売りポジションよりも臨機応変に対応できるメリットがある。すなわち，原資産を保有する投資家にとって，原資産価格が上昇したときの利益を一定に抑え，制限のない利益獲得を諦めることで，原資産価格が下落したときのための保険としてコールの売りを組み合わせたものがカバード・コールである。

ストラドル

原資産，満期日，行使価格が同一のコールとプットのポジションを同じ数量組み合わせたもの。買いを組み合わせた場合をロング・ストラドルとよび，先行きの原資産価格が大きく動くと利益を得られる。原資産価格が大きく動けば利益に制限がない一方で，予想に反して大きく動かなかった場合でも，損失は限定的である。

図表５－８　ロング・ストラドル

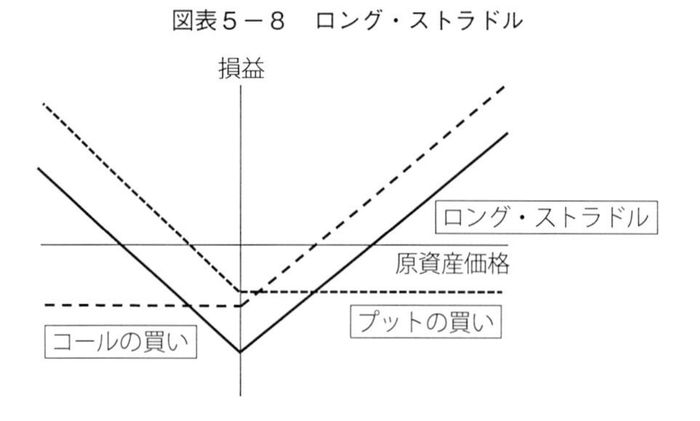

図表５－９　ショート・ストラドル

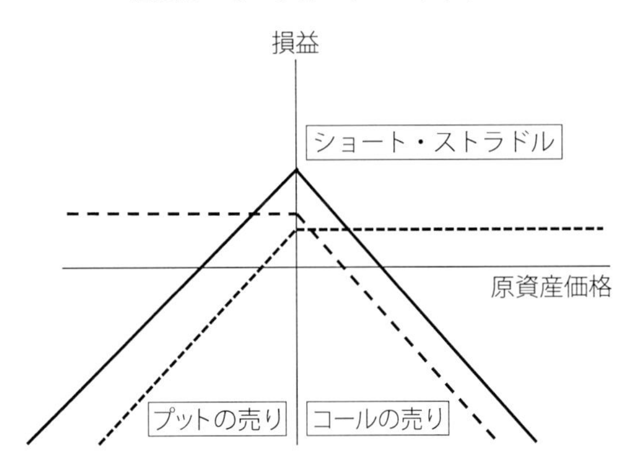

売りを組み合わせたものをショート・ストラドルとよび，先行きの原資産価格が大きく動かなかった場合，両オプションのプレミアムの合計が利益となる一方で，原資産価格が大きく動いた場合は損失に制限がない。

ストラドルに似た損益パターンをもたらす投資戦略として，原資産，満期日は同一だが，行使価格が異なるオプションを同じ数量組み合わせた**ストラングル**（ストラドル同様，ロングとショートがある）がある。ほか，以上とは損益のパターンが異なる投資戦略として，スプレッドやバタフライとよばれるものもある。

例題５－３　オプションを使った投資戦略に関する以下の文章の空欄に妥当な語句を埋めなさい。
ショート・ストラドルの最終的な損益は，満期時の原資産価格次第で，利益は限定されているが損失は非常に大きくなる可能性がある。この戦略では当初，デルタは（A.　　　）で，ガンマは（B.　　　）となっているため，原資産価格が下落したらポジションの価値は（C.　　　）し，原資産価格が上昇したらポジションの価値は（D.　　　）する。一方，このポジションでは常にベガは（E.　　　）で，シータは（F.　　　）である。これは，ボラティリティが大きくなればポジションの価値が（G.　　　）し，時間が経過すれば

(H.　　　　) することを意味している。この戦略に似たものとしてショート・ストラングルがあるが，ショート・ストラドルとはATMのオプションに代えてOTMのオプションを使う点が異なっている。これによって，ショート・ストラドルに比べて利益は（I.　　　　）が，損失の可能性も（J.　　　　）といった特徴がある。

《解　説》　正解：A. ゼロ，B. 負

デルタについて，ATMのコールの買いは0.5，ATMのプットの買いは－0.5なので，それぞれの売りは，－0.5（コール），0.5（プット）。ストラドルは，ATMのコールとプットを組み合わせたものなので，この戦略によるポジション全体（ポートフォリオ）のデルタはゼロとなる。ガンマは，コール，プットともに買いポジションのときATMで正かつ最大になるから，売りポジションでは負になる。

正解：C. 減少，D. 減少

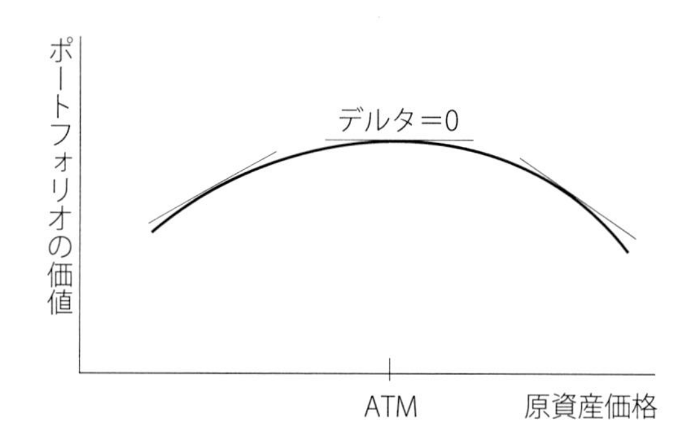

このポートフォリオでは，ATMでデルタがゼロ，かつガンマが負なので，原資産価格の上昇につれデルタが減少することを意味する。このことは，デルタがゼロのときポートフォリオの価値が最大であり，原資産価格がATMから離れるとポートフォリオの価値が減少することを意味する[2)]。

2）関数ｙ＝ｆ（ｘ）において，ｙをポートフォリオ価値，ｘを原資産価格，デルタを一階微分，ガンマを二階微分と考えると，二階微分が負であることからデルタがＡＴＭでゼロのときポートフォリオ価値ｙが最大となることがわかる。

正解：E. 負，F. 正，G. 減少，H. 増大

ベガについて，買いポジションでは，コール，プットともにATMでベガが最大（かつプラス）となるので，売りポジションの組み合わせであるショート・ストラドルではATMでベガが最小（かつマイナス）となる。これは，ボラティリティが大きくなると，ポートフォリオの価値が減少することを意味する。

シータについて，買いポジションでは，コール，プットともにマイナスとなるので，売りポジションの組み合わせであるショート・ストラドルではプラスとなる。これは，時間が経過すると，ポートフォリオの価値が増大することを意味する。

※プットの売りポジションの場合，ITMのときシータがマイナスになる場合もあるが，ここではATMで考えているので，このような例外は考慮しなくて良い。

正解：I. 小さい，J. 小さい

オプション・プレミアムは，ATMよりOTMのほうが低いので，OTMのコールとプットの売りを組み合わせるショート・ストラングルは，ショート・ストラドルより利益が小さい。しかし，利益が出る原資産の価格帯が広がるので，損失の可能性も小さくなる。

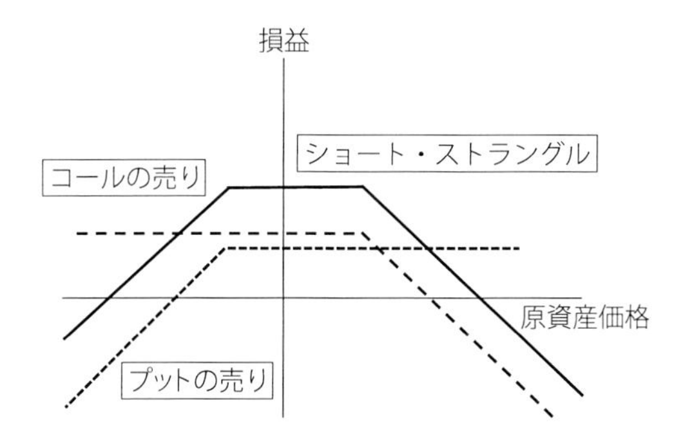

例題５－４　配当がない同一の株式を原資産とするヨーロピアン・タイプのコール・オプションとプット・オプションがあり，いずれも行使価格が1,100円，プット・オプションの価格が200円，無リスク利子率が10％であった。

問１　現在の株価が1,000円，残存期間がコール，プットともに１年である場合，コールの価格，コールの時間価値，プットの時間価値はいくらか。

問２　残存期間がコール，プットともに２年である場合，コールの価格，コールの時間価値，プットの時間価値はいくらか。

《解　説》　問1　プット・コール・パリティ（5 − 3）式から，

$C = 200 + 1{,}000 - \frac{1{,}100}{(1 + 0.1)} = 200$，コールの本質価値Max（株価－行使価格，0）=0より，コールの時間価値は200円。

プットの本質価値はMax（行使価格－株価，0）＝100より，プットの時間価値は100円。

問2　プット・コール・パリティ（5 − 3）式から，

$C = 200 + 1{,}000 - \frac{1{,}100}{(1 + 0.1)^2} = 290.9$，コールの本質価値Max（株価－行使価格，0）＝0より，コールの時間価値は290.9円。

プットの本質価値はMax（行使価格－株価，0）＝100より，プットの時間価値は100円。

６．先物・先渡取引

証券の取引は契約を結ぶことによって成立し，代金と証券を交換すること（決済という）によって終了する。決済がいつ行われるかで取引が分類され，それがすぐに行われる**現物**（**直物**（じきもの）ともいう）取引と，将来のある時点で行われる先物取引，先渡取引とがある。

先物取引（futures）

投資家が取引所を介して「あらかじめ約束した価格（先物価格）で，将来の一定期日に，ある証券の現物の一定量を買うまたは売る」と契約する。先物価格は日々形成され，それに応じて未決済残高の損益が計算される（値洗いとよぶ）ので，決済の期日以前に反対売買を行い，差額を支払って決済（差金決済）することも可能。

先渡取引（forward）

当事者間のみで相対（あいたい）で契約されるため，所定の決済日まで契約が継続され，現物をやり取りする決済方法しかない。

先物市場には２つの大きな役割がある。①現物の価格変動リスクを回避（ヘッジ，hedge）する手段を提供しリスクの移転を可能にする機能，②将来における現物の価格の，現在における予想値を前もって形成しそれを公告する機能である。

先物市場の参加者と取引の方法

相対取引で行われる先渡取引に対し，先物取引は所定の取引所で所定の方法で取引される。

先物市場には，現物の価格変動のリスクを回避しようとする投資家（ヘッジャー，hedger），リスク負担することによって利益を得ようと投機（speculation））を行う投機家（speculator）や裁定行動を行う裁定取引者（arbitrager）などが参加している。

（１）ヘッジ取引

売りヘッジ

先物の価格が現物の価格と同じ方向へ変化するとき，現在，現物を保有しているが，将来，現物を売却するケースでは，先物を売り建てることで現物の価格変動から来る収益の変動リスクを軽減できる（後述）。

簡潔にいえば，将来現物を売る予定がある場合，現時点で先物を売り建てることで将来の売却価格をある程度確定することになる。

買いヘッジ

将来，現物を購入しようとしているケースでは，現物が値上がりするリスクを避けるため，先物を買い建てることで，現物の価格変動から来る収益の変動リスクを軽減できる。

売りヘッジ同様，簡潔にいえば，現物を将来買う予定がある場合，現時点で先物を買い建てることで将来の購入価格をある程度確定することになる。

（2）裁定取引とスプレッド取引

たとえば同じ銘柄の株式に，異なる証券取引所で違う価格が付く場合など，本来同じ価格であるはずのものが異なる価格で取引されることがある。この場合，割高なものを売って割安なものを買うことによって無リスクで利益を得る（鞘（さや）を取るという）ことができる。このような行動を裁定取引（鞘取りともいう）という（4章で既述）。

また，異なる証券であっても，リスクとキャッシュ・フローが同じであれば，キャッシュ・フローに基づいて決定される証券価格は同じでなければならない。もし同じでない場合，その価格差を利用して裁定利益を得ることができるからである。例として，現物の売買と資金の貸借を組み合わせることで先物と全く同じキャッシュ・フローを作り出すことができるが，このキャッシュ・フローを作るための費用が，先物の価格と異なっている場合，**キャッシュ・アンド・キャリー運用**（現物買い＋先物売り）や**リバース運用**（現物売り＋先物買い）といった手法で裁定利益を得ることができる。

スプレッド取引は，異なる限月の先物間の価格差に着目し，割高の先物を売って割安のものを買うことにより，利益を上げようとする方法である。限月が異なるため，それぞれの先物価格が全く同じ動きをするとは限らず，裁定取引とは違い，利益を得られるかどうかについてリスクを伴う。

７．先物の理論価格[3)]

キャッシュ・アンド・キャリー運用

ある投資家が１単位の現物を買い，同時にヘッジのために１単位の先物を売り建てるとする。さらに，この投資家は現物を買うために短期金融市場で資金を借り入れ，また限月において**受渡決済**（現物を渡すことで先物契約を履行すること）をする，と考えてみよう。

この場合，投資家が，先物の限月において保有している現物を受渡しに用いると，収入として，先物取引を契約した時点において確定している先物価格相当額を得られる。

他方，この取引を行うためのコストは，現物の購入価格と持越費用の合計である。短期資金を借りて調達すると，短期利子率×借入額に等しい利子の支払が購入費用として必要である。ただし現物を保有している場合には，配当収入やクーポン収入が得られるので，コストはそれだけ少なくなる。借入金利から配当（またはクーポン）収入を差し引いたものを**持越費用**とよぶと，キャッシュ・アンド・キャリー運用によって

収益＝先物価格－（現物価格＋持越費用）

で表される収益を確実に得られる。しかし，市場で裁定が十分に可能であると，この収益はゼロ以外にはありえない。なぜなら，もし収益がプラスであれば，投資家は先物を多く売り現物を多く買うことによって利益を得られるから，このような投資が活発に行われて先物価格が下落し，かつ現物価格が上昇する。これらが行きすぎて収益がマイナスになった場合は，逆の行動がとられる。なぜなら，現物を売って先物を買うことにより，利益を得られるからである。したがって，収益の値はマイナスであったものがゼロに近づいていく。このよう

3）厳密には先物と先渡しとは異なるものの，ここでは両者とも先物とよぶことにする。

にして，いずれにせよ収益はゼロとなる。

これらのことから，

先物価格＝現物価格＋持越費用

の関係が得られる。

以上の関係を，記号を使って書くと，任意の時点で形成される現物価格（S）と，その時点で成立している先物の価格（F）との間に

$F = S+S(r-q)(t/365)$ （株式先物の場合）

$F = S+(Sr-C)(t/365)$ （債券先渡[4]の場合）

といった関係がある。ただし，r は短期金利，q は配当利回り，C はクーポン収入，t は先物の決済日（限月）までの日数である。

＜数値例３＞

債券先渡の場合

現時点でのある債券の現物価格が 105 円，額面 100 円，クーポン・レートが４％（年１回利払い），短期金利が５％のとき，決済日まで３カ月を残すこの債券先渡の理論価格。

$F = 105+(105 \times 0.05 - 4) \times (3/12) = 105.31$ 円

株価指数先物の場合

現時点での日経平均が 20,000 円，短期金利が４％，配当利回りが 0.4％のとき，決済日まで３カ月を残すこの日経平均先物の理論価格。

$F = 20{,}000+20{,}000 \times (0.04 - 0.004) \times (3/12) = 20{,}180$ 円

4）債券先物取引の代表例である国債先物では，市場で取引されるのは標準物であって個別銘柄の債券ではないため，ここでは，個別銘柄債券の先物のことを先渡しとよび，先物とは区別することにする。

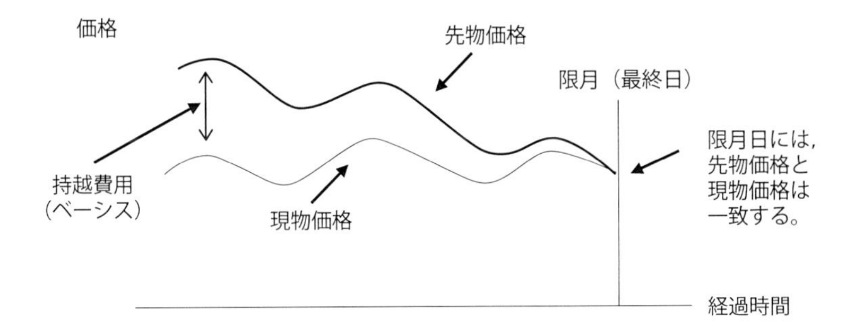

８．先物裁定取引

先物裁定取引とは，実際の先物の実勢価格とその先物の理論価格の差から利益を得ようとする取引であり，買い裁定取引と売り裁定取引とがある。先物の実勢価格は，最終日が到来するまでの期中では，先物理論価格から乖離して動くのが一般的である。実勢価格が理論価格を上回っている状態をプレミアム，理論価格を下回っている状態をディスカウントという。

買い裁定

プレミアム（先物実勢価格 F^* ＞先物理論価格 F）であれば，割安な裁定ポートフォリオ（現物買い＋借り入れ）を買い，割高な実勢価格で先物を売ることで裁定利益を得られる。これを買い裁定取引（先物売り＋現物買い）という。買い裁定による利益は次のように表すことができる。

　買い裁定による利益＝
　先物売りからの利益＋現物買いからの利益－持越費用

から，

$$R=(F^*-F_t)+(S_t-S)-S\times(r-q)\times t/365$$
$$=F^*-\{S+S\times(r-q)\times t/365\}\qquad(\because F_t=S_t)$$
$$=F^*-F>0$$

ただし，F_t は t 期（最終日）の先物価格，F^* は現時点の先物実勢価格，F は現時点の先物理論価格，S_t は t 期の現物価格，S は現時点の現物価格，r は借入金利，q は配当利回り。

以上から，最終日の先物価格（＝現物価格）にかかわらず，裁定利益が得られる。

売り裁定

ディスカウント（先物実勢価格 F^* ＜先物理論価格 F）であれば，割安な先物を実勢価格で買い，割高な裁定ポートフォリオを売る（現物売り＋貸出）ことで裁定利益を得られる。これを売り裁定取引（先物買い＋現物売り）という。売り裁定による利益は次のように表すことができる。

売り裁定による利益＝
先物買いからの利益＋現物売りからの利益＋持越費用

から，

$$R = (F_t - F^*) + (S - S_t) + S \times (r - q) \times t/365$$
$$= \{S + S \times (r - q) \times t/365\} - F^* \qquad (\because F_t = S_t)$$
$$= F - F^* > 0$$

例題５－５　日経平均株価が 17,000 円，残存日数 40 日の日経平均先物の価格が 17,100 円のとき，裁定取引で利益を上げるには，借り入れ，貸付け，現物買い，現物売り，先物買い，先物売りのどのポジションを取ればよいか。ただし，配当利回りはゼロ，無リスク金利は 0.50%（年率，金利計算は１年＝ 365 日）とする。

《解　説》　先物理論価格：17,000+17,000 ×（0.50% － 0%）×（40/365）=17,009.3 より，先物実勢価格 17,100 ＞先物理論価格 17,009.3 なので，買い裁定取引（先物売り＋現物買い）を行うと利益を得られる。したがって，借り入れ，現物買い，先物売りといったポジションをとるべきである。

このとき，買い裁定の利益は 17,100 − 17,009.3 = 90.7

9．ヘッジ取引

先物の最も基本的な活用法がヘッジ取引である。現物ポートフォリオの値下がりリスクをヘッジするために先物を必要枚数売り建てるとき現物に対する先物の比率を，**ヘッジ比率**という。

ヘッジ・ポジション

現物ポートフォリオに対して先物の売りポジショシでヘッジするとき，ヘッジ・ポジションの価値は，次のようになる。

ヘッジ・ポジションの最終価値＝現物資産の最終価格＋先物取引の損益

例として次のケースを考える。

9月1日に日経平均に連動する株式ポートフォリオ１単位に対して株価指数先物を１単位売り建てたとすると，9月25日のヘッジ・ポジションの最終価値は次のようになる。

	日経平均株価	日経平均先物（12月限）
9/1	18,053	18,450
9/25	17,566	18,190

ヘッジ・ポジションの価値＝現物資産の最終価格＋先物取引の損益

＝ 17,566 ＋（18,450 − 18,190）＝ 17,826

このように，現物の値下がり分を，先物の売りポジションでカバーする取引がヘッジ取引である。

先物を利用した株式ポートフォリオの最適ヘッジ量

現物ポートフォリオの価格変動リスクを，先物を利用して現物と正反対のポジションによって効率的にカバーしたい。

いま，ポートフォリオ，株価指数および先物価格が現時点からt時点まで，次のように変化する場合を考えてみよう。

	現時点	t時点
現物ポートフォリオの価値	V_0	V_t
株価指数	S_0	S_t
先物価格	F_0	F_t

このとき，株価指数および先物の価格変化率は，次のように表わすことができる。

$$現物ポートフォリオの価値の変化率 = \frac{V_t - V_0}{V_0} = \frac{\Delta V}{V_0}$$

$$株価指数の変化率 = \frac{S_t - S_0}{S_0} = \frac{\Delta S}{S_0}$$

$$株価指数先物の変化率 = \frac{F_t - F_0}{F_0} = \frac{\Delta F}{F_0}$$

ここで，現物ポートフォリオの価格変化率の株価指数の変化率に対する感応度をβ_Pとすると次の式が成り立つ。

$$①現物ポートフォリオの価値変化率 = \frac{\Delta V}{V_0} = \frac{\Delta S}{S_0}\beta_P$$

単純化のため，ベーシスが一定と仮定し，先物価格の変化率は株価指数の変化率に完全に連動すると仮定すると，

$$②株価指数先物の価格変化率 = \frac{\Delta F}{F_0} = \frac{\Delta S}{S_0}$$

①式を②式で割ると，次式が得られる。

$$\frac{\Delta V}{\Delta F} = \frac{V_0 \times \beta_P}{F_0}$$

いま，xを先物売り建て枚数，mを指数先物の先物1枚当たりの定数（日経平均先物の場合1枚＝指数の1,000倍，TOPIX先物の場合1枚＝指数の10,000倍）として，現物ポートフォリオの価格変化を先物x枚売り建てることでヘッジするポートフォリオを考えると，ヘッジ・ポートフォリオの価値V_Hは次のよう

に表わすことができる。

$$V_H = V + xmF$$

したがって，ヘッジ・ポートフォリオの価格変動は次のように表わされる。

$$\Delta V_H = \Delta V + xm\Delta F$$

価格変動リスクをフル・ヘッジ（完全にヘッジすること）するためには，ヘッジ・ポートフォリオの価値が一定となるよう，上式を０とおくことで最適ヘッジ枚数を求めることができる。

$$x = -\frac{\Delta V}{m\Delta F} = -\frac{V_0 \times \beta_P}{mF_0}$$

ここで，$\frac{\Delta V}{\Delta F} = \frac{V_0 \times \beta_P}{F_0}$ は最適ヘッジ比率とよばれる。

＜数値例４＞

日経平均が 20,000 円，日経平均先物が 22,300 円のとき，時価総額が５億円，ベータ値が 1.04 の日経平均連動型ポートフォリオの先物ヘッジ枚数は次のように算出できる。

ヘッジ枚数＝ポートフォリオ修正時価総額÷（先物価格×定数）

＝（ポートフォリオ時価×ベータ値）÷（先物価格×定数）

＝（500,000,000 × 1.04）÷（22,300 × 1,000）

≒ 23 枚

ベーシス・リスク

「現物価格－先物価格」をベーシスとよぶが，この差が一定でない場合，現物価格と先物価格とが完全には連動してないことになり，このことをベーシス・リスクがあるという。ベーシス・リスクがある場合，フル・ヘッジは不可能である（通常，ベーシスは一定ではない）。

例題５－６　時価 100 億円の株式ポートフォリオを運用しており，先行き株式相場の下落リスクがあるため，先物を使ってヘッジを行うこととした。株式ポートフォリオと株価指数（TOPIX，日経平均）および株価指数先物に関するデータは以下の通りである。なお，株価指数と指数先物は完全連動しており，配当は無視するものとする。

	標準偏差(年率)	株式ポートフォリオとの相関係数
株式ポートフォリオ	25.0%	－
TOPIX（現物）	20.0%	0.9
日経平均（現物）	16.0%	0.8

現在のデータ

TOPIX（現物）	1,500.00	ポイント
日経平均（現物）	20,400.00	円
金利	3.00%	
TOPIX（先物価格）	1,511.25	ポイント
日経平均（先物価格）	20,553.00	円

問１　株価指数として TOPIX および日経平均株価を用いた場合について，株式ポートフォリオのベータはそれぞれいくらか。

問２　TOPIX 先物を利用した場合と，日経平均先物を利用した場合のそれぞれの最適ヘッジ枚数はいくらか。

問３　ヘッジの効果を考えると，TOPIX 先物を利用した場合と，日経平均先物を利用した場合とではどちらが効果的か。

《解　説》　問１　例題４－５で述べたように，株式ポートフォリオの株価指数とのベータは $\beta_P = \frac{\rho_{PM} \cdot \sigma_P}{\sigma_M}$ で表される。したがって，

TOPIX を用いた場合の株式ポートフォリオのベータは，0.9 × 25% ÷ 20% = 1.125

日経平均を用いた場合の株式ポートフォリオのベータは，0.8 × 25% ÷ 16% = 1.250

問２　TOPIX 先物：10,000,000,000 × 1.125 ÷（1511.25 × 10,000）= 744.42 より 744 枚

日経平均先物：10,000,000,000 × 1.25 ÷（20,553 × 1,000）= 608.20 より 608 枚

問３　ポートフォリオ価額と指数先物の動きの相関が高いほうがベーシス・リスクが小さく効果的なヘッジが可能である。仮定により，株価指数と株価指数先物が完全連動するので，株価指数の相関係数は株価指数先物の相関係数でもある。与えられたデータによると，日経平均より TOPIX のほうが相関係数が高いので，ヘッジとして TOPIX 先物を用いたほうが効果的である。

10. 国債先物取引

日本の証券取引所で取引される債券先物は国債先物のみである。国債先物として売買の対象とされるのは現在，以下の４種類があり，日本取引所グループの大阪取引所に上場されている。

・中期国債先物：中期国債標準物（３%，５年）
・長期国債先物：長期国債標準物（６%，10 年）
・ミニ長期国債先物：長期国債標準物の価格
・超長期国債先物：超長期国債標準物（３%，20 年）

上記は実際の銘柄ではなく，規格化された標準物とよばれる架空の銘柄がそれぞれの市場で取引される。限月とよばれる決済の期日は３，６，９，12 月のいずれも 20 日で，最長期間は９カ月の３限月制であるが，すべての限月の先物がつねに取引されているわけではない。2015 年 12 月限以降，取引は各限月の５営業日前まで行われる（2015 年 12 月限以前は７営業日前まで）。先物取引には証拠金が必要で，投資家が売買代金の一部を，シカゴ・マーカンタイル取引所が開発した計算方法（SPAN®）を用いて算出した**証拠金**を差し入れる（顧客が証券会社に預ける金額を委託証拠金とよび，証券会社が取引所に預託証拠金を預ける）。先物の未決済の残高を**建玉**（たてぎょく）（position）といい，その価格変動に応じてその損益を計算することを**値洗い**（market-to-market）という。証券会社は日々値洗いを行い，価格変動が大きく損金が一定額を下回った場合には，証拠金の積み増しを**追加証拠金**として投資家に請求する。

決済の方法には，反対売買による決済（差金決済）と限月において現物をやり取りすることによる**受渡決済**とがあるが，前者によるものが大部分である。受け渡しに用いることができる現物（**受渡適格銘柄**）は，中期国債先物では受渡決済日に残存期間が4年以上である5年利付国債，長期国債先物では残存期間が7年以上である10年利付国債，超長期国債先物では受渡決済期日に残存期間が19年3カ月以上である20年利付国債で，それぞれ先物の売り手が選択する任意の銘柄である。このとき，先物の売り手にとって最も有利な，つまり最も安い現物の銘柄を市場で買いそれを先物の決済に用いる。最も安く買える銘柄を**最割安銘柄**（cheapest delivery issue，CDI）とよぶ。

受渡決済には実際に存在する銘柄の国債が使用されるが，受渡銘柄と，先物取引の対象である標準物とは，クーポンなどの属性が必ずしも一致するとは限らないので，調整をしないと比較ができない。この調整に用いられるのが**変換係数**（Conversion Factor, CF）であり，受渡適格銘柄と標準物との交換比率を表す。日本取引所グループが一定の算式に基づいた各受渡適格銘柄の変換係数を毎月公表している。

11. 株価指数先物取引

日本では，国債先物以外に，株式先物として株価指数先物が取引されている。東京証券取引所の**東証株価指数（TOPIX）先物**と，大阪証券取引所の**日経平均株価（日経225）先物**の取引が1988年に開始され，その後，東証銀行業株価指数（1998年開始），RNプライム指数（2005年開始），TOPIX Core30（2008年開始），JPX日経インデックス400（2014年開始），東証マザーズ指数（2016年開始）を原資産とする株価指数先物も導入されている。

株価指数は債券などとは異なり，現物が存在しないので，現物を用いる受渡し決済はできず，決済はすべて現金による差金決済で行われる。

第6章　企業金融論

第1章から第3章で，証券市場の概観をはじめ，債券と株式の理論について説明した。証券投資の対象となるのは，企業が資金調達のため発行する債券と株式，そしてそれらからなる投資信託（ファンド）や金融派生商品である。企業は銀行借入，株式・債券発行など様々な形で資金調達を行う。企業が資金調達する主な理由は，事業への投資を行うためであり，投資の成果は資本提供者に還元される。ここでは，証券を発行して外部資金（お金）を調達する企業に焦点を当て，企業の投資決定，資金調達（資本構成），そしてペイアウト（利益還元）について説明する。

1．企業のお金の流れ

1－1．企業のお金の流れに関する3つのキーワード

企業金融は**コーポレート・ファイナンス**（Corporate finance）の和訳であり，企業のお金の流れについて考察する概念である。企業のお金の流れとは，キャッシュ・インとキャッシュ・アウトを意識した企業の**投資決定**，**資金調達**，そして**ペイアウト**に大別できる。

図表6－1　企業金融論の概略（企業のお金の流れ）

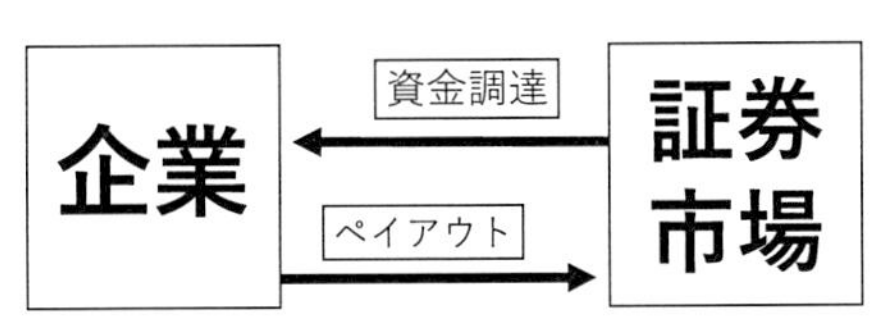

企業は投資の塊といえる。現在実行中の投資をはじめ，有望と考えられる実行予定の投資など，常に投資機会について検討する主体である。企業が行う投資の形は，工場建設や機械設備，在庫といった実物資産への投資はもちろん，金融資産への投資，特に，TOB（株式公開買付け）[1]による他社に対するM&A（合併と買収）等，様々である。図表６－１のように企業は多くの実行中の投資や投資案を持っていて"企業イコール投資そのもの"であると言っても過言ではない。

企業は投資を実行することによって，最初に一定額を投資として支出し（キャッシュ・アウト），投資の結果として収入を獲得（キャッシュ・イン）する。いうまでもなく，投資の決定はキャッシュ・インがキャッシュ・アウトを超える場合に行われる。また，企業は投資を実行するために，証券市場から資金を調達することができる。企業は証券市場で株式や社債を発行し，企業の実行中の投資や将来の投資案に関心を持った投資家がそれらを購入（証券投資）することで，お金は企業へ流入する（キャッシュ・イン）。そして企業は投資を実行した後，予想通り投資額を上回るキャッシュ・インを達成した場合，次の投資のために，お金を企業内部に残すか（内部留保），自社の投資案に賛同して資金調達に寄与した証券市場の投資家にペイアウト（キャッシュ・アウト）を行うことができる。

企業金融論では，企業の投資決定，資金調達，そしてペイアウトという企業のお金の流れ，すなわち，キャッシュ・イン，キャッシュ・アウトにかかわる意思決定について考察する。これら３つの意思決定は，割引現在価値の計算（第２章・債券，第３章・株式），資本資産評価モデル（第４章・ポートフォリオ）の概念を必要とする。

1）Take Over Bid の略語。上場企業の株式を証券市場外で公開的に買収することを指す。一般的に時価より高い価格で株式を買い付け，買い付け価格と期間を定めて買収を行う。TOB の主な目的として，企業の株式確保を通じた経営の安定，M&A，持株会社（Holding company）要件の充足，そして上場廃止がある。

１－２．企業の過去のお金の状態：財務諸表

企業のお金の流れを把握するための手段として企業の財務諸表を利用することができる。上場している企業の場合，関連法規にのっとり財務諸表を作成し，定められた期間に**有価証券報告書**および四半期報告書の形式で公示しなければならない（金融商品取引法第24条）。虚偽の事実の記載があった場合，これを指示した者は処罰を受けることがあり，当該企業は株式市場で監理銘柄として指定ないし上場廃止されることがある。

財務諸表は，決算日当日の企業の資本の調達と運用の状況について記載した**貸借対照表**（Balance sheet，バランスシートともよぶ），売上高や営業利益，税金等調整前利益，当期純利益などを記載した**損益計算書**（Profit and loss statement，または Income statement と書く），そして，企業のキャッシュの流れを営業活動，投資活動，財務活動に分けて記載した**キャッシュ・フロー計算書**（Cash flow statement）で構成される。

貸借対照表（図表６－２）は企業の資本の調達状況を表す右側の貸方と，資本の運用状況を示す左側の借方からなっていて，貸方と借方に記載された金額はぴったり一致する。貸方には負債（１年以内に返済する負債は流動負債，返済まで１年を超えるものは固定負債に分類される）と資本の合計（資本金と利益剰余金）が記載される。借方には資産が記され，資産は１年以内に処分可能な流動資産（有価証券，現預金，在庫資産など）と土地，建物，機械設備などの固定資産の合計で構成される。

図表６－２　貸借対照表（バランスシート）の概略

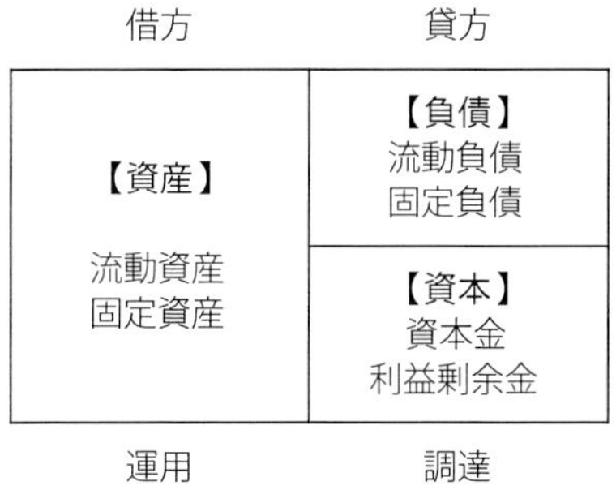

<table>
<tr><th>借方</th><th>貸方</th></tr>
<tr><td rowspan="2">【資産】

流動資産
固定資産</td><td>【負債】
流動負債
固定負債</td></tr>
<tr><td>【資本】
資本金
利益剰余金</td></tr>
<tr><td>運用</td><td>調達</td></tr>
</table>

図表6－3　損益計算書の概略

(1)	**売上高**
	（－）売上原価 （－）販売費及び一般管理費
(2)	**営業利益**
	（－）支払利息 （＋/－）その他の収益・費用
(3)	**税金等調整前利益（経常利益）**
	（－）法人税
(4)	**当期純利益**

損益計算書（図表6－3）には，企業活動によって稼いだ（1）売上高から，売上原価，販売費及び一般管理費を引いた後の（2）営業利益を記載する。そして支払利息およびその他の収益と費用を加減した後，（3）税金等調整前利益（あるいは，経常利益）を記載する。企業が法人として登記された所在国（所在地）の税制により支払った法人税を差し引いた後，損益計算書の最下段に記載される利益を（4）当期純利益という。企業活動を通じて，取引企業や従業員，負債資本提供者（債権者）に対して，そして税として一定のキャッシュ・アウトを行ったうえ，残った最終的な利益は企業の自己資本の提供者である株主に帰属する。近年では，このことを明示するため，（4）を「当社株主に帰属する当期純利益」のように表記することがある。

キャッシュ・フロー計算書には企業の営業活動，投資活動，そして財務活動

図表6－4　キャッシュ・フロー計算書の(＋)要因と(－)要因

	（＋）要因	（－）要因
営業活動によるCF	・当期純利益の増加 ・減価償却額の増加	・当期純利益の減少 ・減価償却額の減少
投資活動によるCF	・有形固定資産の売却 ・有価証券の売却・満期償還	・有形固定資産の購入 ・有価証券の購入
財務活動によるCF	・長・短期借入債務の増加 ・自己資本処分	・長・短期借入債務の返済 ・自己資本取得・配当支払い

によるキャッシュ・フローが記載され，会計年度の中で，企業投資，資金調達，ペイアウトがどのように行われたかを概観できる。図表６－４の「（＋）要因」は各活動による企業へのキャッシュ・インを表す。営業活動によるキャッシュ・フローと投資活動によるそれの合計をとり，簡便キャッシュ・フローとして利用する場合がある。

財務諸表を利用すると，企業のお金の流れの把握だけでなく（ただし，決算日当日の内容），財務パフォーマンス指標（企業の資本生産性の指標）を計算することができる。第３章（株式）で紹介したROA（総資産利益率），ROE（自己資本利益率），そして企業評価の際に投資家や経営者に近年幅広く用いられているROIC（投下資本利益率）がそれに該当し，それらの計算方法は図表６－５の通りである。また，図表６－６のように，日本の上場企業のROA，ROE，ROICの平均は製造業より非製造業の方が高い傾向があり，非製造業の場合，ROAとROICは7%前後，そしてROEは10%前後の数値を示していることが分かる。

図表６－５　ROA，ROE，ROICの計算方法

ROA（総資産利益率） Return on Asset	**ROE**（自己資本利益率） Return on Equity	**ROIC**（投下資本利益率） Return on Invested Capital
$\frac{\text{営業利益＋金融収益}}{\text{総資産}}$	$\frac{\text{当期純利益}}{\text{自己資本}}$	$\frac{\text{営業利益×（1－法人税率）}}{\text{投下資本*}}$ *有利子負債と自己資本の合計

図表６－６　日本の上場企業のROA，ROE，ROICの推移（%，左目盛）

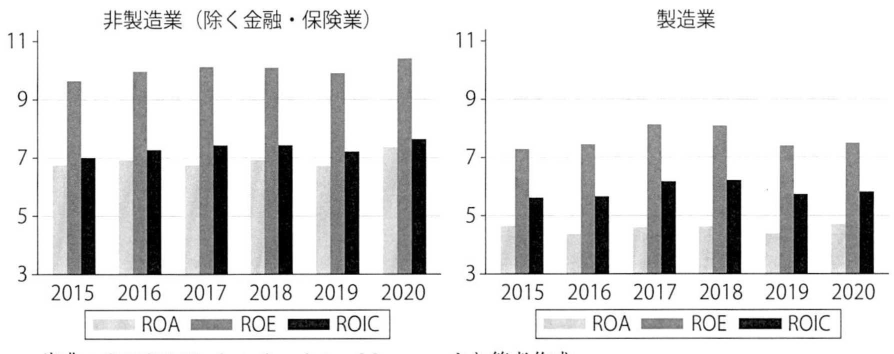

出典：QUICK Workstation Astra Managerより筆者作成。

1－3．企業金融論と会計

企業金融論は，企業のお金の流れを考察し，財務状況の把握を重要とすることから，会計（Accounting）と類似性を持つといえる。一方で，企業金融論と会計には次のような相違点がある。企業金融論では企業の投資決定，資金調達，そしてペイアウトというキーワードを中心に企業のキャッシュ・インとキャッシュ・アウトの流れを分析する。特に，投資決定においては将来のキャッシュ・フローの予測を伴う。キャッシュ・インとキャッシュ・アウトを正確に把握することで**黒字倒産**[2)]に陥る可能性を低くできる。一方，会計は利益の配分と獲得など，その利用目的により財務会計と管理会計などに分類され，財務諸表（過年度）の利益を調整および管理する。いい換えると，財務諸表を見る観点において，会計は“何があったのか”を捉えるのに対し，企業金融論は“何が可能なのか”を戦略立案するといえる。

2．企業価値と加重平均資本コスト

2－1．企業価値

世の中に存在する全ての企業は自社の企業価値を高めるために四苦八苦しているのはいうまでもない。企業価値を向上するためには，まず企業価値を評価できる客観的な基準が必要であろう。

企業価値は，企業の事業価値と非事業資産価値の合計を用いて測ることができる（図表６－７）。事業価値は，現在進行中のビジネスが将来にわたって生み出すと予想されるキャッシュの現在価値として測定できる。企業が実行している投資活動は企業の事業価値に直接的に影響を与え，１年以上の中長期投資の場合，将来のキャッシュの予測を必要とする。一方，非事業資産価値は，

図表６－７　企業価値

企業価値　＝事業価値＋非事業資産価値
　　　　　＝株主価値＋債権者価値
　　　　　＝株式価値＋債券価値

２）財務諸表上純利益が発生しているにもかかわらず，流動性不足により倒産することをいう。

ビジネス投資にかかわるもの以外の，事業とは直接的な関係のない資産，例えば，余剰現預金，遊休固定資産などの価値をいう。

また，企業価値は企業の資本提供者である株主の価値と債権者の価値の合計で測ることもできる。つまり，証券市場で取引される企業の株式や債券の価値の合計は企業価値に一致する[3)]。特に，企業金融論では，企業価値の最大化を株主価値の最大化と同義語として扱う。債券（第２章），株式（第３章）の内容に基づき，その理由については次のように説明することができる。債券には元金と利息，そして満期が予め決められていて，債権者は株主と比べるとその価値が固定的である。すなわち，債権者が企業から受け取ることができるキャッシュ・フローは一定であり，その現在価値は比較的容易に計算できる。一方で，株主のキャッシュ・フローは全体のキャッシュ・フローから債権者への（固定的な）キャッシュ・フローを引いて算出される。したがって，株主の価値を最大化することは企業価値の最大化につながる。さらに，会計の側面から見ると，株主価値の増加は，損益計算書の当期純利益の増加と関係がある。売上原価，販売費及び一般管理費，支払利息，そして法人税をすべて支払った後，企業が豊富な当期純利益を達成したということは，つまり，企業の事業価値の向上を意味する。

２－２．フリー・キャッシュ・フロー

企業価値の構成要素である株式価値と債券価値は，企業がそれぞれの資本提供者（投資家）へ支払い可能なキャッシュ・フローの現在価値で測定できる。企業のキャッシュ・インからキャッシュ・アウトを引いた後，資本提供者へ自由に還元できるという意味で**フリー・キャッシュ・フロー**（Free Cash Flow, FCF）とよぶ。このFCFは第３章（株式）で説明したFCFと類似しているが，１つ注意すべき点がある。企業金融論では，企業の資金調達について，自己資本（株式発行）と他人資本（社債発行，借入等の有利子負債）を用いることを前提にしている。したがって，企業が投資家すなわち，企業外部の資本提供者へ自

3）企業金融論では，一般的に，株式時価総額（発行済株式数×株価）を株式価値とし，有利子負債総額を債券価値（負債価値）とする。

由に支払うことができるキャッシュ・フローは，株主と債権者の両者全体に対するものである[4)]。

FCF = NOPAT ＋減価償却額－設備投資額－正味運転資本増加額

FCFについて，（6－1）式の右辺第1項のNOPAT（Net Operating Profit After Tax）は，「営業利益×（1－法人税率）」として表され，企業の営業利益から法人税を支払った後の金額を意味する。減価償却額は設備投資を行った後，その設備の一般的な使用期間で割って算出した費用である。したがって，当該使用期間に費用として計上されていても，実際にキャッシュ・アウトが発生しているのではないことからFCFの計算式には（＋）項目として表す。設備投資や正味運転資本増加額はキャッシュ・アウトであり，FCFでは（－）項目として計算する。

（6－1）　企業金融論で企業価値を判断する際導入されるフリー・キャッシュ・フロー（Free Cash Flow，FCF）

在庫資産＋売上債権（売り掛け取引の売上）
＝仕入債務（買い掛け取引の費用）＋運転資本（キャッシュ・インまでの時間差を埋めるために必要なキャッシュ）

（6－2）式と図表6－8のように正味運転資本増加額（運転資本）とは，在

4）第3章（株式），フリー・キャッシュ・フロー割引モデルで紹介したフリー・キャッシュ・フロー（FCFE）は，債権者にキャッシュを支払ったあとの当期純利益と負債増加額から純投資額を差し引いたものであった。したがって，株主に支払われるキャッシュ・フロー（FCFE）に注目する場合と，債権者を含む資本提供者全体に支払われるキャッシュ・フロー（FCF）に注目する場合があり，2種類のキャッシュ・フローがあること，および現在価値を計算する際，前者では割引率として自己資本コスト（株主資本コスト），後者では加重平均資本コストを用いることに注意する必要がある。また，FCFEと区別するために，FCFをFCFFと書く場合がある。FCFFはFree Cash Flow to Firm，つまり，企業（企業の資本提供者の全体）に帰属するフリー・キャッシュ・フローの略語である。

図表6－8　在庫資産，売上債権，仕入債務，そして正味運転資本増加額（運転資本）の関係

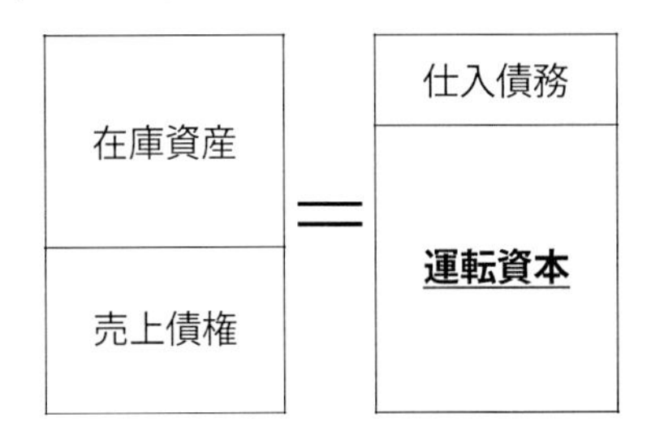

庫資産，売上債権といった流動資産から仕入債務を引いた金額であり，同額のキャッシュが不足（キャッシュ・アウト）していることを意味する。なお，仕入債務が増加すると現時点でのキャッシュ・アウトが減少することとなる。企業の運転資本の増加について，キャッシュレス決済を例に次のように説明することができる。店を訪れた客がモノを買ってキャッシュレスで支払った場合，店側はキャッシュではなく売上債権を持つ。売上債権が増えると店側は次のモノの仕入に困らないように，その分キャッシュを用意しておかなければならない。このため，店側からみるとキャッシュの一部を取っておく必要がある。この取っておいた（用途のある）キャッシュは，キャッシュ・アウトとしてみなされるため，運転資本の増加につながる。

（6－2）　正味運転資本増加額（運転資本）

このように，FCFは企業が事業活動を行うために必要な投資をすべて実行した後，キャッシュ・インやキャッシュ・アウトを考慮したうえ，企業の資本提供者（投資家）全体に還元できるキャッシュ・フローを指す。また，企業投資のライフサイクル[5]によっては，導入期，成長期には，設備投資の実施や運転資本の組成等にキャッシュ・アウトが生じるため，マイナスのFCFが見

5）一般的に，導入期，成長期，成熟期，そして衰退期に区別され，企業の投資案件ごとにライフサイクルがあると考えられる。

込まれる場合がある。本章以下では，企業が生み出すFCFを，簡単にキャッシュ・フローとよぶ。

2－3．資本コスト

これまで株式価値と債券価値の合計が企業価値であると説明した。全体の株式価値は，企業の自己資本として発行した株式の株式数に株式市場で取引されている1株当たりの株価をかけて，時価総額として計算することができる。全体の債券価値は，企業が発行した債券（負債資本）の現在価値の総合計として算出できる。株式の時価総額と債券の現在価値の合計は，それぞれの金融商品に投資する投資家全体が将来にわたって企業から受け取れると予想されるキャッシュ・フローの現在価値と一致する。

第2章（債券），第3章（株式）で説明したように金融商品の理論価格はそれぞれの金融商品のリスクに見合う割引率を適用して求める。割引率は債券投資家の立場からみると利回り，株式投資家の立場からは株式投資収益率になる。割引率の水準は一般的に債券より株式の方が高い。債券の場合，元金，利息，そして満期が予め決められており，投資家は安定的なキャッシュ・フローを得て，将来のキャッシュ・フローの予想も容易である。一方で，株式投資の場合，企業の業況によって配当額（インカム・ゲイン）が変わる点や，株価の動きにより売買益（キャピタル・ゲイン）が変化する点からキャッシュ・フローが不安定であるといえる。株式投資のリスクは債券投資のそれより大きく，したがって，株式価値計算に用いられる割引率（＝株式投資収益率）は債券より高いリスク・プレミアムを加えて算出される（図表6－9）。

債券投資家の債券利回りと株式投資家の株式投資収益率は，企業の立場からそれぞれの資本を調達するためにかかる資本コストに等しい。特に，自己資本コスト（株主資本コスト）に関しては第4章（ポートフォリオ）のCAPM（資本資産評価モデル）を用いて算出された資本コストが広く使用される。図表6－9と第4章の（4－12）式[6]をあわせて参照すると，企業の自己資本コストは，右辺第1項の安全資産利子率と第2項のリスク・プレミアムの合計と同じである。

図表6－9　割引率に対する投資家と企業の観点とリスク・プレミアム

投資家の観点➡	債券利回り	株式投資収益率
	‖	‖
	$r+\rho=k$	$r+\rho^*=k^*$
	‖	‖
企業の観点➡	負債資本コスト	自己資本コスト

r ＝安全資産利子率（Risk free rate）
ρ ＝リスク・プレミアム
k ＝割引率
ただし，$\rho<\rho^*$ である。デフォルトリスクがない場合，$\rho=0$，すなわち $r=k$ となる。

例題6－1　企業Aは毎年100万円のキャッシュ・フローを永久に生み出すと予想される。企業Aは債券を発行していて，毎年5万円を永久に返済する。企業Aの債券価値はいくらか。
ただし，企業Aの負債資本コストは5%，法人税は存在しないとする。

《解　説》　$\frac{5\text{万円}}{0.05}=100\text{万円}$

例題6－2　例題6－1で，企業Aは債権者に対する利息を支払った後，残りのキャッシュ・フローを全額株主に配当する。企業Aの株式投資収益率と市場ポートフォリオの収益率との共分散は0.005である。また，市場ポートフォリオの期待収益率は10%，分散は0.003である。企業Aの自己資本コスト，株式価値，企業価値はいくらか。
ただし，安全資産利子率は1%，法人税は存在しないとする。
①企業Aの自己資本コスト（第4章・ポートフォリオ，資本資産評価モデル（CAPM）を参考に計算）
②企業Aの株式価値
③企業Aの企業価値（株式価値と債券価値の合計）

6）第4章の（4－12）式，$E(R_i)=R_f+\beta_i[E(R_m)-R_f]$ の左辺の $E(R_i)$ は個別企業（i）の株式投資収益率に等しく，右辺第1項の R_f は安全資産利子率，第2項の $\beta_i[E(R_m)-R_f]$ は個別企業のリスク・プレミアムとなる。

《解　説》 ①　$0.01 + \frac{0.005}{0.003} * (0.10 - 0.01) = 0.16\,(16\%)$

②　$\frac{100\text{万円} - 5\text{万円}}{0.16} = 593.75\text{万円}$

③　593.75 万円＋ 100 万円 =693.75 万円

2－4．加重平均資本コスト

債券価値と株式価値の合計で表される企業価値は，債権者と株主の全て（＝資本提供者の全体）が得るキャッシュ・フロー，すなわち企業全体のキャッシュ・フローを用いて企業価値を計算した場合と一致しなければならない。後者の企業価値を算出する際，用いられる資本コストを**加重平均資本コスト**(Weighted Average Cost of Capital, WACC）とよぶ。加重平均資本コストは負債と株式の合計からそれぞれが占める割合をウエイトとして計算した，負債資本コストと自己資本コストの加重平均値である。（6－3）式の右辺第2項，負債資本コストの部分に（$1 - T_C$）をかけているのは，負債資本を使うことによって得られる節税効果を表す。法人税率により負債資本にかかわるコストは減少し，企業の資金調達のコスト（つまり，WACC）が減少することを示唆する。さらに，法人税率が一定であれば，負債資本の節税効果によって負債資本の割合が増加するほどWACCの減少が期待できる。

（6－3）　加重平均資本コスト（WACC）

$$WACC = \frac{E}{E+D} * k_e + \frac{D}{E+D} * k_d * (1 - T_C)$$

ただし，Eは自己資本（株式），Dは負債資本，k_eは自己資本コスト，k_dは負債資本コスト，T_Cは法人税率を指す。

例題6－3　例題6－1の企業AのWACCを求め，キャッシュ・フローを用いて算出された企業価値が債券価値と株式価値の合計と一致するか確認しなさい。

ただし，法人税は存在しないとする。
①企業ＡのWACC
②キャッシュ・フローを用いた企業Ａの企業価値

《解　説》　① $\frac{593.75}{(593.75+100)}*16\%+\frac{100}{(593.75+100)}*5\%=WACC$

② $\frac{100万円}{WACC}=693.75万円$

例題６－４　企業Ｂは毎年５億円のキャッシュ・フローを永久に生み出すと予想される。企業Ｂは社債を発行していて，毎年４億円の利息を永久に支払うとする。利息を支払った後の残額はすべて株主へ配当する。現在企業Ｂの株式価値が15億円，債券価値が80億円とする。企業Ｂの自己資本コスト，負債資本コスト，WACCはいくらか。
ただし，法人税は存在しないとする。
①企業Ｂの株式価値を逆算して求める自己資本コスト
②企業Ｂの債券価値を逆算して算出する負債資本コスト
③企業ＢのWACC

《解　説》　① $\frac{1億円}{自己資本コスト}=15億円$

自己資本コスト＝6.67%

② $\frac{4億円}{負債資本コスト}=80億円$

負債資本コスト＝5.00%

③ $\frac{15}{(15+80)}*6.67\%+\frac{80}{(15+80)}*5.00\%=5.26\%$

毎年のキャッシュ・フローとして５億円を永久に生み出す場合，WACCを用いて，企業Ｂの企業価値を求めると，株式価値と債券価値の総合計の95億円に一致するのがわかる。

$\frac{5億円}{5.26\%}=95億円$

2－5．経済的付加価値（EVA）

企業価値を最大化するためにはキャッシュ・フローと資本コストを正確に予測する必要がある。そこで，加重平均資本コスト（WACC）を用いた企業価値最大化の指標の１つとして，近年幅広く導入されるのが**経済的付加価値**（Economic Value Added，EVA）である[7)]。EVA は企業が WACC 以上の儲けを達成しているかの基準として使用できる。儲けとして，一般的には法人税を支払った後の営業利益を用いる。（6－4）式のように EVA は ROIC と WACC の差に投下資本（有利子負債＋自己資本）をかけて算出し，企業の経済的付加価値を金額として表すことができる。

（6－4）　経済的付加価値（EVA）

EVA ＝（ROIC － WACC）× 投下資本

または，EVA ＝ NOPAT － WACC × 投下資本

3．投資決定

3－1．投資決定と企業価値

企業は企業価値を最大化するために企業投資を行う。企業金融論の３つの意思決定の中で，企業投資は企業価値に直接影響を与える。企業投資によって得られるキャッシュ・フローの現在価値が，企業価値につながるからである。企業が適切な投資判断のプロセスによって，正しい企業投資を行うと企業のキャッシュ・フローが増加するので企業価値は同時に増加することになる。

企業は企業価値に直結する投資の判断を慎重に行わなければならない。そのためには，妥当な投資判断の基準が必要になる。企業金融論では投資判断の基準に，最もベーシックな考え方として割引キャッシュ・フロー（Discounted Cash Flow，DCF）法に基づく**正味現在価値法**と**内部収益率法**を用いている。正味現在価値法は，Net Present Value の頭文字をとって NPV 法，内部収益率

7）EVA は米コンサルティング会社の Stern Value Management 社の登録商標である。

法は，Internal Rate of Return で，IRR 法とよぶ。

３－２．NPV 法

NPV（正味現在価値）法の基本は，投資額に比べ，キャッシュ・フローが多ければ投資を実行する，つまり，収入が支出を上回れば投資する，逆に，将来のキャッシュ・フローが投資額より少なければ投資を見送る。ここで注意すべきなのは，投資額の支出（キャッシュ・アウト）は現在に生じ，投資によるキャッシュ・インは将来に得られ，かつ時点が異なる点である。このため，キャッシュ・アウトとキャッシュ・インを正確に比較するには，すべてのキャッシュ・フローをまず現在価値に変換する必要がある。

図表６－10の数値例をみてみる。今あなたはラーメン屋を開こうとする。店を開業するためには，700 万円の投資費用がかかる。ラーメン屋をオープンすると３年後に 800 万円のキャッシュ・フローが得られる。投資額は 700 万円で現在かかる費用であり，現在価値は 700 万円となる。ラーメン屋を始めて２年後までは，まだビジネスが安定しておらず，０円のキャッシュ・フローとなり現在価値も０円である。３年後には，リスクはあるがやっと期待値 800 万円のキャッシュ・フローを生み出すことになる。単純に店を開くのに今かかる 700 万円より，３年後に 800 万円が入ってくるから，とりあえずやってみるということではない。３年後の 800 万円を現在価値に換算して，初期（現在）の投資額と比べる必要がある。現在価値として計算するために，割引率（ここでは 10%）を用いて３年後の 800 万円の現在価値を計算すると，601.05 万円となる。この現在価値は，投資額の 700 万円より小さいので，NPV 法に基づいて

図表６－10　時点の異なるキャッシュ・フロー（CF）の現在価値計算の数値例

	現在投資額	１年後	２年後	３年後
CF	700万円	0円	0円	800万円
現在価値	700万円	0円	0円	$\frac{800万円}{(1+0.1)^3}$ = 601.05万円

ただし，割引率は 10%，法人税は存在しないとする。

この投資は実行すべきではない。

（6－5） NPV（正味現在価値）を求める式

$$\frac{CF_1}{(1+r)}+\frac{CF_2}{(1+r)^2}+\cdots+\frac{CF_t}{(1+r)^t}-I=\sum_{n=1}^{t}\frac{CF_n}{(1+r)^n}-I=NPV$$

ただし，CF はキャッシュ・フロー，r は割引率，t は時間，I は投資額（現在価値）を指す。

NPV を式に表すと（6－5）式のようになる。企業の投資決定の意思決定では一般的に割引率（r）として加重平均資本コスト（WACC）を用いる。投資期間中のキャッシュ・フローの現在価値の合計から現在の投資額を引いたものがプラスになるとこれをポジティブ NPV プロジェクトといい，投資すべきと判断する。逆に，マイナスであれば，ネガティブ NPV プロジェクトとなり，経営者はこの投資案を実行すべきでないと判断する。

例題6－5　投資案 X1を実行すべきかを NPV 法に基づいて判断しなさい。投資額は 50 億円，この投資のキャッシュ・フローは 1 年後に 15 億円，2 年後は 25 億円，3 年後は 35 億円になると予想している。

	現在投資額	1 年後のCF	2 年後のCF	3 年後のCF
投資案 X1	50	15	25	35

単位：億円

ただし，割引率は WACC の 10%，法人税は存在しないとする。

《解　説》　$\frac{15}{(1+0.1)}+\frac{25}{(1+0.1)^2}+\frac{35}{(1+0.1)^3}-50=10.59$億円

1 年，2 年，3 年後の時点の異なるキャッシュ・フローを現在価値に換算すると，合計 60.59 億円になる。投資額の 50 億円を引くと，NPV がプラスの 10.59 億円になるのでこの投資案 X1 は実行すべき投資案であることがわかる。

企業は当然ながら，複数の投資案を持っている。企業ができる様々な投資案を経営陣は常に考えていてその実行可能性について検討している。NPV 法はその検討方法の１つであり，複数の投資案の中から実行すべき投資案と見送るべき投資案を選び出すプロセスである。

図表６－11 のように投資案 X1，X2，X3 があり，キャッシュ・フローは表の通りである。まず，投資案 X1，X2，X3 ともに投資の初期にかかる費用，投資額は 50 億円で同じである。しかし，各投資案別のキャッシュ・フローの変化に何らかの特徴がみられる。投資案 X1 は，年々キャッシュ・フローが増加傾向にある。一方で，投資案 X2 は，投資の１年後に，投資額よりも多い 60 億円が一度に入ってきてその後２年後，３年後は絶望的にもゼロ円のキャッシュ・フローである。投資案 X3 は，投資案 X1 とは逆で，徐々にキャッシュ・フローが減少していくことが見込まれている。この企業は，投資案 X1 から X3 の中でどれに投資すべきであるか。

まず，投資案 X1 は（例題６－５）と同じで，NPV が 10.59 億円のポジティブな投資案である。投資案 X2 は，NPV を計算すると 4.55 億円になり，投資案 X1 と X2 の NPV を比較すると投資案 X2 よりは X1 を選択した方がよい。最後に，投資案 X3 の NPV は 13.75 億円となる。投資案 X1 から X3 の中から１つを選ぶには，NPV が最も高い投資案 X3 を実行すべきであるという結論に辿り着く。特に，投資案 X1 と X3 は３年間のキャッシュ・フローを現在価値計算せず単純合計すると 75 億円と同じであるが，NPV を見るとより近い将来に多くのキャッシュ・フローが予想される投資案 X3 の方が大きい。これは企業にとって早期のキャッシュ・インは，再投資に回せることやすぐに活用できる財

図表６－11　複数の投資案のキャッシュ・フロー（CF）の数値例

	現在投資額	１年後のCF	２年後のCF	３年後のCF
投資案 X1	50	15	25	35
投資案 X2	50	60	0	0
投資案 X3	50	35	25	15

単位：億円
ただし，割引率は WACC の 10%，法人税は存在しないとする。

源となることから，より高い現在価値を持つためである。もちろん投資案 X2 を見るとキャッシュ・フローの絶対額も重要であることは忘れてはならない。

例題６－６　投資案 Y1 は投資額が 35 億円，１年後と２年後のキャッシュ・フローが２億円と予想される。３年後以降は毎年４億円のキャッシュ・フローが永久に生み出される。一方，投資案 Y2 は，投資額と１年後のキャッシュ・フローは投資案 Y1 と同じであるが，２年後以降は前年に比べ５%成長したキャッシュ・フローを永久に生み出すと予想されている。投資案 Y1 と Y2 のどちらを実行すべきか，NPV 法に基づいて判断しなさい。

	現在投資額	１年後のCF	２年後のCF	３年後のCF	…
投資案 Y1	35	2	2	4	…
投資案 Y2	35	2	2.1	2.205	…

単位：億円
ただし，割引率は WACC の 10%，法人税は存在しないとする。

①投資案 Y1 の NPV
②投資案 Y2 の NPV

《解　説》　投資案 Y1 のキャッシュ・フローの現在価値は，1 年後と 2 年後のそれぞれ 2 億円ずつの現在価値と 3 年後以降永久に続く 4 億円の現在価値の合計で計算することができる。特に，後者については，第 2 章（債券）の永久債の理論価格計算を使って求められる。ここで注意することは，3 年後以降から永久に続くキャッシュ・フローの価値は，まず 2 年後の時点の価値として計算され，それをさらに現時点での価値として計算しなければならない。

① $\frac{2}{(1+0.1)}+\frac{2}{(1+0.1)^2}+\frac{\frac{4}{0.1}}{(1+0.1)^2}-35=1.53$億円

一方で，投資案 Y2 のキャッシュ・フローの現在価値は，第 3 章（株式）定率成長配当割引モデル（定率成長 DDM）を使って計算できる。つまり，割引率（WACC）を 10%，毎年のキャッシュ・フローの成長率を 5% として，投資案 Y2 のキャッシュ・フローの現在価値が計算可能となる。

② $\frac{2}{(0.1-0.05)} - 35 = 5$億円

投資案Y1と投資案Y2は，両方ともポジティブNPVが算出されることがわかる。NPV法に基づき，両投資案は実行してもよい投資案ではあるが，ポジティブNPVのより高い投資案Y2の実行を優先すべきであると判断できる。

３－３．IRR法

内部収益率（IRR）法は，投資が生み出すキャッシュ・フローの現在価値が投資額とぴったり一致するIRRを計算した後（（６－６）式），そのIRRが資本提供者（＝投資家）の最低要求収益率を最も大きく上回る投資案を実行し，下回る投資案の場合は投資を見送る意思決定方法である。ここでいう最低要求収益率とは，切捨率，またはハードルレートともよばれ，一般的に加重平均資本コスト（WACC）が用いられる。

（６－６）　IRR（内部収益率）を求める式

$$\frac{CF_1}{(1+IRR)} + \frac{CF_2}{(1+IRR)^2} + \cdots + \frac{CF_t}{(1+IRR)^t} = I$$

ただし，CFはキャッシュ・フロー，tは時間，Iは投資額（現在価値）を指す。

図表６－11の数値例を使ってIRR法に基づく投資判断をしてみる。IRRを計算するためには，Excelの関数（図表６－12）を利用すると容易に計算できる[8]。図表６－12に示されているように，IRRは投資案X3が最も高く（27.61%）

図表６－12　Excelの関数を用いたIRR（内部収益率）の計算

	B	C	D	E	F	G
1						
2	投資案	投資額	1年後のCF	2年後のCF	3年後のCF	IRR
3	X1	-50	15	25	35	20.13%
4	X2	-50	60	0	0	20.00%
5	X3	-50	35	25	15	27.61%
6						=IRR(C5:F5)

かつこの数値例で用いる最低要求収益率（WACC）の10%を十分に上回っている。したがって，投資案X1（20.13%）とX2（20.00%）よりX3が優れた投資案であるといえる。なお，図表6－11の数値例からみるとIRR法を使った投資判断は，NPV法を用いた場合と同じ結論を導いていることがわかる。

例題6－7　初期投資額が5億円，1年後から毎年永久に0.7億円を生み出す投資案があるとする。この投資案について，IRR法に基づき投資判断をしなさい。
ただし，ハードルレート（最低要求収益率）は10%，また，税金と取引コストは存在しないとする。

《解　説》

$$\frac{0.7}{(1+IRR)}+\frac{0.7}{(1+IRR)^2}+\cdots+\frac{0.7}{(1+IRR)^\infty}=5$$

$$\frac{0.7}{IRR}=5$$

第2章（債券）の永久債の理論価格計算からIRRは14%となり，この投資案のハードルレート（最低要求収益率）の10%を上回る。したがって，IRR法に基づきこの投資案は実行してよい。

IRR法：

IRR（14%）>ハードルレート（10%）

3－4．NPV法とIRR法の比較

複数の投資案に対して，NPV法とIRR法が明確に同じ結論を示しているのであれば，企業の投資決定は容易である。しかし，場合によっては，両者がそれぞれ異なる結果を示すケースがある。この場合どちらの結果を採用すればよ

8）Excelの関数「IRR」を使うには，投資額をマイナス値に入力し，キャッシュ・フローを左（または上）から時間順に入力しておく必要がある。図表6－12の例では，投資案X3のIRRを計算するために，現在投資額（セルC5）を－50とし，キャッシュ・フローを時間順でセルD5からF5まで入力している。IRRの計算は，「=IRR（C5：F5）」にして算出することができる。

図表６－13　NPV 法と IRR 法の比較

	メリット	デメリット
NPV法	投資案を現在価値の金額として比較可能	リスク・プレミアムの予測が難しい
IRR法	収益率（%）として簡潔に表せる	1. 投資規模を考慮しない 2. IRRが複数算出される，または計算できないことがある 3. 投資期間中は同じIRRを仮定

いだろうか。結論をいえば，その場合は最終的に企業価値を最大化できる可能性がより高いものを経営者の判断で採用すればよい。

ここからはNPV法とIRR法を比較しそのメリットとデメリットについて考察する。まず，両者は割引キャッシュ・フロー（DCF）法に基づくことからキャッシュ・フローの時間の価値を考慮するという共通点を有する。両者の相違点として，NPV法は金額，IRR法は収益率（%）の形で結果が示されるが，それぞれメリットがあり（図表６－13），実務では必要に応じて両方検討することが多い。NPV法のデメリットとして，投資期間や規模により生じ得るリスク・プレミアムの変化を反映した正確な割引率の予測が難しいことが挙げられる。IRR法は，大きく３つのデメリットとされる点があり，特に，ここでは図表６－13のIRR法のデメリット１と２について数値例を用いて説明をする。

図表６－14の投資案X4とX5があり，それぞれ１年間の投資のプロジェクト期間としてキャッシュ・フローを生み出すとする。ただし，投資案X4は投資額が50万円で，１年後のキャッシュ・フローは65万円となる。投資案X5は投資額が50億円で，１年後のキャッシュ・フローは60億円と予想される。投資額だけで，両投資案は１万倍の差がある。IRR法に基づき，両投資案のIRRを求めると，投資案

図表６－14
IRR法のデメリット１の数値例

	現在投資額	１年後のCF
投資案 X4	50万円	65万円
投資案 X5	50億円	60億円

ただし，割引率はWACCの10%，法人税は存在しないとする。

X4のIRRは30%，そして投資案X5のIRRが20%と算出される。投資案X4とX5のIRRを比べると投資案X4がX5を上回り，資本提供者の最低要求収益率であるWACCの10%よりも高い値であることから，投資案X4を採択することになる。一方，NPV法に従い，投資決定をしてみると，投資案X4のNPVは9.09万円，そして投資案X5のNPVは4.55億円となる。当然，NPVの絶対額の大きい投資案X5を選択した方が企業価値の面からみて明らかに有利である。このようにIRR法は収益率で算出されるため，投資規模を反映しないデメリットがある（図表6－13，IRR法のデメリット1）。

図表6－13のIRR法のデメリット2，IRRが複数，あるいは計算できない点について考えてみる。図表6－15では，前図表までの「現在投資額」を「現在のCF」と記している。投資案X6の現在のキャッシュ・フローは，投資額の50億円を支出（キャッシュ・アウト）したため，マイナスの50億円と表している。投資案X6は1年後のキャッシュ・フローがマイナスの5億円，2年後にはプラスの70億円になると予想される。この場合，2次方程式の解の公式を用いて投資案X6のIRRを計算してみると，13.43%のプラスのIRRと－223.43%のマイナスのIRRが算出される。一方で，同じ投資案X6のNPVを求めると3.31億円のポジティブNPVが確認できる。

図表6－15　IRR法のデメリット2の数値例

	現在のCF	1年後のCF	2年後のCF
投資案X6	-50	-5	70
投資案X7	50	-70	25

単位：億円
ただし，割引率はWACCの10%，法人税は存在しないとする。

次に，投資案X7をみてみる。「現在のCF」がプラスの50億円となっている。これは投資に着手したと同時に，何らかの理由でキャッシュ・インが生じたことを意味する。1年後は，70億円のマイナスのキャッシュ・フローが発生し，2年後には，25億円のプラスのキャッシュ・フローが生み出される。投資額の継続的な支出（または費用発生の遅延）が生じたり[9]，将来のキャッシュ・フローを先に受け取ったりした場合，投資案X7の数値例のようなキャッシュ・フローが見込まれる。投資案X7のIRRは2次方程式の解の公式を用いても解が得られない。しかし，投資案X7のNPVを算出してみると7.02億円のポジティブNPVとなり，投資案X7は実行してもよいという結論になる。

図表6－14と図表6－15でみたように，IRR法のデメリットとして投資の規模を考慮しない点，そして複数のIRR，またはIRRが算出されない場合がある点などが挙げられる。さらに，図表6－13のIRR法のデメリット3のように，投資期間中は同じIRRを割引率（IRR法では再投資収益率としてみなす）として用いるため，非合理的な意思決定のおそれもあるといえる。しかしながら，収益率といった簡潔な形で表せるIRR法のメリットは依然として大きく，NPV法とともに投資決定の判断材料として幅広く使用されている。なお，近年はNPV法とIRR法のデメリットを十分に認識したうえ，これらを補完した補正済みのNPV法とIRR法も導入されつつある。

3－5．リアル・オプション

通常のNPV法では一度決定した投資案については判断を変えることなく投資を実行し，却下した投資案については再検討しないとしている。しかし実際には，このような二者択一の投資の判断よりは，毎期の市場のトレンドや企業の状況，将来に対する新たな予測によって投資を拡大，縮小，延期，そして撤退するなど，多様な選択肢を持って投資の意思決定を行う。こうした各時点の状況や新たな将来の予測に応じて戦略的な柔軟性を持たせた投資決定の方法をリアル・オプションという[10)]。

9）例えば，自然開発にかかわる投資の場合，将来の時点でかかる環境汚染処理費用や原状回復費用が考えられる。

10）企業の投資決定が金融デリバティブのオプション取引の性格に似ていることからリアル・オプションとよばれる。例えば，将来に投資を拡大するオプションについて，原資産価格（投資拡大が生み出す将来のキャッシュ・フローの現在価値）と行使価格（投資拡大に必要な投資額の現在価値）に基づくオプションの価格（リアル・オプションの価値）を初期投資のNPVに足し合わせ，その合計がポジティブであれば投資を実行する，逆に，ネガティブであれば，投資を放棄することになる。

リアル・オプションを投資決定に導入するためには，キャッシュ・フローの割引キャッシュ・フロー（DCF）計算とリアル・オプションの価値の算出が必要である。後者には，**ブラック・ショールズ・モデル**（Black-Scholes Model）[11]やディシジョン・ツリー分析（Decision Tree Analysis，DTA）などを使用したリアル・オプションの価値評価の方法が用いられている。

数値例を使ってNPV法とリアル・オプションの概念を取り入れた企業の投資決定の方法について説明する。図表6－16のように2年にわたる投資プロジェクトがあり，初期投資額は50億円である。初期投資を実施して1年後，50%の確率で40億円（成長機会がある），そして50%の確率で15億円（成長機会がない）のキャッシュ・フローが生み出されるとする。1年後には追加投資が必要であり，その費用は15億円である。そして2年後のキャッシュ・フローについては，成長機会があった場合は，成功時には100億円，不振の際は75億円のキャッシュ・フローが予想される。一方，成長機会がない場合は，成功時に20億円，不振時にマイナス20億円のキャッシュ・フローが見込まれる。資本コストが10%である場合，伝統的なNPV法によるとこの投資案のNPVはマイナス2.48億円となり，投資を実行してはいけないことがわかる。

$$\frac{(40+15)*50\%}{(1+0.1)}-\frac{(15+15)*50\%}{(1+0.1)}+\frac{(100+75+20-20)*25\%}{(1+0.1)^2}-50=-2.48\text{億円}$$

リアル・オプションの投資決定を用いると，1年後投資の成長機会があると予想された場合に限り追加投資（費用は15億円）を行い，成功した時は100億円，不振の際は75億円のキャッシュ・フローを期待できる。一方で，1年後のキャッシュ・フローを観察し，成長可能性がないと予測した場合は，1年後の時点で追加投資を行わないことができる。結果的に，リアル・オプションにより拡張されたNPV法を使うと4.34億円のポジティブNPVが算出され，したがって，投資を実行すべきとの判断になる。

11）第5章・先物オプションを参照すること。

図表６－16　NPV 法とリアル・オプション

<NPV 法に基づく投資決定>

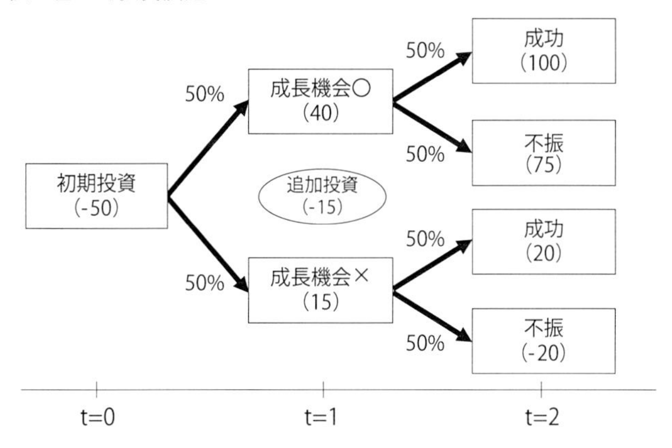

<リアル・オプションの概念を導入した投資決定>

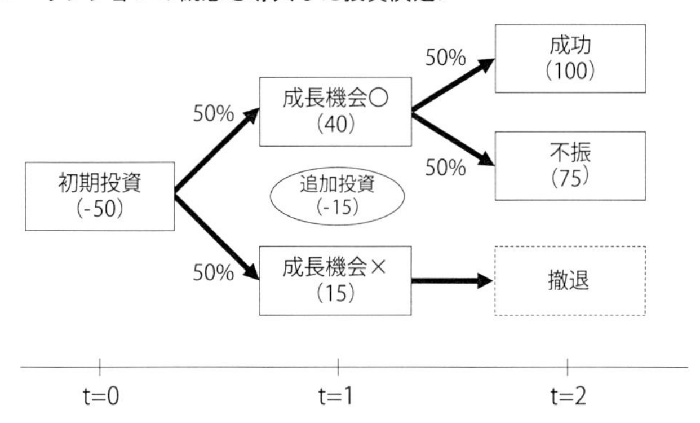

$$\frac{(40+15)*50\%}{(1+0.1)}-\frac{(15+0)*50\%}{(1+0.1)}+\frac{(100+75+0+0)*25\%}{(1+0.1)^2}-50 = 4.34\text{億円}$$

例題６－８　投資案 Z1 に現在 10 億円を投資すると，１年後，２年後，３年後，それぞれ３億円のキャッシュ・フローを生み出すと予想している。また，投資を実行してから１年後に，投資案 Z1 の成長機会を把握することができ，今後成長可能性があると予測できた場合，１年後に 20 億円の追加投資を実施すると，２年後と３年後には，それぞれ 12 億円のキャッシュ・フローが予想されている。第５章（先物オプション）のブラック・ショールズ・モデルを用いて，投資案 Z1 のリアル・オプションの価値を算出し，投資案 Z1 を実行すべきかについて意思決定しなさい。

	現在投資額	1年後のCF	2年後のCF	3年後のCF
投資案 Z1	10	3	3	3

1年後の拡大投資額	2年後のCF	3年後のCF
20	12	12

単位：億円

ただし，安全資産利子率は 5%，WACC は 10%，追加投資が生み出すキャッシュ・フローのボラティリティ（変動性）は 50% とする。また，法人税は存在しないとする。

《解　説》　将来に実施する投資の生み出すキャッシュ・フローの現在価値が，その投資額を上回れば投資を実行し，そうでなければ，投資を見送ることができる点から，投資案 Z1 の追加投資は，第 5 章・先物オプションの金融商品のコール・オプションに類似している。特に，追加投資を決定する 1 年後を満期とするヨーロピアン・タイプのオプション取引と同じ構造を持っているといえる。

まず，投資案 Z1 の追加投資を考慮しない投資決定の意思決定について，NPV 法を用いてその価値を求めると，マイナス 2.54 億円のネガティブ NPV が算出され，投資を直ちに棄却することになる。

$$\frac{3}{(1+0.1)}+\frac{3}{(1+0.1)^2}+\frac{3}{(1+0.1)^3}-10=-2.54\text{億円}$$

一方で，投資案 Z1 では，1 年後に投資の成長機会を判断でき，成長機会があれば，追加投資を実施する“投資拡大のリアル・オプション”を内包している。初期投資の NPV の価値に加えて，投資拡大のリアル・オプションの価値を合計した投資案 Z1 の価値を求めて，リアル・オプションに基づく投資の意思決定を行う。投資拡大のリアル・オプションの価値を求める方法として，第 5 章・先物オプションのブラック・ショールズ・モデルを使用することができる。オプション価格の要素として，原資産価格（S），行使価格（K），満期までの期間（t），安全資産利子率（r），そしてボラティリティ（σ）が必要となり，それそれを拡大投資のリアル・オプションに代入すると以下のようになる。

金融商品のオプション		リアル・オプション
オプションの価格（C）	＝	リアル・オプションの価値
原資産価格（S）	＝	追加投資が生み出すCFの現在価値
行使価格（K）	＝	追加投資額の現在価値
満期までの期間（t）	＝	追加投資を実行するまでの期間
安全資産利子率（r）	＝	安全資産利子率
ボラティリティ（σ）	＝	追加投資のCFの変動性

原資産価格（S）は，2年後，3年後の拡大投資した場合のキャッシュ・フローの現在価値であり，18.93億円となる。

$$\frac{12}{(1+0.1)^2}+\frac{12}{(1+0.1)^3}=18.93\text{億円}$$

行使価格（K）は追加投資額の現在価値で，ここでは投資額が現時点で確定であることから安全資産利子率の5％を用いて現在価値の19.05億円となる。

$$\frac{20}{(1+0.05)}=19.05\text{億円}$$

第5章で説明したブラック・ショールズ・モデルの式にオプション価格の要素を代入すると，オプションの価格（C）は，4.08億円と算出できる。

再掲になるが，第5章のブラック・ショールズ・モデルの式は以下のようになる。

$$C=S\cdot N(d_1)-Ke^{-r\cdot t}\cdot N(d_2)$$

（注）$d_1=\frac{\ln(S/K)+r\cdot t}{\sigma\sqrt{t}}+\frac{\sigma\sqrt{t}}{2}$，$d_2=d_1-\sigma\sqrt{t}$，$N$（$*$）は標準正規分布の分布関数

結果的に，投資案Z1の初期投資のNPVの価値（－2.54億円）と投資拡大のリアル・オプションの価値（4.08億円）の合計は，1.54億円となり，投資案Z1は実行してよいとの結論となる。

図表6－17　日本企業のM&A件数とIN－IN（国内企業同士のM&A）の推移

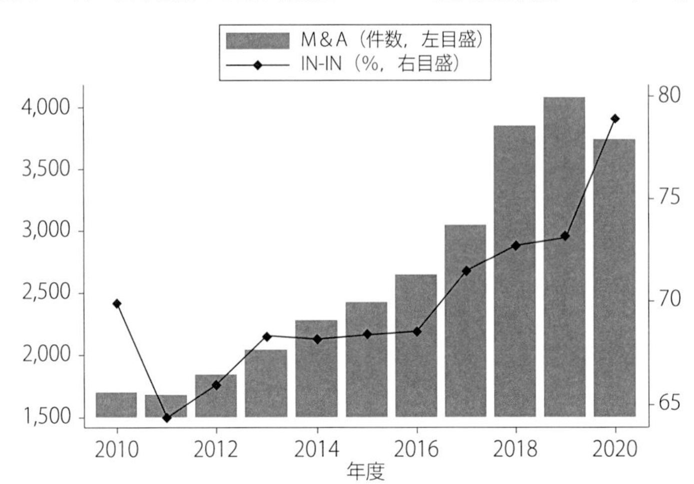

出典：レコフデータより筆者作成。

3－6．M&Aの投資決定

投資決定の意思決定は，工場の新設，設備の増設，商品および技術の研究開発など，企業の内的成長にかかわる投資だけではなく，他社の事業や会社を買収または合併する外的成長にかかわる投資にも重要なものである。後者のことをM&A[12)]といい，近年，M&Aは企業の重要な投資方法として定着している。M&Aは，国内企業同士のIN－INのM&Aをはじめ，国内企業による海外企業のM&A（IN－OUT），そして海外企業による国内企業のM&A（OUT－IN）に分類できる。図表6－17からみられるように，直近の日本企業のM&A件数は毎年約4,000件にのぼり，うち75%以上は国内の企業同士のM&Aである。

12）Mergers & Acquisitionsの略語であり，直訳すると「合併と買収」となる。M&Aの合併（Mergers）は，吸収合併と新設合併があり，２社以上の企業が法律的あるいは事実上１つの企業となることをいう。一方で，買収（Acquisitions）は，ある企業が他社の株式を取得し，経営権を獲得することを指し，株式取得，事業譲渡，レバレッジ・バイアウト（Leveraged Buy Out，LBO）などがある。特に，株式取得による買収は，買収側と被買収側（ターゲット）の合意がないまま実行される場合があり，これを「敵対的買収」とよぶ。

企業がM&Aを行う動機として，**シナジー効果**が挙げられる。具体的なシナジー効果としては，ビジネス拡張による売上高の増加，安定的な仕入れによる売上原価の削減，熟練した人材の確保とこれによる経営ノウハウの獲得そして企業のブランド・パワーの向上などがある。シナジー効果について次のような例で説明する。味噌ラーメンのフランチャイズを運営するM社，揚げ物のフランチャイズを運営するA社があるとする。M社は早くから海外に支社を設立し，海外での知名度（ブランド・パワー）を上げてきた。一方で，A社は国内事業を中心として，原材料の仕入れから全国の出店舗の管理まで安定的なサプライ・チェーンを持っている。現在，M社は海外から国内市場へビジネスの展開を検討していて，他方，A社はこれから海外にフランチャイズの設立を通じて新規市場への進出を検討中である。両社の現在価値をそれぞれ，$V(M)$と$V(A)$とした場合，両社がM&Aからシナジー効果を得られるのであれば，次のような式が成り立つ。

$$V(M+A) > V(M) + V(A)$$

このとき，M社とA社がM&Aから得るシナジー効果（$S(M+A)$）は，次のように表すことができる。

$$S(M+A) = V(M+A) - \{V(M) + V(A)\}$$

結果的に，M社とA社がM&Aによって１つの企業になれば，将来に生み出されるキャッシュ・フローが増加し，企業価値を上昇させることができる。

例題６－９　企業Mは企業AをターゲットとするM&Aを検討している。企業Mは企業Aのキャッシュ・フローについて，今後２年間にわたり，毎年５億円のキャッシュ・フローを生み出すと予想している。そして，M&Aを実行して３年後には，シナジー効果によりキャッシュ・フローは5.15億円と，前年に比べ3%成長し，それ以降についても同じ成長率で永久に成長していくことが予想されている。企業Aに対するM&Aの投資額は50億円とする計画である。企業MはこのM&A投資案を実行すべきか，NPV 法を用いて検討しなさい。

	企業Mの 現在投資額	企業Aの 1年後のCF	企業Aの 2年後のCF	企業Aの 3年後以降のCF
M&A 投資案	50	5	5	5.15 …

単位：億円

ただし，割引率は 10%，企業 A の 3 年後以降の CF の成長率は 3%（定率），法人税は存在しないとする。

《解　説》　NPV 法に基づくと，M&A ターゲットの企業 A について予想される将来のキャッシュ・フローの現在価値を算出したうえ，M&A の投資額を引いた NPV の値が，ポジティブである場合のみ M&A の投資を実行することになる。

企業 A のキャッシュ・フローの現在価値は，1 年後の 5 億円の部分と，2 年後の 5 億円が永久に 3% で成長する部分に分けて計算することができる。特に，後者については，定率成長 DDM（第 3 章・株式）を用いて算出できる。ここで注意しなければならない点としては，永久に 3% で成長する 2 年後の 5 億円の現在価値を計算すると，それはまず 1 年後の時点での現在価値となることである。したがって，1 年後の時点の現在価値を M&A の投資を実行する時点の現在価値として再換算する必要がある。

$$\frac{5}{(1+0.1)}+\frac{\frac{5}{(0.1-0.03)}}{(1+0.1)}-50 = 19.48\text{億円}$$

企業 M の M&A 投資案の NPV は，19.48 億円と，ポジティブ NPV として計算できる。したがって，NPV 法に基づき，企業 M の M&A 投資案は実行すべきである。

4．資本構成

4－1．資本構成の意思決定

資金調達の方法には，株式発行による自己資本の調達と，社債発行による負債資本の調達がある。企業がどの資金調達手段を使うかはその企業の資本構成と深くかかわっている。企業が新たに負債資本を調達すると，企業の総資本

（負債資本と自己資本の合計）の中で，負債が占める割合が増加する。逆に，債務の弁済あるいは株式発行を行うと，総資本の中で負債が占める割合は低下する。資金調達を通じて資本構成が変わり，それによって企業価値に変化をもたらすことができれば，企業の投資決定とともに，企業価値を最大化する資本構成が存在するといえるだろう。次に，資本構成にかかわる理論を紹介し，資本構成の意思決定について考察する。

４－２．財務レバレッジ

企業の財務的なパフォーマンスを表す指標としてROAとROEがある。ROAは企業の資産全体の生産性を表すのに対し，ROEは株主の立場からみた企業の収益性を示す指標として幅広く用いられている。特に，ROEは当期純利益の大小だけではなく，企業の資本構成に影響されることが知られている。

企業は自己資本の元本をその資本提供者である株主へ返済する必要はないが，企業が事業活動を通じて生み出した利益は最終的に株主に帰属することになる。このため，企業が借入（負債資本）を増やし，比較的少ない自己資本でビジネスを行うとROEは増加することになる。

（６－７）　財務レバレッジとROEの関係

$$ROA + \frac{D}{E}(ROA - k_d) = ROE$$

ただし，Eは自己資本（株式），Dは負債資本，k_dは負債資本コストであり，$ROA>k_d$とする。

負債資本を自己資本で割った負債比率を**財務レバレッジ**[13)]とよぶ。レバレ

13) 財務レバレッジの指標として，負債資本対総資産比率（負債資本÷総資産），総資産対自己資本乗数（総資産÷自己資本）等があるが，本章では負債資本対自己資本比率を採用する（参照：Ross, S., Westerfield, R., Jaffe, J., Jordan, B., 2019. Corporate Finance, Twelfth Edition. McGraw-Hill Education, New York.）。

ッジ（Leverage）はテコを意味する。負債資本の使用を増やす，すなわち，財務レバレッジを高めることによって，ROEは上昇する傾向にある（(6－7)式)。ただし，ROEの上昇とともに，企業の財務的リスクも高くなることには留意が必要である。

図表6－18の数値例を参考に，財務レバレッジの構造を考えてみる。ここに500億円の資金調達が必要な企業2社があるとする。借入を行わず負債資本を使用しない（Unleveraged）企業Uは全額を自己資本で調達している。負債を使用する（Leveraged）企業Lは，300億円を負債資本として調達しており，負債資本の調達コストは5％とし，利息として15億円（=300億円×5％）を支払うとする。景気が回復，横ばい，そして悪化した場合のそれぞれの営業利益をもとに，当期純利益を算出した後，自己資本で割ってROEの期待値（確率平均）を計算すると，企業Uは6.67%，企業Lは9.17%となる。すなわち，負債資本を用いている企業LのROEが企業Uのそれを上回る。他方，ROEのばらつき（標準偏差）をみると，企業Lの方が企業Uより高い値であることが

図表6－18　企業Uと企業LのROEの平均と標準偏差

企業U	営業利益	支払利息	当期純利益	ROE
景気回復	50	0	50	10%
景気横ばい	35	0	35	7%
景気悪化	15	0	15	3%
				平均
資産	500			6.67%
負債	0			**標準偏差**
自己資本	500			2.87%

企業L	営業利益	支払利息	当期純利益	ROE
景気回復	50	15	35	17.5%
景気横ばい	35	15	20	10%
景気悪化	15	15	0	0%
				平均
資産	500			9.17%
負債	300			**標準偏差**
自己資本	200			7.17%

単位：億円

ただし，負債資本コストは5%，法人税は存在しないとする。

図表6－19　日本の上場企業の財務レバレッジの推移

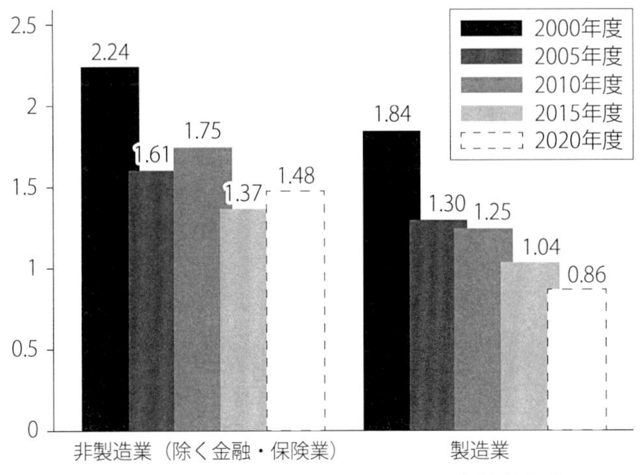

（出所）QUICK Workstation Astra Manager より筆者作成。

わかる（企業Ｕの標準偏差：2.87％＜企業Ｌの標準偏差：7.17％）。以上のことから，財務レバレッジを高めると，ROE の期待値が上昇すると同時に，ROE のばらつき，すなわち，リスクが高くなることがわかる。このような現象を負債の**レバレッジ効果**とよぶ。

日本企業の財務レバレッジの推移をみておこう。図表6－19のように，非製造業と製造業の財務レバレッジが2015年度以降はそれ以前と比べてより低下している。これは，近年の日本企業において，**メインバンク**[14]を中心に行われた資金調達が衰退したことや，内部留保により資産規模が拡大したことが理由として挙げられる。直近の非製造業の場合，財務レバレッジの平均値は1.48と，総資本のうち負債が占める割合が50％を上回る一方，製造業の場合，平均値が0.86であり，自己資本の割合が負債を上回っていることがわかる。

14）企業が長期的に取引関係を維持する特定の銀行をメインバンク（Main bank）とよぶ。企業はメインバンクを通じ，安定的な負債資本の調達を行い，経営活動の全般において密接な関係を保つ。メインバンクは，日本の特徴的な金融システムとして，高度成長期の日本企業の躍進に大きな役割を果たしたとされる。

4－3．資本構成と企業価値（MM 理論の第一命題）

財務レバレッジにより ROE とそのリスクが変化する。したがって，負債資本のレバレッジ効果を上手に用いると，リスクに耐えられる範囲で株主価値が最大になる資本構成を選択することが可能であると推測できる。これに関して 1950 年代までは企業価値を最大化できる**最適資本構成**が存在するといわれていた。その後，経済学者のモディリアーニとミラーの２人が，完全資本市場（税制と取引コストが存在しないと仮定される）においては，企業の資本構成は企業価値に影響を与えないという結論の論文を発表した（1958 年）[15]。そこで提唱された理論を，２人の経済学者の名前の頭文字をとって**MM 理論の第一命題**とよぶ。

MM 理論の証明には市場の**裁定取引**の機能を用いる。裁定取引とは，一物一価の法則により，同一の市場では，同一の価値を有する商品は必ず同じ価格を持ち，もし価格に差がある場合[16]は即時売買によって，コストがかかることなく利益が得られる取引のことを指し，裁定取引は価格が均衡になるまで続く。

数値例を用いて，MM 理論の第一命題を考察する。図表６－20 のように２つの企業（企業 U と企業 L）があるとする。両社の資産（ビジネス）の内容は全く同じであり，したがって同じ営業利益（P）を生み出すとされる。ただし，資本構成においては，企業 U は負債を持たず，無借金企業であり，企業 L は社債の発行を通じて負債資本を使用している。ここで，企業 U が発行する株式の a% に投資することを投資戦略１とし，また，企業 L が発行する株式と社債のそれぞれ a% に投資することを投資戦略２として，２つの投資戦略から投資家が予想できるキャッシュ・フローを考えてみる。図表６－20 の「投資家の CF」に示しているように，投資戦略１の場合，企業 U の営業利益の a% を

15）Modigliani, F., Miller, M., 1958. The Cost of Capital, Corporation Finance and the Theory of Investment. American Economic Review 48, 261-297.

16）ファイナンスでは，これを裁定取引の機会（または，裁定機会とよぶ）が存在するという。なお，同一の価値の商品が同一の価格となり，裁定取引ができない（均衡）状態を無裁定条件とよぶ（第４章，第５章を参照）。

図表６－20　MM 理論の第一命題の例

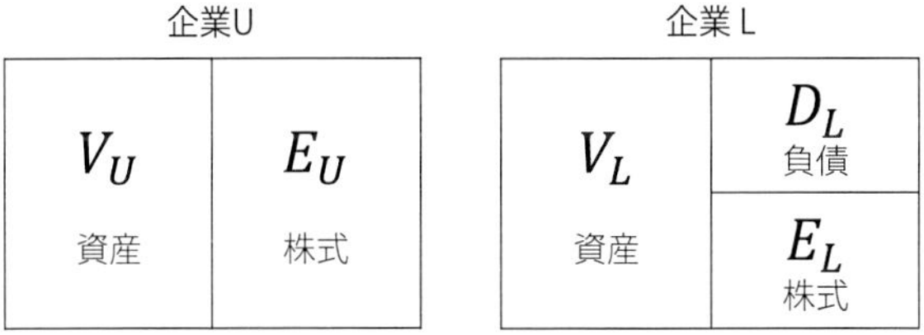

企業U		企業L	
V_U 資産	E_U 株式	V_L 資産	D_L 負債 / E_L 株式

	投資内容	投資家のCF
投資戦略１	a%×企業Uの株式	a%×P
投資戦略２	a%×企業Ｌの負債 a%×企業Ｌの株式	a%×k_d×P a%×（P－k_d×P）

ただし，Ｐは企業の営業利益，k_d は負債資本コストとする。
また，法人税と取引コストは存在しないとする。

得られることで，a% × P となる。投資戦略２は，株式投資によるキャッシュ・フローと社債投資によるキャッシュ・フローの両方を足し合わせたものが投資家のキャッシュ・フローとなり，社債の場合は，営業利益（P）に負債資本コスト（債権者からみると債券利回り）の k_d をかけた部分の a% が得られる。つまり，a% × k_d × P となる。株式の部分は，全体の営業利益からまず債券投資家（全体）のキャッシュ・フロー（k_d × P）を取り除いた後の a% であるため，a% ×（P － k_d × P）となる。両者の合計は a% × P と，投資戦略１の投資家のキャッシュ・フローと等しくなるのがわかる。

税制と取引コストが存在しない完全資本市場の仮定の下では，同じ利益を生み出すと予想される２つの投資戦略は，同じ値段で取引されることになる。すなわち，企業Ｕと企業Ｌに対する投資費用は同じ価格となり，さらに，両社の企業価値そのものも同じ価値を持つようになる。

もし，ここの投資戦略１と投資戦略２の費用が異なるのであれば，同じ価値を持つ両社が異なる価格で売買されていることを意味する。商品の価値は同じであるが，価格に差がある場合，裁定取引の機会が存在し，投資家によって直ちに裁定取引が行われる。その結果，２つの投資戦略は同じ価格に収斂される。すなわち，MM 理論の第一命題によれば，法人税と取引コストが存在しない

図表6－21　法人税を考慮に入れたMM理論の修正命題の例

企業U	成功（50%）	不振（50%）
営業利益	50	20
支払利息	0	0
法人税	17.5	7
当期純利益	32.5	13

資産	負債	自己資本
500	0	500

企業L	成功（50%）	不振（50%）
営業利益	50	20
支払利息	15	15
法人税	12.25	1.75
当期純利益	22.75	3.25

資産	負債	自己資本
500	300	200

単位：億円
ただし，負債資本コストは5%，法人税率は35%とする。

完全資本市場では，企業価値は資本構成に無関連である。

4－4．法人税とMM理論の修正命題

MM理論が前提としている完全資本市場では，企業の資本構成は企業価値に影響を与えない。しかし，現実の世界では，企業に対する税制があり[17)]，税金の存在を考慮すると資本構成によって企業価値が変化する可能性がある。これに関して，MM理論の第一命題の発表（1958年）の後，法人税を考慮に入れた**MM理論の修正命題**が発表された（1963年）[18)]。

図表6－21の数値例をみてMM理論の修正命題について考察する。資本500億円の全額を自己資本のみで調達する企業Uと，500億円のうち300億円は負債資本（社債発行）として，残り200億円は自己資本で調達する企業Lがあるとする。両企業は同じ資産（ビジネス）を持っていて，生み出すキャッシュ・フローについても差がなく，50%の確率で成功，50%の確率で不振となり，それぞれ50億円（成功）と20億円（不振）のキャッシュ・フローが予想される。ここでは，

17) 法人登記している企業は，法人税，法人住民税，そして法人事業税のいわゆる法人3税を納めなければならない。第6章，第7章では，議論の簡単化のために，企業に対する税制をまとめて法人税として取り扱う。

18) Modigliani, F., Miller, M., 1963. Corporate Income Taxes and the Cost of Capital: A Correction. American Economic Review 53, 433-443.

税率35％の法人税が存在し，企業Ｕの場合，成功時と不振時でそれぞれ，17.5億円（50億円×35％）と７億円（20億円×35％）を納税しなければならない。一方で，企業Ｌは，負債資本に対して利息の15億円（300億円×５％）を支払った後，その残額に対して35％の税率がかかるため，成功時と不振時でそれぞれ，12.25億円（35億円×35％）と1.75億円（５億円×35％）の納税が必要となる。

ここで，２つの投資戦略を考えてみる。投資戦略１は企業Ｕの株式の20％に投資し，投資戦略２は企業Ｌの株式と社債にそれぞれ20％投資する。両投資戦略にかかる費用を計算してみるといずれも100億円と同額になることがわかる。

投資戦略１の費用：企業Ｕの株式500億円＊20％＝100億円
投資戦略２の費用：企業Ｌの株式200億円＊20％＋企業Ｌの社債300億円＊20％＝100億円

このとき，それぞれの投資戦略について投資家が予想できる期待キャッシュ・フローは，投資戦略１の場合4.55億円，投資戦略２は5.6億円と求められる。

投資戦略１の期待キャッシュ・フロー：
32.5億円＊50％＊20％+13億円＊50％＊20％=4.55億円
投資戦略２の期待キャッシュ・フロー：
22.75億円＊50％＊20％＋3.25億円＊50％＊20％＋15億円＊100％＊20％＝5.6億円

同じ投資費用を支出するが，投資戦略２の期待キャッシュ・フローが，投資戦略１を上回るのがわかる。法人税の存在によって，両企業の企業価値（投資家の価値）に差が生じる結果となった。

逆に考えると，投資戦略から得られる期待キャッシュ・フローが同じとなるように，投資戦略２を修正して，企業Ｌの株式20％と社債13％に投資すれば，投資戦略１と同じ4.55億円が得られる。修正した投資戦略２の費用は，企業Ｌの社債への投資が減ったことから当然低くなる（最初の100億円から79億円に減少する）。

修正した投資戦略２の期待キャッシュ・フロー：
22.75 億円＊50%＊20%＋3.25 億円＊50%＊20%＋15 億円＊13%＝4.55 億円
修正した投資戦略２の費用：
企業Ｌの株式 200 億円＊20%＋ 企業Ｌの社債 300 億円＊13%＝79 億円

同じキャッシュ・フローが得られるにもかかわらず，投資費用に差があるのであれば，裁定取引の機会が生まれることになり，この例では，企業Ｕの発行した証券が売却されると同時に企業Ｌの発行した証券に対する需要が高まる。最終的に，企業Ｕの株式 100% の価値は，企業Ｌの株式 100% と負債 65 %の価値の合計に等しくなり[19)]，企業Ｌの企業価値は，負債 35% の価値分，企業Ｕの全体の価値を上回るようになる。

ここまでの説明をまとめると，法人税が存在する資本市場では，企業Ｌの企業価値は，**負債の節税効果**（Debt tax shield）の現在価値の相当分だけ企業Ｕの企業価値を上回るといえる。この関係を表すものが（６－８）式となる。

（６－８） 法人税を考慮に入れた場合の企業価値

$$V_L=V_U+T_C*D$$

ただし，V_L は企業Ｌの企業価値，V_U は企業Ｕの企業価値，T_C*D は負債の節税効果の現在価値である（T_C は法人税率，D は負債資本を指す）。

MM 理論の第一命題に対して法人税を考慮に入れた MM 理論の修正命題によれば，企業価値は負債の使用が増えれば増えるほど増加することになる。しかし，現実では企業価値が高いとされる企業が他の企業より格段に高水準の負債比率を維持しているとは断言できない。法人税を考慮に入れた MM 理論の修正命題が発表された後にも，企業価値に影響を与える要因の存在については多くの議論が行われている。

19）投資戦略で 20% としていた投資の割合を，100% と設定した場合と同じ考え方である。

４−５．倒産コストとトレード・オフ理論

負債は他人資本として，前もって約束した定期的な利息の支払いや満期に元本償還が義務付けられている。つまり，負債の使用は企業の財務的リスクを高める原因となる。財務的リスクは企業の流動性の問題に直決し，資金繰りが悪化すると，企業として事業を継続できない倒産状態に陥ることがある。

企業が倒産状態になると様々なコストが発生する。それらは，直接的なコストと間接的なコストに分けて考察できる。まず，直接的なコストとして，倒産状態の企業が法的な破産手続きに進む場合，保有している資産を処分し債務を整理（清算）することがある。このとき裁判所に納める予納金，弁護士や会計士といった専門家に支払う費用がかかりこれらは直接的な倒産コストとなる。一方で，間接的なコストとして，企業のイメージ失墜による役員や従業員の離脱，取引の減少，投資機会の喪失，資金繰り悪化の深刻化による経営困難などが挙げられる。このように，企業の倒産にかかわり発生する諸費用を**倒産コスト**[20]といい，使用する負債が増えるに連れて，企業が抱える倒産コストは増加することになる。

（６−９）　法人税と倒産コストを考慮に入れた場合の企業価値

$$V_L = V_U + T_C * D - \text{倒産コスト}$$

ただし，V_L は企業Ｌの企業価値，V_U は企業Ｕの企業価値，$T_C * D$ は負債の節税効果を示す（T_C は法人税率，D は負債資本を指す）。負債の節税効果と倒産コストは現在価値とする。

負債を用いることによって生じる節税効果や倒産コストを考慮に入れた資本構成と企業価値の関係（（６−９）式）について，負債比率を横軸，企業価値を

20）借金に対する利息の支払いや元本の償還ができない（または滞る）ことを債務不履行（デフォルト）という。つまり，デフォルトは倒産状態を指し，倒産コストをデフォルト・コストともよぶ。

図表6－22　最適資本構成と企業価値

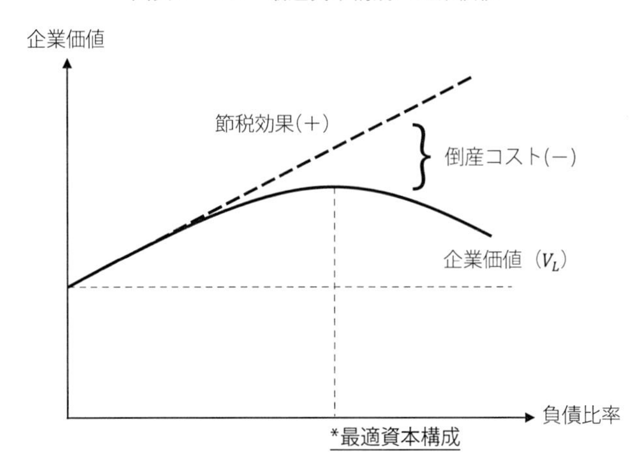

縦軸とする平面に表すと図表6－22のようになる。まず，図表6－22の右上がりの破線は，法人税のみを考慮にいれた負債使用と企業価値の関係を示している（(6－8）式)。負債の節税効果（T_C*D）が働き，企業価値が負債比率に従って増加することを表す。一方，負債比率が企業の許容範囲を超過していくと倒産コストが節税効果を相殺し，企業価値は右下がりに転じることになる。結果的に企業価値を表す実線は逆のU字型となる。このとき，企業価値が最高点に達する負債比率を**最適資本構成**といい，この資本構成は負債の節税効果と倒産コストのトレード・オフによって生じ，企業価値の**トレード・オフ理論**（Trade-off theory）ともよばれる。すなわち，トレード・オフ理論は，企業価値を最大化する資金調達（資本構成）の決定が可能であることを示唆する。

5．ペイアウト

5－1．利益還元の意思決定

ペイアウトとは一般的に，企業の利益を資本提供者である投資家（株主と債

21）企業の利益還元にかかわる意思決定をペイアウトポリシー（Payout policy），または，ペイアウト政策とよぶ。

権者）へ見返りとして還元することを意味する[21]。ここで債権者に対する利益還元は第２章（債券）で説明したように，予め定められた利息の支払いと満期に元本の償還をすることで充足できる。“予め定められた”ものであるため，債権者への利益還元については，企業側から見て意思決定の必要がない[22]。一方，株主に対する利益還元は企業の意思決定が必要となる。具体的に，まず，企業の利益を株主に還元するかしないか，還元するならその方法はどのようにするか，一部だけ還元してその残りは企業の内部に留保するかなど，多様な選択肢の中から意思決定を行わなければならない。

株主への利益還元は，**配当**と**自社株買い**に大別できる。特に，損益計算書の当期純利益からいくら配当を支払ったかをその割合として計算した配当性向は，企業金融論のみならず，株式投資のサスティナブル成長率とも関係がある（第３章・株式）。一方，自社株買いは，企業が資金調達のために発行した株式を，株式市場で売買される時価を基準に買い戻しすることを指す[23]。株式の発行価格より企業価値が上昇（株価が値上がり）しているなら，自社株買いに応じた株主は売却益を得ることになる。企業が買い戻した自社株は，企業内部に現金化できる資産として保有（いわば，**金庫株**[24]）するか，自己資本を減少させる目的で消却する。自社株買いを実施すると株式市場で売買される株式が減少し，浮動株比率が低下する。

2010年度から2020年度までの日本の上場企業のペイアウトの傾向をみると（図表６－23），配当性向は約30%前後であり，近年は毎年500件以上の自社株買いの発表が行われていることが読み取れる。

22）利息の支払いや元本の償還などは，企業側（債務者）と債券投資家（債権者）の間の契約として，その義務と権利が法律に定められている。こういった意味で，債券を発行した企業は，債券投資家に対して利益還元という義務を果たすだけであり，そこに意思決定の余地はない。

23）配当と比べ，自社株買いは不定期的に行われ，一般的に，買い戻す株式数や取得総額，そして取得期間については，自社株買いの発表時に公表される。また，自社株買いに応じる株主だけが利益還元の対象となるのも配当とは異なる点である。

24）金庫株はトレジャリーストック（Treasury stock）ともよばれ，役員報酬の支払い（例えば，ストック・オプション）や株式交換によるM&Aに使用されることがある。

図表6－23　日本の上場企業の配当性向と自社株買い発表件数の推移

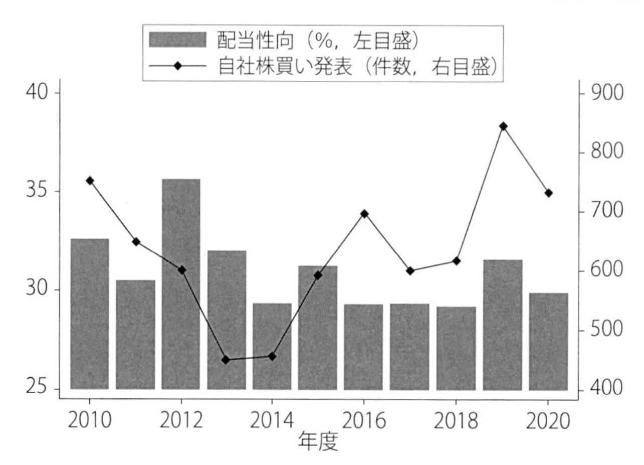

（出所）QUICK Workstation Astra Manager，JSRI（日本証券経済研究所）より筆者作成。

当期純利益の全額を株主へ還元しない場合，内部留保が生じることになる。内部留保の目的として，将来の有望な投資機会に充てることや運転資本として資金繰りの改善（流動性の確保）をすることなどが挙げられる。近年では，株主に対する利益還元の要求が強まる一方内部留保は増加傾向にあり，これが経済全般に及ぼす影響など，企業のペイアウトの意思決定について，学術研究はもちろん，政府や企業側の担当者により盛んに議論が行われている。

5－2．ペイアウトと企業価値

ペイアウトの意思決定が企業価値に与える影響について考察する。企業価値を向上させるペイアウト政策における議論は，企業の配当政策を取り上げた，MM 理論の**配当政策無関連命題**が知られている[25)]。配当政策無関連命題によれば，企業価値は投資家の価値の合計であり，配当政策は企業のキャッシュ・フローを企業内部においておくか，あるいは，投資家に移しておくかを決める

25) Miller, M., Modigliani, F., 1961. Dividend Policy, Growth, and the Valuation of Shares. Journal of Business 34, 411-433.

図表６－24　配当支払い前後と企業価値

配当支払い前

【資産】	【資本】
総額：50 （うち現金：20）	総額：50 （株式数：5株）

配当支払い後

【資産】	【資本】
総額：40 （うち現金：10）	総額：40 （株式数：5株）

単位：億円
ただし，法人税は存在しないとし，資産と資本総額はすべて時価とする。

ことに過ぎない。したがって，配当政策によって企業価値を変えることはできないという。

配当政策と企業価値の無関連性を説明するためには，企業の資本構成による企業価値への影響は排除しなければならないので，ここでは資本の全額が自己資本となっている企業を例にして考察する[26)]。

図表６－24の左側は配当支払い前のバランスシートである。現金20億円のうち10億円を配当として支払い，右側のバランスシートになったとする。配当として10億円を支払ったので，その分資本は減少し，40億円となっている。このとき，発行済株式数は変わらないので，１株当たりの株価は，配当支払い前の10億円から，配当支払い後の８億円（＝40億円／５株）となっているが，株主は１株当たりの配当として２億円を受け取ったので，株主に帰属する価値は配当を支払う前の10億円と同じであることがわかる。したがって，企業の配当政策は株主持分に影響を与えないこととなり，企業価値も変化しないというのがMM理論の配当政策無関連命題の核心である。

一方で，ペイアウトのもう１つの方法として自社株買いがあり，ここからは

26）配当支払いによって資本構成に変化が生じれば，仮に，企業価値が上昇したとしても，それが資本構成による影響なのか，配当政策の効果なのか判断することができない。したがって，ここでは企業価値に与える配当政策の純粋な影響をみるために全額が自己資本として構成される企業を想定する。

図表6－25　自社株買い前後と企業価値

自社株買い前

【資産】	【資本】
総額：50 （うち現金：20）	総額：50 （株式数：5株）

自社株買い後

【資産】	【資本】
総額：40 （うち現金：10）	総額：40 （株式数：**4株**）

単位：億円
ただし，法人税は存在しないとし，資産と資本総額はすべて時価とする。

自社株買いが企業価値と無関連であることについて考察する。図表6－25のように自社株買いを実施すると，株式市場で流通する株式数が減少することになる。この例では，自社株の1株を10億円で買収し，自社株を取得する前に5株あったのが，取得後は4株となっている。自社株買いに応じた株主は株式を売却し，1株当たり10億円の譲渡所得を得る。一方で，資本が減っている分，株数も減少しているため，自社株買いに応じない株主の株価は，自社株買い前と同じく，1株10億円（＝40億円／4株）である。したがって，理論的にはペイアウトの自社株買いは企業価値と無関連であることがわかる。

例題6－10　自己資本（全額を株式発行による）100％の資本構成を持つ企業Cは，毎年5億円のキャッシュ・フローを永久に生み出すと予想されている。1年後に既存株主（発行済株式数は，5株）に対して，キャッシュ・フローと同額の5億円（1株当たりの配当は，1億円）を配当するが，5億円の追加投資が必要であるため，すぐに新規株式を発行して同額を調達しようとする。MM理論の配当政策無関連命題に基づき，企業Cの配当政策によって既存株主の価値が変わらないことを説明しなさい。
ただし，企業Cは，負債は一切用いず，自己資本コストは20％，法人税は存在しないとする。

《解　説》　割引キャッシュ・フロー（DCF）法による企業Cの価値は25億円で

あり，既存株主の１株当たりの価値は５億円（=25億円/5株）となる。

$$企業Cの価値 = \frac{5億円}{自己資本コスト（20\%）} = 25億円$$

１年後，既存株主に対して１株当たり１億円（=5億円/5株）の配当を支払った後，新規株式を発行した場合，企業価値の25億円のうち５億円（利益配当請求が可能な金額）は新規株主に帰属するため，発行済株式全体のa%が新規株式の割合となる。

$$25億円 * a\% = 5億円$$

つまり，新規株式の割合（a%）は20%，その株式数は1.25株になるのがわかる。

$$\frac{新規株式数}{既存株式数 + 新規株式数} = 20\%$$

企業Ｃの２年目以降の発行済株式数は，既存株式数（５株）と合わせて6.25株となる。

$$\frac{5億円}{6.25} = 0.8億円$$

２年目以降の１株当たりのキャッシュ・フローは0.8億円となり，このキャッシュ・フローが永久に続くことになるため，自己資本コスト（20%）で割ると既存株式の１株当たりの価値は４億円となる。

$$\frac{0.8億円}{0.2} = 4億円$$

したがって，既存株主にとっては，１年後に受け取った１株当たり１億円の配当と，新規株式を発行した後の１株当たりの価値の４億円の合計５億円は，企業が１年後に５億円のキャッシュ・フローを全て追加投資に充て，配当をしない場合の１株当たりの価値と同じであることがわかる。この数値例から，MM理論の配当政策無関連命題に基づけば，企業の配当政策は企業価値に影響を与えないといえる。

1年目から配当を支払う場合	1年後	2年後	3年後	4年後…
既存株主の1株当たりCF	1億円	0.8億円	0.8億円	…

$$既存株主の1株当たりの価値 = 1 + \frac{0.8}{0.2} = 5億円$$

1年目に配当をしない場合	1年後	2年後	3年後	4年後…
既存株主の1株当たりCF	0億円	1億円	1億円	…

$$既存株主の1株当たりの価値 = \frac{1}{0.2} = 5億円$$

5－3．税制とペイアウト

ペイアウトに関するMM理論の配当政策無関連命題では，税制が存在しない完全資本市場の仮定をおいている。しかし，税制が存在する現実では，株主の配当所得（インカム・ゲイン）と自社株買いに応じた株主が保有していた株式を売却して得る売却益，すなわち，株式譲渡所得（キャピタル・ゲイン）は課税対象となる。配当所得と株式譲渡所得に対する課税の税率や時期が異なれば，ペイアウトの意思決定は企業価値（株主価値）に何らかの影響を及ぼすかもしれない。

まず，配当所得に対する税率が株式譲渡所得に対する税率より低ければ，企業は配当政策をより拡大する方が企業価値の向上につながる。一方で，配当所得と株式譲渡所得の税率が同じであるとしても，それぞれの所得の発生時期で課税のタイミングが異なることによって，価値の差が生じる可能性がある。例えば，配当所得の発生は，企業により一律に決まるが，株式譲渡所得は株主によって株式の売却時点が選ばれ，株主が所得の発生時点を決めることができる。したがって，課税時期のタイミングの選択の可否によって，ペイアウトが企業価値に与える影響が変化することがある。

さらに，個人投資家をはじめ，一般法人企業，非課税法人，機関投資家，そして外国の投資家など，様々な投資家が存在し，投資家によって適用される税率に差があれば，配当所得と株式譲渡所得に対する投資家の選好はそれぞれ異なるであろう。これをペイアウトの意思決定に関する理論では，税制による顧

客効果とよぶ。すなわち，各投資家は自分にとって有利なペイアウト政策を行う企業を選択し，その株式を保有するようになる。

第7章　企業金融論の応用理論

第6章では，企業のお金の流れにおける意思決定にかかわる投資決定，資金調達（資本構成），ペイアウトの基礎理論を説明した。特に，資本構成とペイアウトにおいて，企業価値を最大化する最適資本構成や，ペイアウト政策について考察した。このとき，企業内部と外部（資本提供者）の間には「情報の対称性」があること，経営者は純粋に企業価値（株主価値と債権者価値，つまり，資本提供者の価値）の最大化を目標としていることを前提とした。しかし現実では，企業と資本市場の間には「情報の非対称性」があり，企業内部と外部の間には利益相反が存在する。本章では，これらを勘案した企業金融論の応用理論について説明する。また，本章後半ではコーポレート・ガバナンスやESG投資についても考察する。

1．資本構成の応用理論

1－1．ペッキング・オーダー理論

現実では，企業外部の資本提供者（投資家）が投資先の企業内部のことを完璧に知るのは難しい。特に，今日の企業は経営が細分化かつ専門化され，M&Aを通じてビジネスを多角化しており，投資家が企業内部に関する情報[1)]を全てかつ即時に把握することはさらに困難である。このように，現実の世界では，企業内部と外部の間に**情報の非対称性**（格差）が存在する。

資本提供者は，企業との情報の非対称性が大きいと判断するほど，より多く

1）例えば，企業が実行している投資プロジェクトの生み出すキャッシュ・フローの予想や企業の将来の成長性および投資機会などを含む。

図表７－１　ペッキング・オーダー理論の資金調達の順序

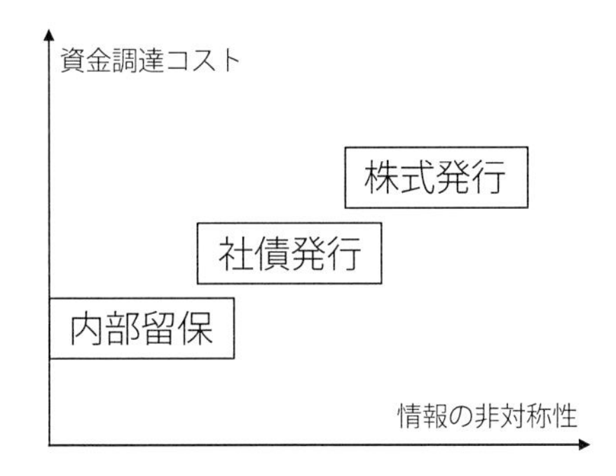

のプレミアム（いい換えると，より高い要求収益率）を求める[2)]。例えば，資金繰りが困難で倒産の可能性がある企業の場合，より資金調達に積極的になるだろう。このとき，資本提供者が企業の質に関する情報を得られないのであれば，すなわち，情報の非対称性が存在するのであれば，不利な選択（質の低い企業へ資金を提供）をする可能性が高い。このようなリスクによって，資本提供者の要求収益率（企業からみて資金調達コスト）は上昇する。つまり，情報の非対称性は企業の資金調達コストに影響を与え，企業は資金調達コストが低い順に資金調達を行うようになる。企業内部と外部の間の情報の格差，すなわち，情報の非対称性の問題にフォーカスし，企業の資金調達について説明するのが**ペッキング・オーダー理論**（Pecking-order theory）である[3)]。

ペッキング・オーダー理論によると，企業は，情報の非対称性の程度に起因する資金調達コストが低い順に選択して資金調達する。企業の立場からみて，情報の非対称性のない，いい換えると，資金調達コストがかからないのは企業

2）企業と資本提供者の間に情報の非対称性が存在することで，資本提供者が不利な選択してしまうことを逆選択（Adverse selection）という。逆選択の問題が深刻化すると質が良好な企業は高いコストのかかる資本市場から離脱することとなり，質の悪い企業だけが残る。この状態を経済学では，レモン市場（レモンの原理）とよぶ。

3）ペッキング・オーダー理論のペッキング（Pecking）は“鳥がくちばしでつつく”という意味である。鳥の群れには個体の間に，エサをつつく序列（ペッキング・オーダー）が存在することをたとえた命名である。

が保有する内部留保である。内部留保を最初に用いた後，企業は外部の資金を使用することになる[4]。外部の資金調達において，投資家の観点では，負債のリスクより株式投資のリスクの方が大きく，リスク・プレミアムも大きくなる。企業の観点では，自己資本コストは負債資本コストを上回り，株式発行より負債を先に用いることが有利である。結果的に，図表7－1のように，資金調達の優先順位は内部留保，社債発行（負債），株式発行の順となる。

ペッキング・オーダー理論について，株式を発行して資金調達を行っている企業を例に説明する。企業Dの株式は時価5千円で取引されている。しかし，企業Dは企業内部の情報に基づき，自社の株式の適正価格は3千円程度であることを把握している。企業Dは株価が過大評価されていることを知っているため，急いで新規株式を発行し，資金調達を行おうとする。投資家（資本提供者）からみると，株式を発行する企業Dの株価が過大評価されているかもしれないと察知する。一方で，株価が1千円で取引されている場合，株価が過小評価されていると判断した企業Dは新規株式発行による資金調達には乗り出さない。企業Dが株式ではなく，債券を優先的に発行した場合は，投資家は企業Dの株価が過小評価されていることを察知することになる。

このように，情報の非対称性が存在する現実の資本市場では，企業は外部からの資金調達の際，自社の株価が過大評価されている場合，株式発行を通じた資金調達を行うようになる。このような企業の行動を証券投資のリスクとして考える投資家は追加的なリスク・プレミアムを要求することになる。その結果，企業の資金調達コストは増加し，株式発行を通じた資金調達の優先順位は低くなる。

第6章のトレード・オフ理論に基づくと，企業が負債を用いるメリット（節税効果）とデメリット（倒産コスト）の均衡の中で，企業価値を最大化できる最適資本構成が存在することが示唆される。しかしながら，ペッキング・オーダー理論では，資本構成は資金調達の結果に過ぎず，企業の資金調達による最

4） Myers, S., Majluf, N., 1984. Corporate Financing and Investment Decisions When Firms Have Information That Investors Do Not Have. Journal of Financial Economics 13, 187-221.

適資本構成の存在については想定していない。

1－2．エージェンシー理論

企業内部の経営者は大株主ではないことが多い。つまり，経営者は株主により雇用された単なるプロの経営者といえる。この場合，経営者は株主の代理人として，常に自身の雇用主のために全力で働くとは断言できない。例えば，経営者が密かに企業の資産を用いて自身の家族のための別荘を購入したり，親族が経営する企業と不正な取引関係を持つようなことが考えられる。このような経営者の私利私欲的な行為は企業価値（株主価値）に影響を与える。

ここで，株主から雇われた経営者のことを株主の代理人であることからエージェント（Agent ＝代理人），雇用主である株主のことをプリンシパル（Principal ＝依頼人）という。両者の間に利害関係が一致しないことから生じる諸問題を，**プリンシパル・エージェント問題**（Principal-agent problem）または，株式のエージェンシー問題とよぶ。

プリンシパル・エージェント問題は企業が負債（他人資本）を使用するときにも発生する。代理人と依頼人の関係を見ると，負債資本を使用する株主（あるいは株主価値だけを最大化する企業内部の経営者）はエージェントであり，負債資本提供者（債権者）はプリンシパルとなる。企業が債券価値を毀損する投資決定を行い，負債資本提供者の利害と対立するとき，負債のエージェンシー問題があるとされる。

経営者，株主，債権者という利害関係者間の利害対立によるエージェンシー問題は現実の資本構成の議論における重要なキーワードである。エージェンシー理論はエージェンシー問題に起因する様々な費用，すなわち，エージェンシー・コストを最小にすることで企業価値を最大化できると考える。いい換えると，**エージェンシー・コスト**を最小にできる最適資本構成が存在することを示唆する[5)]。

5）Jensen, M., Meckling, W., 1976. Theory of the Firm: Managerial Behavior, Agency Costs and Ownership Structure. Journal of Financial Economics 3, 305-360.

エージェンシー・コストは，**モニタリング・コスト**（Monitoring costs），**ボンディング・コスト**（Bonding costs），そして**残余損失**（Residual loss）に大別できる。まず，モニタリング・コストはプリンシパルがエージェントの行動を監視するためにかかるコストである。例えば，エージェントが不正を働かないように企業内部の厳格な制度や規律を整える際にかかるコストが考えられる。ボンディング・コストはエージェントが自ら不正を働いていないことをプリンシパルへ証明するためにかかるコストである。企業の**インベスター・リレーションズ**（Investor Relations, IR）はその代表的な例であり，コストを伴う。最後に，残余損失は，モニタリング・コストやボンディング・コスト以外のコストを指す。これらエージェンシー・コストは株式と負債資本の使用のどちらにも発生する。

株式のエージェンシー・コストは持株比率が低い経営者と株主の間の利害対立により生じるコストである。特に，企業内部と外部の間に情報の格差が存在する場合，経営者が自身の私利のために，企業価値を損なう投資決定を行うことがある。企業価値を毀損する投資決定として，私的流用と不正取引などが挙げられる。例えば，ビジネス出張に必要だといって高級スポーツカーやプライベートジェットを購入（企業の資産を使った投資）するケースや，自身の親族が営む特定の企業との不正取引を通じて，一般的に取引される価格より高い値段で仕入れをしたり，安い値段で販売したりするケースが考えられる。これを経営者の**モラル・ハザード**（Moral hazard）とよぶ。株式による資金調達が増えれば増えるほど，経営者の持株比率は低下（希薄化）し，株主と経営者の間の利害関係の不一致が頻繁に起こり，したがって，株式のエージェンシー・コストは増加することとなる。

例題７－１　企業Ｅは，経営者が努力すると75％の確率でビジネスが成功し，25％の確率で横ばいとなる。一方で，経営者が努力しない場合は，25％の確立で成功し，75％の確率で横ばいとなる。それぞれのキャッシュ・フローは下の図表の通りである。また，経営者が努力する場合のみ，0.5億円の努力コストがかかる。経営者の行動について，経営者の持株比率が 100% の場合と 1% の場合を比較したうえ，株式のエージェンシー問題について説明しなさい。

努力する	成功（75%）	横ばい（25%）
1年後のCF	50	20
期待値の合計	37.5＋5＝42.5	
努力コスト	0.5	

努力しない	成功（25%）	横ばい（75%）
1年後のCF	50	20
期待値の合計	12.5＋15＝27.5	
努力コスト	0	

単位：億円

ただし，計算の簡単化のために，キャッシュ・フローは１年後までとし，全額が株主に還元されるとする。また，資本の全額は，株式のみで構成され，割引率はゼロ，法人税は存在しないとする。

《解　説》　経営者の持株比率が 100% であれば，企業Ｅのキャッシュ・フローの全額は経営者が受け取ることになる。
経営者が努力する場合，努力コスト（0.5 億円）を引いた 42 億円は全て経営者に帰属する。

50 億円 * 75% + 20 億円 * 25% − 0.5 億円 = 42 億円

一方で，経営者が努力しないのであれば，努力コストはかからず，27.5 億円のキャッシュ・フローが得られる。

50 億円 * 25% + 20 億円 * 75% = 27.5 億円

したがって，企業Ｅの経営者の持株比率が 100% である，いわゆるオーナー社長であれば，努力する方がより多くのキャッシュ・フローを得られるので，努力するという行動をとる。
他方，経営者の持株比率が 1% であれば，企業Ｅのキャッシュ・フローの 1% のみを経営者が得ることになる。
経営者が努力する場合，努力コスト（0.5 億円）がかかり，マイナスの 0.075 億円のキャッシュ・フローとなる。

50億円＊75%＊1％＋20億円＊25%＊1％－0.5億円＝－0.075億円

しかし，経営者が努力しないならば，努力コストはかからず，0.275億円のキャッシュ・フローが得られる。

50億円＊25%＊1％＋20億円＊75%＊1％＝0.275億円

したがって，企業Ｅの経営者の持株比率が1%であれば，経営者は努力しない場合の方が，より大きなキャッシュ・フローを受け取れる。以上のように，経営者の持株比率が低いときに発生する経営者と株主の間の利益相反とこれに起因する企業価値の毀損を株式のエージェンシー問題とよぶ。なお，株式のエージェンシー問題によって生じる企業価値の減少や経営者のモラル・ハザードを防ぐための対策にかかる諸費用を株式のエージェンシー・コストとよぶ。

一方で，**負債のエージェンシー・コスト**は株主（または，株主価値だけを最大化する企業内部の経営者）と負債資本提供者（債権者）の間の利害対立によって発生する。特に，資産代替問題と過小投資問題は，負債のエージェンシー・コストの主な原因となる。

企業が行う投資が成功した場合，債権者に対する支払利息を引いた全ての利益は株主に帰属する。他方，債権者は，投資の成否にかかわらず予め約束された利息や満期には元本の償還のみが期待できる。企業の利益還元におけるこのような仕組みの中で，ひたすら株主の利益だけを優先する経営者は，かえって企業価値を破壊するような投資決定を行うかもしれない。

負債資本を用いる企業が，過度なハイリスク・ハイリターンの投資プロジェクトを選好することは，その一例といえる。企業金融論の応用理論では，企業の負債資本が，高リスクの投資プロジェクトに使用されること（または，負債を抱える企業が低リスク資産より高リスク資産の保有を増やすこと）を**資産代替問題**（Asset substitution problem）とよぶ。

例題７－２　企業Ｆは１年後に100％の確率で60億円のキャッシュ・フローを生み出す投資案１と，20％の確率で成功，40％の確率で横ばい，そして40％の確率で不振となる投資案２を保有していて，それぞれの投資案のキャッシュ・フローは下の図表の通りである。企業Ｆは現在負債資本を用いており，１年後に負債50億円を返済しなければならない。企業Ｆの経営者がひたすら株主の利益最大化のために働く場合，経営者の選択する投資案はどちらになるか，負債のエージェンシー問題（資産代替問題）に基づき説明しなさい。

投資案１	通常（100％）
１年後のCF	60
期待値の合計	60
負債の返済額	50

投資案２	成功（20％）	横ばい（40％）	不振（40％）
１年後のCF	120	40	10
期待値の合計	24＋16＋４＝44		
負債の返済額	50		

単位：億円

ただし，計算の簡単化のために，キャッシュ・フローは１年後までとし，負債の返済後は残った全額が株主に還元されるとする。また，割引率はゼロ，法人税は存在しないとする。

《解　説》　１年後に返済する負債50億円を考慮して，投資案１と投資案２の現在価値を計算してみると，投資案１は全体のキャッシュ・フローから負債の返済額を引いた，10億円（＝60億円－50億円）となり，投資してもよいことがわかる。一方で，投資案２は，マイナス６億円で，投資を見送るべきである。

120億円＊20％＋40億円＊40％＋10億円＊40％－50億円＝－６億円

しかしながら，株主の立場で投資案２から予想されるキャッシュ・フローについて再考してみると，横ばいと不振時には，キャッシュ・フローが負債の返済額を下回るので，実際生み出されたキャッシュ・フロー分だけ，負債を返済すればよい（つまり，横ばいの場合は40億円，不振時は10億円の全額を負債の返済に充てれば済む）。したがって，株主の利益だけを最大化しようとする企業Ｆの経営者は投資案２に関しては，14 億円のキャッシュ・フローを予想することになり，投資案１を棄却し，投資案２を実行することとなる。

(120 億円 − 50 億円) * 20% + 0 * 40% + 0 * 40% = 14 億円

低リスクの負債資本を使用して，高リスクである株式の価値の最大化を優先することになると負債のエージェンシー問題（資産代替問題）が発生する。負債のエージェンシー問題によって生じる企業価値の低下や負債のエージェンシー問題を防止するためにかかる諸費用を負債のエージェンシー・コストとよぶ。

負債資本を用いる企業は，利息の支払いや元本償還の義務を負う。これらが足かせとなり，企業の投資決定を制限してしまうことが考えられる。特に，株主の利益を優先する経営者は，企業が巨額の負債を抱えている場合，負債の返済が負担となり，ポジティブな投資機会があるにもかかわらず，投資を見送る可能性がある。その結果，企業価値が毀損されることを**過小投資問題**（Underinvestment problem）という。

例題７－３　企業Ｇは１年後に 50 億円のキャッシュ・フローを生み出すと予想される。ビジネスを続けない場合，１年後の時点で負債を償還した後に残った全額は株主へ配当として支払われる。一方，追加投資を行い，ビジネスを続ける場合は，１年後の時点で投資費用として 35 億円が必要となり，それを支払った後の残額はすべて株主に配当される。また，追加投資を実行すると２年後に 39 億円のキャッシュ・フローが生み出される。

現在，企業Ｇは負債資本として 20 億円を調達していて，返済金額は毎年 20% ずつ上昇するとする。つまり，１年後に返済すれば 24 億円，２年後になると 28.8 億円の償還額として支出が生じる。なお，この負債は満額返済を原則とする。

企業Ｇの投資決定について負債のエージェンシー問題（過小投資問題）に基づき説明しなさい。

追加投資しない	１年後	２年後
CF	50	0
負債の返済額	24	0

追加投資する	１年後	２年後
CF	50－35＝15	39
負債の返済額	0	28.8

単位：億円

ただし，計算の簡単化のために，キャッシュ・フローは２年後までとし，割引率はゼロ，法人税は存在しないとする。

《解　説》　ビジネスを継続するという追加投資案について，NPV 法を用いて投資判断をしてみると，１年後の時点で 4 億円のポジティブ NPV となり，この追加投資は実行すべきである。

39 － 35 = 4 億円

企業 G が追加投資を実施しない場合，1 年後に 24 億円の負債を償還した後，残りの 26 億円は株主へ配当として支払われる。

50 － 24 = 26 億円

一方で，追加投資を行った場合は，1 年後に追加投資のために支出する金額（35 億円）を除いた 15 億円が，全額配当として支払われ，2 年後には，追加投資が生み出した 39 億円のキャッシュ・フローのうち，負債の償還にかかる 28.8 億円を除いた 10.2 億円が配当として支払われる。したがって，株主価値としては合計 25.2 億円が予想できる。

（50 － 35）＋（39 － 28.8）＝ 25.2 億円

上記をまとめると，企業 G はポジティブ NPV 投資案を保有しているにもかかわらず，そのキャッシュ・フローの多くが負債の償還に回されるため，追加投資を行わない判断になる。
このように，企業の負債資本の使用により有望な投資（ポジティブ NPV 投資プロジェクト）を見送ること，または企業価値の向上が妨げられることを負債のエージェンシー問題（過小投資問題）とよぶ。この例題のように，企業の負債資本の調達コストが追加投資の生み出す価値を上回る場合，過小投資問題が生じるおそれがある。

上の３つの例題での議論をまとめると，株式のエージェンシー・コストは自己資本による資金調達が増えると増加することがわかる。一方で，資産代替問題や過小投資問題による負債のエージェンシー・コストは負債資本の使用が増えると増加することになる。企業金融論のエージェンシー理論では，株式のエージェンシー・コストと負債のエージェンシー・コストの合計が最小になる点で，企業価値を最大化できる資本構成（最適資本構成）が存在することが示唆される（図表７－２）。

図表７－２　エージェンシー・コストと最適資本構成

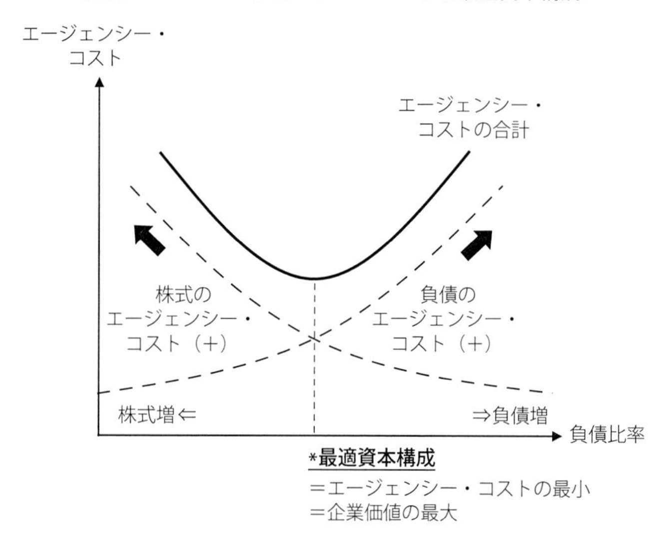

２．ペイアウトの応用理論

２－１．シグナリング理論

企業内部と外部の間に情報の非対称性が存在する場合，企業内部の情報を外部へ伝える手段としてペイアウト（配当や自社株買い）が行われるとする，ペイアウトの**シグナリング理論**がある。ペイアウトのシグナリング理論は，ペイアウトを通じて，経営者が企業の保有する投資の成長可能性，すなわち将来のキャッシュ・フローの増減にかかわる情報を投資家へ伝える効果（情報効果Ⅰ）と，ペイアウトのうち自社株買いを実施することで，現在取引されている企業の株価が過小評価されているとの情報を投資家へ伝える効果（情報効果Ⅱ）に大別できる[6)]。

情報効果Ⅰが成り立つのであれば，企業が配当を増やすと発表した場合（例えば，増配に関する記事やニュースが報じられたとき），投資家は企業のキャッシュ・フローが将来増加するという情報を獲得できるようになり，したがって，株価は上昇することが予想される。また，情報効果Ⅱにおいては，企業が自社株買いに関する情報を発信した場合（例えば，自社の株式取得に関する記事やニュースが報じられたとき），外部の投資家は現在取引されている当該企業が自社株買いを実施するのは，株価が過小評価されているためだろうと認識する。こうした情報を入手した投資家により株式に対する需要が増え，株価の上昇が予想される。

例題７－４　企業Ｈは投資の将来のキャッシュ・フローについて，２つの予想をしている（図表の「CF の予測１」と「CF の予測２」）。それぞれのキャッシュ・フローのパターンは 50% の確率で通常，50%の確率で不振の場合が予想され，「CF の予測１」が的中したときを“投資成功”，「CF の予測２」は“投資失敗”として想定している。
投資を行って１年後に，企業Ｈは６億円のキャッシュ・フローを生み出した。そのとき，企業Ｈの経営者は，キャッシュ・フローのパターンが「CF の予測１」と「CF の予測２」のどちらか断言できないが，２年後には確実に把握できると考えている。また，経営者は２年後のキャッシュ・フローが２億円になった場合（つまり，「CF の予

6）Bhattacharya, S., 1979. Imperfect Information, Dividend Policy, and “The Bird in the Hand” Fallacy. Bell Journal of Economics 10, 259-270.
Ikenberry, D., Lakonishok, J., Vermaelen, T., 1995. Market Underreaction to Open Market Share Repurchases. Journal of Financial Economics 39, 181-208.

測2」の不振時）に備えて，1年後に生み出した6億円のキャッシュ・フローのうち4億円だけ配当を支払い，残りの2億円は内部留保した。投資を実行してから2年後，企業Hの経営者はこの投資が成功なのか失敗なのか正確に把握することができた。そしてペイアウトの意思決定を見直し，1年後の時点で支払った4億円の配当を，2年後の時点では8億円に増配した。
この投資を実施してから2年後，企業Hの経営者が正確に把握できたのは「CFの予測1」と「CFの予測2」のうちどちらか，ペイアウトのシグナリング理論に基づき説明しなさい。

	通常（50%）	不振（50%）
CFの予測1	10	6
CFの予測2	6	2

単位：億円

ただし，企業Hの投資は4年後まで実施され，一度支払った配当額を減らすこと（減配）はしないとする。

《解　説》　企業Hは1年後，4億円の配当を支払ったので，企業外部の投資家は企業Hの投資が成功（「CFの予測1」）したか，失敗（「CFの予測2」）したか正確に知ることはできない。ここで投資を実施して2年後，10億円のキャッシュ・フローが得られると，企業Hの経営者はこの投資についてキャッシュ・フローの「CFの予測1」が確実であることを把握できるようになる。
投資を実施してから2年後，10億円のキャッシュ・フローのうち，8億円の配当を支払うと残りの2億円は内部留保となり，1年後の時点の内部留保（2億円）と合わせて4億円を内部留保できる。こうすることによって，万一，「CFの予測1」の下で3年後と4年後のキャッシュ・フローが全て不振の場合，つまり，キャッシュ・フローが6億円になったとしても，1年後と2年後に内部留保した合計4億円の財源を用いて3年後と4年後の配当支払いを均等に8億円ずつ（キャッシュ・フローの6億円と内部留保のうち2億円の合計）とすることができる。
上記の考察から，投資を実行して2年後に企業Hの経営者が8億円に増配したということは，10億円のキャッシュ・フローを生み出したことを意味し（つまり，「CFの予測１」が確実で，投資は成功した），さらに，ペイアウト政策を通じてこの情報を投資家へ伝えようとしたことを示唆する。企業の経営者がペイアウトを用いて企業内部と外部の間の情報の非対称性を緩和すること，これがペイアウトのシグナリング理論である。

シグナリング理論によれば，企業が増配または自社株買いを発表すると，投資家は企業からのポジティブな情報（将来のキャッシュ・フローの増大）を当該企業の株価に反映させ，したがって，株価の上昇につながると考えられる。企業のペイアウト政策にかかわるシグナリング理論について，多くの実証研究が行われており，シグナリング理論を支持する研究結果も報告されている。図表７－３はシグナリング理論を支持する株価の変化の例を表したものである。企業が増配または自社株買いを発表した当日を基準に，20日前から発表日前まで，5,200円を下回っていた株価は，企業がペイアウト政策を発表した日以降に上昇傾向を示している。

図表７－３　ペイアウトのシグナリング理論に基づく株価変化の例

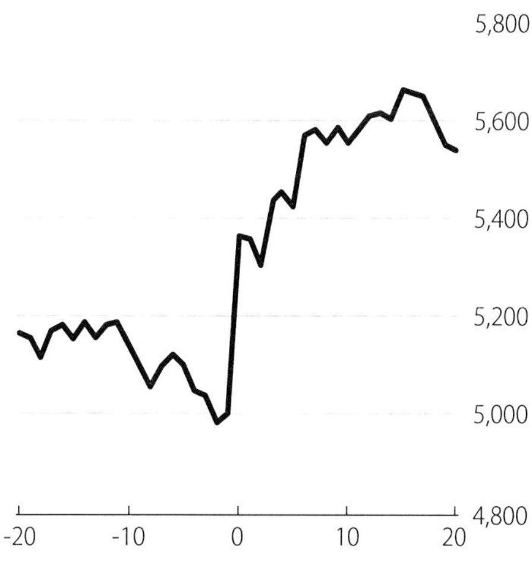

横軸：増配または自社株買いの発表日（０）を基準にした日数
縦軸：株価（単位：円）

2－2．フリー・キャッシュ・フロー理論

過剰なフリー・キャッシュ・フローを抱える企業が限られた投資機会を保有する場合，経営者は私的なベネフィットを追求する投資決定の判断を下し，結果的に企業価値を損なうこととなる。過剰なフリー・キャッシュ・フローを持つ状態，すなわち，不要な財務的余裕（Financial slack）を有する企業は積極的なペイアウト政策を行い，フリー・キャッシュ・フローを減らすべきだというのがフリー・キャッシュ・フロー理論の核心である[7)]。

経営者と株主の間に利益相反がある場合，株式のエージェンシー・コストが生じ，企業価値は低下する。フリー・キャッシュ・フロー理論によると，企業が配当の支払いや自社株買いのペイアウト政策を行い，フリー・キャッシュ・フローを減少させれば，企業価値を損なうネガティブNPVの投資プロジェクトを実施しようとする経営者の行動を抑止できる。さらに，ペイアウト政策の実行後，新規投資の際は，企業外部からの資金調達が必要となるため，新たに利害関係者として加わる資本提供者が経営者をモニタリングする効果も期待できる。つまり，ペイアウトの水準によってエージェンシー・コストが増減し，したがって企業価値に影響を与えることが推察できる。

2－3．ライフサイクル理論

企業には導入期，成長期，成熟期，そして衰退期といった4つのステージのライフサイクルがあるといえる。図表7－4のように，それぞれのステージ（時期）で，企業の利益剰余金の水準は増加と停滞，減少を示す。これを踏まえると，企業は投資活動のための資金調達とペイアウトの程度をライフサイクルに合わせて調整することが予想できる。

利益剰余金の管理（内部留保のままにするかペイアウトするか）にかかわるコストとベネフィットの大小関係はライフサイクルのステージによって変わり，その結果，各ステージ別に最適なペイアウト政策が行われるというのがペイアウ

7）Jensen, M., 1986. Agency Costs of Free Cash Flow, Corporate Finance, and Takeovers. American Economic Review 76, 323-329.

図表７－４　ライフサイクル理論

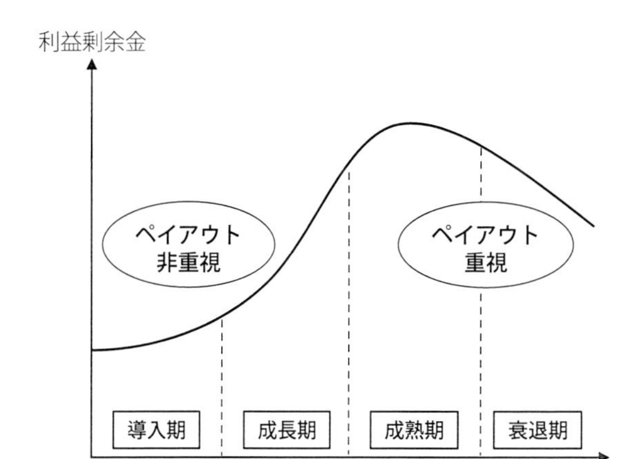

トのライフサイクル理論である[8]。

具体的に導入期と成長期には，ポジティブNPVの投資機会が多く，利益剰余金をペイアウト政策に回すとその分新規で資金調達を行わねばならないため，ペイアウト政策のコストがベネフィットを上回る。したがって，企業はペイアウト政策を重視するより利益剰余金を内部留保として保有することになる。さらに，導入期と成長期には経営者の持株比率が高い傾向にあり，株式のエージェンシー問題が発生するおそれが低く，ペイアウト政策を行わないことにおける株主とのコンフリクトも少ないといえる。

一方で，成熟期と衰退期においては，ポジティブNPVの投資機会が減少する。このとき，株主にペイアウト政策を行うことで株式の売却益（キャピタル・ゲイン）を与えるなど，ペイアウト政策を実施することのベネフィットがコストを上回るため，企業はペイアウト政策を重視するようになる。なお，このステージにある企業は突発的なキャッシュ・アウトの発生が導入期や成長期に比べ著しく稀なこととなり，利益剰余金を内部留保にする必要性は低下する。他

8）DeAngelo, H., DeAngelo, L., Stulz, R., 2006. Dividend Policy and the Earned/Contributed Capital Mix: A Test of the Life-Cycle Theory. Journal of Financial Economics 81, 227-254.

方，株主によるペイアウトの要求は増加する。

3．コーポレート・ガバナンスとESG投資

3－1．コーポレート・ガバナンス

先に考察したように，企業の内部（経営者）と外部（資本提供者）の間には情報の非対称性があり，こういった利害関係者の間に利益相反が存在することで，いわゆるプリンシパル・エージェント問題が発生する。プリンシパル・エージェント問題によるエージェンシー・コストは企業価値に負の影響を与えるといえる。これを避けるため実際には，エージェンシー問題を低減させるとともに，証券市場の効率性を高め，資金調達の主体である企業と資本提供者，そして利害関係者[9)]の価値向上を図るために，様々な方策がとられている。コーポレート・ガバナンスはその１つといえる。

企業統治と訳される**コーポレート・ガバナンス**は企業金融論の発祥地の欧米で創案された概念である。初期のコーポレート・ガバナンスは資本提供者のうち株主の観点から企業価値を最大化するよう経営者を監督することや企業内部の正しい仕組みを意味していた。しかし近年では，企業価値の向上はもちろん，持続可能な企業の成長と利害関係者の権利確保，さらに，経済全体の発展のためにコーポレート・ガバナンスが多様な角度から検討され，企業側も積極的に導入している。以下では企業金融論の応用理論で用いられるコーポレート・ガバナンスにかかわる仕組みについて紹介する。

経営者のインセンティブ

上場企業は経営者の利益相反による行為を防ぐため（いい換えると，企業内部

9）企業内部の経営者と外部の資本提供者（株主や債権者）といった利害関係者に加え，従業員，取引関係にある企業，そして消費者など，より広い範囲の利害関係者を意識したうえコーポレート・ガバナンスの議論が行われている。なお，利害関係者をステークホルダー（Stakeholder）ともよぶ。

と外部の利害の一致度を高めるために)，経営者に与える報酬として株式を付与するインセンティブ・プログラムを設置できる。インセンティブ・プログラムとして，パフォーマンス・シェア・ユニット（業績連動発行型報酬），譲渡制限付き株式報酬，株式交付信託，ストック・オプションなどがあり，近年では，経営者に与えた株式の譲渡を制限する譲渡制限付き型のインセンティブ・プログラムの導入が増加している。

ストック・オプション（譲渡制限がない場合）について次のような例で説明することができる。現在５千円で取引されている自社の株式の１万株に対して，１年後５千円で購入できるコール・オプション（つまり，満期１年，行使価格は５千円）を経営者に付与したとする。経営者が努力した結果，１年後の自社の株価が６千円となると，経営者はストック・オプションの権利行使を行い，１万株を５千円で購入（５千万円の支出）した後，時価の６千円で売却（６千万円の収入）できるので，１千万円の売却益（キャピタル・ゲイン）を得ることになる。

ストック・オプションは経営者の努力により報酬の増加が期待できる仕組みを持ち，経営者と株主のコンフリクトを低減させることが可能であることから，コーポレート・ガバナンスの手段として広く受け入れられている。

取締役と監査役

取締役[10)]は取締役会を通じて企業価値の最大化のための戦略的判断および意思決定をはじめ，役員の指名，評価，報酬，そして更迭（解雇）について審議を行う。また，図表７－５のように，取締役は経営および財務状況に関する情報をまとめ，株主総会にて定期的な報告を実施する。特に，近年では，取締役会に対するモニタリングの機能を強化し，企業外部の視点を取り入れるために社外取締役を置くことが義務付けられている。また，企業の利害関係と接点のない社外取締役として独立社外取締役を設置する[11)]。

一方で，取締役とは別に監査役，社外監査役，そして独立社外監査役を置き，

10）企業内部の業務執行の意思決定機関として取締役会があり，一般的に経営者を代表取締役とよぶ。

図表７－５　取締役と監査役の選任・解任と役割（監査役会設置会社の例）

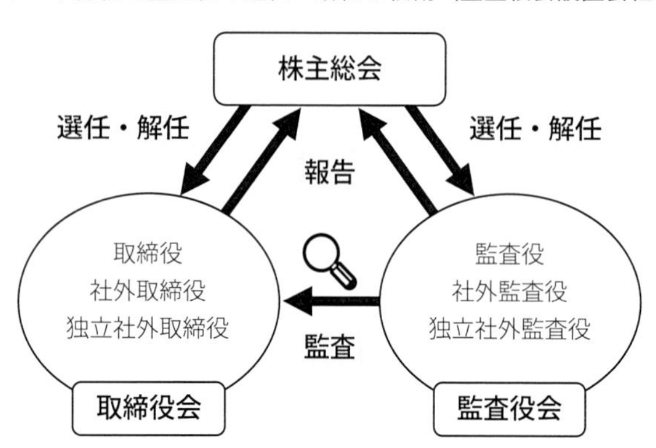

これら監査役会は取締役の活動を監督し，その結果に基づき監査報告書を作成する。作成された監査報告書は企業外部へ開示される。これを通じ経営者をモニタリングできることはもちろん，企業内部と外部の情報の非対称性を緩和できるといえる。

日本では，2014年に会社法の一部改正に伴い，指名委員会等設置会社や監査等委員会設置会社の基準が新設された。これにより監査役を設置する代わりに，会計監査人と取締役会の中に指名委員会，監査委員会，および報酬委員会の設置が可能となり（監査等委員会設置会社の場合は，会計監査人と監査等委員会のみ），各委員会の構成員は社外取締役を過半数とすることが定められた。コーポレート・ガバナンスのグローバル・スタンダードに即するために，日本の企業は取締役に対する規律付けとともに，企業内部の監査体制に新しい枠組みの導入を検討している。

図表７－６のように，日本の上場企業の場合（2020年８月14日時点，東京証券取引所第一部，第二部，マザーズ，JASDAQに上場している3,677社），従来の監査役会を設置している企業が最も多く（68%），次に，約３割の企業が監査等委員

11）東京証券取引所は，「一般株主と利益相反が生じるおそれのない」社外取締役を独立社外取締役と定義しており，独立役員として届け出ることを求めている。同じ趣旨の下で，社外監査役と独立社外監査役が存在する。

会設置会社に分類されている。一方で，指名委員会等設置会社は少なく，それほど浸透していない。

図表７－６
日本の上場企業の監査体制の形態と設置状況

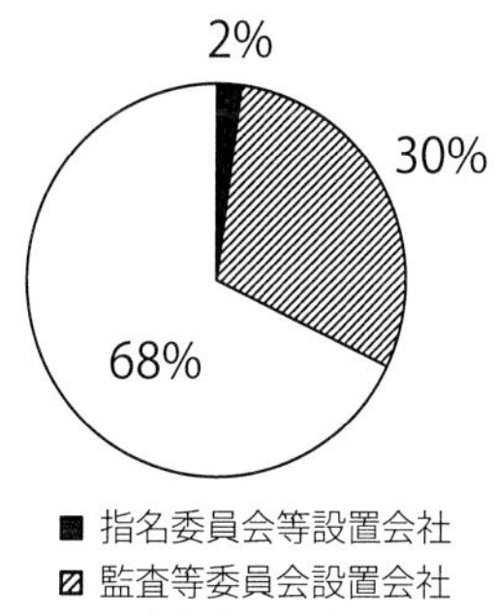

ただし，2020年8月14日時点，東京証券取引所第一部，第二部，マザーズ，JASDAQに上場している3,677社が集計対象となる。

（出所）東京証券取引所の調査結果より筆者作成。

機関投資家

企業の外部からコーポレート・ガバナンスを促進する主体として機関投資家がある。機関投資家は企業が発行する有価証券に巨額の資金を投資し運用する主体であり，年金機構，保険会社，投資信託，証券会社，銀行などがそれにあたる。日本では，1990年代のバブル経済の崩壊まで，メインバンク（Main bank）が企業の資金調達と経営活動の全般にわたって緊密な関係を維持し，機関投資家としての機能を担っていた。メインバンクによる企業のモニタリングは，当時日本の企業のコーポレート・ガバナンスの中核的な役割を果たしていたとされる。現在では，日本の年金積立金管理運用独立行政法人（Government Pension Investment Fund，GPIF，以下GPIFとよぶ）が，2020年12月基準，運用資産額が178兆円と世界最大規模の機関投資家である。

機関投資家は企業の業績や将来のキャッシュ・フローに関する予測を評価するとともに，企業がビジネス活動に取り組むため必要とする資本を提供する。企業が発行する有価証券を引き受けし，ビジネスの価値とリスク，そして企業の財務状況を含む内部情報を調査・分析する。このような機関投資家の行動を**デュー・デリジェンス**（Due diligence）という。機関投資家はデュー・デリジェンスを通じて，企業のコーポレート・ガバナンスの監督者として位置づけられ，経営者は機関投資家を意識した投資プロジェクトの決定および財務活動を行う。

コーポレート・ガバナンスの諸規制

コーポレート・ガバナンスにかかわる規制として，会社法，金融商品取引法，東京証券取引所の有価証券上場規程，そして，コーポレート・ガバナンス・コードとスチュワードシップ・コードなどがあり，企業内部の統治構造における規則および利害関係者の権利確保のためのガイドラインが定められている。

まず，**会社法**では，上場企業の株主総会，取締役と監査役，そして各会議体の設置，会計監査人，指名委員会等および執行役について規定を置いている（同法第348条，第362条，第381条，第390条，396条，400条等）。

金融商品取引法では，資金調達のため有価証券を発行する主体である企業の定期的かつ正確な内部情報の開示に関する規定を定めている（有価証券報告書の提出について同法第24条）。

東京証券取引所の**有価証券上場規程**では，新規株式の発行や上場企業の会社情報開示における規則と，コーポレート・ガバナンスが有効に機能しているかを精査する報告書の提出を義務付けている。

また，東京証券取引所は，コーポレート・ガバナンスの重要性を十分に認識し，上場企業に適用される**コーポレート・ガバナンス・コード**（企業統治指針）を策定・施行しており，企業の対応状況ついて継続的に調査および分析を行っている。これと並ぶものとして，機関投資家によるコーポレート・ガバナンスの促進を図るために，金融庁から機関投資家のあるべき姿を規定したガイダンスとして**スチュワードシップ・コード**（Stewardship code）[12]が提示され，近年では，多くの機関投資家により投資活動における指針（特に，株主として議決権を行使し積極的な意思表示を行うこと）として浸透している[13]。なお，その結果を踏まえたフォローアップ会議や有識者検討会の議論に基づき，コーポレート・ガバナンス・コード

12）スチュワード（Steward）とは，財産管理人またはそれの職務にある執事を意味する。

13）金融庁は，日本版スチュワードシップ・コードの受け入れを表明している機関投資家等の名称を同庁のウェブサイトに公表している。2021年4月30日時点で受け入れを表明している機関投資家は（括弧内：機関数），信託銀行等（6），投信・投資顧問会社等（199），生命保険・損害保険会社（24），年金基金等（66），その他（機関投資家向けサービス提供者等）（12）の合計307機関である。

図表７－７　コーポレート・ガバナンス・コードとスチュワードシップ・コード

やスチュワードシップ・コードの定期的な見直しが続けられている。

３－２．ESG 投資

資本提供者は，安定的で高い投資収益を保障する企業が相手なら無条件で資金調達に応じてよいのだろうか。資本提供の対象となる企業の事業活動が自然環境や社会全体に負の影響を与えていないか，そして企業内部の正しい統治構造により意思決定が行われているかを総合的に判断して行う投資を**ESG 投資**という。

ESG 投資の主眼となる要素は，経済の主体である企業が社会に対して貢献する責任を指す**CSR**（Corporate Social Responsibility，企業の社会的責任）の概念と，先に考察したコーポレート・ガバナンスの概念が複合したものとして理解することができる。すなわち，ESG 投資を行う資本提供者（投資家）は，資本提供の対象となる企業が社会的責任を果たしているか否か，コーポレート・ガバナンスへの取り組みとその改善を怠っていないかを多面的に検討したうえで資本提供の意思決定を行っているといえる。また，ESG 投資の手法としては，**エンゲージメント**（Engagement）に基づくものが挙げられる。エンゲージメントとは，利害関係者の間で行われる建設的な目的を持った対話と約束を意味する。特に，ESG 投資においては，機関投資家（株主）と投資対象である企業の経営者との間の持続的な意見交換と議決権行使によって企業の行動に影響を与えることである。

一方，ESG 投資と並ぶ概念として**SRI**（Socially Responsible Investment，社会

図表７－８　国際連合の PRI（Principles for Responsible Investment，責任投資原則）

1．私たちは，投資分析と意思決定のプロセスに ESG の課題を組み込みます。
2．私たちは，活動的な（株式）所有者になり，（株式の）所有方針と（株式の）所有慣習に ESG 問題を組み入れます。
3．私たちは，投資対象の主体に対して ESG の課題について適切な開示を求めます。
4．私たちは，資産運用業界において本原則が受け入れられ，実行に移されるように働きかけを行います。
5．私たちは，本原則を実行する際の効果を高めるために協働します。
6．私たちは，本原則の実行に関する活動状況や進捗状況に関して報告します。

的責任投資）が知られている。SRI は 1920 年代当時アメリカの教会の資産運用の原則として導入され，主に倫理的かつ宗教的な観点から投資判断を行うものであった。例えば，投資対象の範疇からアルコール，たばこ，ギャンブル関連の企業を排除する，いわゆるネガティブ・スクリーニング[14)] を採用していた。1970 年代には SRI ファンドが組成されたが宗教的な色彩と収益面から否定的な投資家が多く，普及は限定的であった。

2000 年代以降，先進国の機関投資家，特に，年金機構の資産運用の方針として ESG の要素が強調されるムードと相まって，2006 年には国際連合（国連）が PRI（Principles for Responsible Investment，責任投資原則）を提唱したことから（図表７－８）ESG 投資の浸透は本格的なものとなったとされる。これをきっかけに多くの機関投資家は国連の PRI にのっとり，環境，社会，そしてコーポレート・ガバナンスの観点を踏まえ，中長期的な企業価値向上とその持続可能性を見据えた投資活動の展開を重要視するようになった[15)]。また，証券市場から資金を調達

14）ネガティブ・スクリーニングとは対照的に，投資対象となる企業や産業を指定することをポジティブ・スクリーニングとよぶ。いずれも投資対象を限定してしまうこととなり，投資のインパクトには限界が生じうる。

15）2021 年 5 月 9 日現在，世界では 3,969 社（資産残高総額のべ 100 兆ドル），日本では 92 社が国連の PRI に署名し ESG 投資への理解を共有するとともにその取り組みを推進している。

図表７－９　機関投資家のESG投資と企業のSDGsの関係

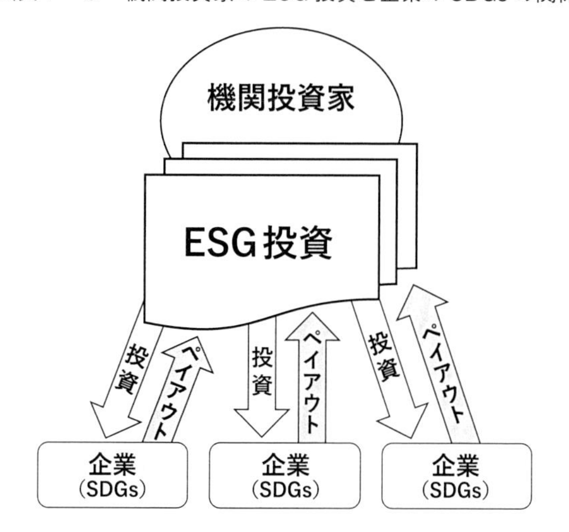

する側である企業は，ESG投資に注目する資本提供者を意識した事業活動を行うようになった。日本ではGPIFが国連のPRIへ署名（2015年9月28日）し，以降GPIFは資産運用においてESG投資を積極的に取り入れたことから，日本の上場企業の間でESG投資に対する意識が向上するようになったとされる。

また，近年多くの企業が経営目標として掲げるようになった国連のSDGs（Sustainable Development Goals，持続可能な開発目標）[16]とESG投資の関係ついて次のように説明することができる（図表７－９）。GPIFのような機関投資家がESG投資（手段）を通じてSDGsに積極的に取り組む企業を選別し投資することは，SDGs（目標）の達成に寄与するといえる。逆にいえば，SDGsの17の目標[17]が

16）2015年9月の国連総会で国連加盟国（193カ国）全てが合意・採択した，2030年までに達成を目指す17の目標とその達成基準（169のターゲット）。

17）SDGsの17目標のキーワードは次の通りである。(1) 貧困 (2) 飢餓 (3) 健康と福祉 (4) 教育 (5) ジェンダー平等 (6) 安全な水と衛生 (7) クリーン・エネルギー (8) 働き方と経済成長 (9) 産業インフラと技術革新 (10) 人と国の平等 (11) 持続可能なまちづくり (12) 責任ある生産と消費 (13) 気候変動対策 (14) 海の豊かさ (15) 陸の豊かさ (16) 平和と公正 (17) グローバル・パートナーシップ

あることで，企業の投資機会が様々な分野に広がり，その結果，ESG投資に踏み出す機関投資家は資産運用のバリエーションの拡大を享受できるであろう。

図表7－10　ESG投資の要素

図表7－10のように，ESG投資の要素として，E（Environment，環境）は地球温暖化の主な原因とされる温室効果ガスの排出ゼロに向けた再生可能エネルギーの活用や，環境保全のための活動への取り組み，あるいは事業が生物多様性の破壊につながっていないかなど，地球環境にかかわる事項が挙げられる。

S（Social，社会）は，働き方改革のような，従業員の労働環境の改善やワーク・ライフ・バランスの向上のための取り組み，そして地域コミュニティと連携をとり社会的な貢献を果たしているかが挙げられる。さらに，フェアな取引を通じてサプライ・チェーン・マネジメントに注意を払っているかについて検討する。

G（Governance，ガバナンス（企業統治））は資本提供者の権利確保を重視していること，信頼できる企業の情報を積極的に開示し，利害関係者間の情報格差の解消に努力していることが挙げられる。さらに，取締役や監査役といった企業内部のコーポレート・ガバナンスに従事する構成員の多様性，いわゆる「ダイバーシティ経営」を推進しているかについて評価する。ここでダイバーシティ経営とは，例えば，役員として女性[18)]，若年層，そして外国人を登用する取り組みを行うことである。これによりガバナンス機能の発揮，意思決定の効率性の向上を目指している。

18）経済産業省は「ダイバーシティ経営」の一環として2012年度から東京証券取引所と共同で「なでしこ銘柄（女性活躍の推進に優れた上場企業）」を選定・発表している。

索　引

カ

サ

タ

ナ

ハ

マ

ヤ

ラ

ワ

《著者紹介》

秋森　弘（あきもり・ひろし）

担当：第１章，第２章，第３章，第４章，第５章。
北星学園大学経済学部教授。
一橋大学大学院商学研究科博士課程単位取得退学。
証券会社，証券経済研究所などを経て現職。
日本証券アナリスト協会検定会員。

南　ホチョル（なむ・ほちょる）

担当：第１章，第６章，第７章。
北星学園大学経済学部専任講師。
九州大学大学院経済学研究科博士課程修了　博士（経済学）。

（検印省略）

2021 年 10 月 10 日　初版発行　　　略称―証券金融

入門　証券・企業金融論

著　者　秋　森　　弘
　　　　南　ホチョル

発行者　塚　田　尚　寛

発行所　東京都文京区
　　　　春日２－13－１　　株式会社　**創成社**

電　話 03（3868）3867　　ＦＡＸ 03（5802）6802
出版部 03（3868）3857　　ＦＡＸ 03（5802）6801
http://www.books-sosei.com　振　替 00150-9-191261

定価はカバーに表示してあります。

©2021 Hiroshi Akimori, Hocheol Nam
ISBN978-4-7944-2588-1　C3034
Printed in Japan

組版：スリーエス　　印刷・製本：鳩

落丁・乱丁本はお取り替えいたします。

経営選書

入門　証券・企業金融論	秋森弘 南ホチョル	著	3,200円
すらすら読めて奥までわかるコーポレート・ファイナンス	内田交謹	著	2,600円
発展コーポレート・ファイナンス	菅野正泰	著	1,400円
実践コーポレート・ファイナンス	菅野正泰	著	1,450円
図解コーポレート・ファイナンス	森直哉	著	2,400円
経営財務論 －不確実性，エージェンシー・コストおよび日本的経営－	小山明宏	著	2,800円
経営戦略論を学ぶ	稲田賢次 伊部泰弘 名渕浩史 吉村泰志	著	2,200円
経営情報システムとビジネスプロセス管理	大場允晶 藤川裕晃	編著	2,500円
東北地方と自動車産業 －トヨタ国内第3の拠点をめぐって－	折橋伸哉 目代武史 村山貴俊	編著	3,600円
おもてなしの経営学[実践編] －宮城のおかみが語るサービス経営の極意－	東北学院大学経営学部 おもてなし研究チーム みやぎ おかみ会	編著 協力	1,600円
おもてなしの経営学[理論編] －旅館経営への複合的アプローチ－	東北学院大学経営学部 おもてなし研究チーム	著	1,600円
おもてなしの経営学[震災編] －東日本大震災下で輝いたおもてなしの心－	東北学院大学経営学部 おもてなし研究チーム みやぎ おかみ会	編著 協力	1,600円
転職とキャリアの研究 －組織間キャリア発達の観点から－	山本寛	著	3,200円
昇進の研究 －キャリア・プラトー現象の観点から－	山本寛	著	3,200円
イノベーションと組織	首藤禎史 伊藤友章 平安山英成	訳	2,400円

（本体価格）

創成社